Gertrude Bell
AM ENDE DES LAVASTROMES

Gertrude Bell

AM ENDE DES LAVASTROMES

Durch die Wüsten und Kulturstätten Syriens
(1905)

Herausgegeben und Vorwort von Gabriele Habinger

2. Auflage 2015
© 1991 Promedia Druck- und Verlagsgesellschaft m.b.H., Wien
Alle Rechte vorbehalten
Titel der englischen Originalausgabe:
The Desert and the Sown.
Basierend auf der Übersetzung aus dem Englischen aus dem Jahre 1908.
Umschlaggestaltung: Gisela Scheubmayr
Druck: Theiss, Wolfsberg
Printed in Austria
ISBN 978-3-85371-396-9

Vorwort

„Die Frauen sind aufgrund ihres Geschlechts und ihrer körperlichen Verfassung für Forschungsreisen ungeeignet und die Spezies des professionellen weiblichen Globetrotters, die wir seit kurzem Amerika verdanken, ist einer der größten Schrekken dieses zu Ende gehenden 19. Jahrhunderts." Diese Meinung vertrat Lord Curzon 1893 anläßlich der heftigen Kontroverse, die in den Reihen der *Royal Geographical Society* über die Zulassung von Frauen als Mitglieder ausgebrochen war. Nicht alle Frauen zeigten sich beeindruckt durch solche Versuche, sie weiterhin ans Haus zu binden, und in der zweiten Hälfte des 19. Jahrhunderts findet man sie immer häufiger auf Reisen in die entlegensten Weltgegenden. Einen erheblichen Teil dieser Globetrotterinnen bildeten die Engländerinnen, denn Größe und Macht des britischen Empires garantierten in zahlreichen Ländern ein sicheres Geleit.

Viele der weiblichen Reisenden blieben aber auch während ihrer Abenteuer von Kopf bis Fuß *Ladies,* immer bedacht darauf, ihr gesellschaftliches Image und ihre hohen moralischen Ansprüche an sich selbst und die Umwelt zu verteidigen. Die Kleidung unterstrich in besonderem Maß ihre unerschütterliche Tugendhaftigkeit. Sie reisten in hochgeschlossenen Blusen, langen Röcken und manche sogar in Korsetts und hatten eine ausgesprochene Abneigung gegen lange Hosen. Als in der Times das Gerücht verbreitet wurde, Isabella Bird reite in *männlicher Kleidung* durch die Rocky Mountains, forderte sie empört ihren Verleger auf, ihren guten Ruf gegen derartige Verleumdungen zu verteidigen. Auch Gertrude Bell konnte nach einem langen Ritt durch die Wüste ein makelloses Kleid aus ihrem Gepäck zaubern, und ihre Umgangsformen unter den arabischen Scheichs waren eher passend für die Salons der Londoner Gesellschaft.

Ungefähr zur gleichen Zeit, als Lord Curzon den Frauen ihre Unfähigkeit zum Reisen attestierte, machte Gertrude Bell bei einer Reise nach Persien ihre erste Bekanntschaft mit dem Orient. Die damals erwachte Begeisterung für die arabische Welt sollte sie bis an ihr Lebensende nicht mehr loslassen und sie zu einer bedeutenden Forschungsreisenden machen. Die dabei erworbenen Kenntnisse waren die Basis für ihre spätere, für eine Frau damals eher ungewöhnliche politische Karriere im Rahmen der britischen Kolonialverwaltung im Nahen Osten.

Gertrude Bell war ein vom Schicksal begünstigtes Kind. Sie genoß das Privileg, aus einer reichen britischen Industriellenfamilie zu stammen, die außerdem Verständnis für die Talente ihrer Tochter zeigte. Gertrude wurde am 14. Juli 1868 in Durham geboren. 1871 starb ihre Mutter Mary kurz nach der Geburt ihres Bruders Maurice. Sechs Jahre später heiratete Gertrudes Vater wieder. Lady Florence Bell war eine gebildete Frau, eine anerkannte Stückeschreiberin, aber auch eine vollendete Dame der viktorianischen Gesellschaft, die äußerst großen Wert auf gesellschaftliche Etikette legte. Sie sollte neben dem Vater einen beachtlichen Einfluß auf Gertrude ausüben.

In den 80er Jahren des 19. Jahrhunderts war es nicht üblich, daß Töchter wohlhabender Familien eine Schule besuchten. Die Mädchen wurden normalerweise zu Hause erzogen, wo sie unter der Anleitung von Gouvernanten und Hauslehrern gewisse Fertigkeiten wie Handarbeiten und Klavierspielen perfektionierten. Die Bells entschlossen sich jedoch, ihre talentierte Tochter im Alter von 16 Jahren an das *Queen's College* in London zu schicken. Trotz einiger Bedenken gestatteten die Eltern schließlich auch den Besuch von *Lady Margaret Hall* in Oxford. Hochschulbildung für Frauen war ein umstrittenes Thema in der damaligen Zeit. Gertrude Bell schloß nach nur fünf Semestern, anstatt der üblichen neun, ihre Studien in moderner Geschichte mit Auszeichnung ab. Ein akademischer Grad wurde ihr nicht verliehen; dieses Recht erhielten Frauen in Oxford erst 1920.

Schon damals verfügte Gertrude Bell über ein starkes Selbstvertrauen und feste Grundsätze, die sie mit großer Hartnäckigkeit verfolgte. Seit ihrer Studienzeit verbrachte sie nur wenig Zeit in ihrem Elternhaus, trotzdem empfand sie eine intensive Bindung. Sie litt an Heimweh und schrieb ihren Eltern Briefe, in denen sie um Erlaubnis für all ihre Schritte bat. Meinungsverschiedenheiten mit ihrem Vater gab es praktisch nicht, sein Urteil und seine Entscheidungen akzeptierte Gertrude meist, ohne sie in Frage zu stellen. Nicht einmal die Beziehung zu Henry Cadogan konnte sie dazu bewegen, gegen die elterliche Autorität zu rebellieren. Auf deren Wunsch löste sie die nicht standesgemäße Verlobung mit dem gebildeten, aber mittellosen Mann, den sie während eines Aufenthalts in Persien kennengelernt hatte. Dieses Erlebnis spiegelt jenen grundsätzlichen Konflikt wider, dem sich reisende Frauen stellen mußten: nämlich der Entscheidung zwischen Konvention und Neigung.

In späteren Jahren erfüllte Gertrude Bell sich ihren Traum von Abenteuer und Reisen, stieß damit aber sicherlich bei ihren Eltern und in der englischen Gesellschaft auf wenig Verständnis. Ein entscheidendes Ereignis in ihrem Leben war ihr Aufenthalt in Persien im Jahr 1892. Sie besuchte ihren Onkel Sir Frank Lascelles, der kurz zuvor zum britischen Botschafter in Teheran ernannt worden war. Die junge Frau war fasziniert von der persischen Kultur, von der Schönheit der Landschaft und den endlosen Weiten der Wüste. Einer Freundin schrieb sie: ... *Persien ist der Ort, den ich schon immer sehen wollte.* Sie schwelgte in romantischen Vorstellungen einer geheimnisvollen orientalischen Traumwelt, die ihr aus den Märchen ihrer Kindheit so vertraut war. Schon vor ihrer Abreise hatte sie begonnen, Persisch zu lernen, und bald beherrschte sie die Sprache so gut, daß sie die alten Dichter im Original lesen konnte. Henry Cadogan, der an der Botschaft in Teheran beschäftigt war, teilte ihre Leidenschaft, und bald verband sie eine romantische Liebe. Sie sollte ihn jedoch nie wieder sehen. Neun Monate nach Gertrudes Abreise starb Henry an den Folgen eines Sturzes in das kalte Wasser des Flusses Lar, an dessen Ufern sie so schöne Stunden verbracht hatten.

Das Ergebnis des Persienaufenthaltes waren Gertrude Bells ersten beiden Bücher. *Safar Nameh. Persian Pictures. A book of travel* wurde 1894 anonym veröffentlicht, eine deutsche Übersetzung dieser Skizzensammlung 1949 unter dem Titel *Persische*

Reisebilder*. 1897 erschien das Buch *Poems from the Divan of Hafiz,* Gedichte, die sie aus dem Persischen übersetzt hatte.

Nun begann für Gertrude Bell die Zeit rastloser Reisen.

Sie besuchte mit Eltern und Verwandten verschiedene Länder Europas, nahm gemeinsam mit ihrem Bruder Maurice an einer *Cook's Weltreise* teil und erklomm zahlreiche Gipfel in den Alpen. Die Leidenschaft für die arabische Welt ließ sie jedoch nicht mehr los. Seit einiger Zeit lernte sie Arabisch, und schon bald befand sie sich wieder im Nahen Osten. Während dieses Aufenthalts in Jerusalem 1899 unternahm Gertrude Bell erstmals alleine eine Expedition in die Wüste – komplett ausgerüstet mit Maultieren, einem Maultiertreiber, einem Beduinen als Führer und eskortiert von einigen Soldaten. Und sie machte ihre erste Erfahrung mit dem Mißtrauen der Türken gegenüber britischen Reisenden, die immer unter dem Verdacht der Spionage standen.

Der Ritt durch Syrien 1905 markierte für Gertrude Bell den Beginn einer zehn Jahre andauernden einsamen Reisetätigkeit durch die Wüsten des Vorderen Orients und in entlegene Teile Kleinasiens. Sie fand hier Frieden und innere Ruhe, und es reizte sie die Freiheit, die die endlosen Wüsten versprachen. In der Ferne konnte sie den beengenden Konventionen der viktorianischen Gesellschaft entfliehen. Bereits in den *Persischen Reisebildern* klagte sie: *Ach, gäbe es nicht diese Konvention, wie oft würde man da neben einem Menschen von Fleisch und Blut sitzen statt neben einem bloßen Frack!* Und diese Menschen aus *Fleisch und Blut* glaubte sie im Orient finden zu können. Ihr hauptsächliches Interesse galt von Anfang an den Bewohnern dieser Länder und jenen Menschen, die sie ein Stück ihres Weges begleiteten. Ihre Erlebnisse in Persien kommentierte sie mit folgenden Worten: *Was mich betrifft, so neige ich bisweilen zu dem Glauben, daß das eigentliche Vergnügen des Reisens in den Reisegefährten besteht. Mit welch merkwürdigen Wesen kommst du unterwegs zusammen, und an welch unerwarteten Orten triffst du sie an! Wenn deine Bekanntschaft auch nur wenige Stunden zählt, ist*

---

*   Im Promedia Verlag in der „Edition Frauenfahrten" erschienen unter dem Titel *Miniaturen aus dem Morgenland. Reiseerinnerungen aus Persien und dem Osmanischen Reich 1892*, Wien 1997.

sie doch reich an Erfahrungen, und wenn man sich trennt, ist man so vertraut miteinander, als hätte man schon im Kindergarten sein Butterbrot geteilt oder als Student eine Flasche Rotwein zusammen getrunken.

Auch in ihrem Reisebericht über Syrien, der 1907 unter dem Titel *The Desert and the Sown* erschien, findet man nicht so sehr Beschreibungen von Sehenswürdigkeiten, sondern Gertrude Bell zeichnete ein lebendiges Bild der Menschen und der Welt, in der sie lebten. Sie war stolz darauf, Anerkennung und Freunde in allen Teilen der syrischen Bevölkerung zu finden. In den Zelten der Beduinen wurde sie ebenso wie von hochgestellten Beamten der türkischen Kolonialverwaltung mit allen Ehren empfangen, und sie war gerngesehener Gast in den Häusern der Drusen und Kurden. Durch die Beherrschung der arabischen Sprache und ihr Verständnis für die kulturellen Eigenheiten der Menschen vor Ort war es ihr möglich, Einblick in die Sichtweisen der Einheimischen zu geben. Schon damals interessierte sie sich besonders für politische Zusammenhänge, sie beschrieb Bündnisse und Machtkonstellationen der arabischen Stämme, und ihr Reisebericht enthält Aufschlüsse über Syriens ethnische und religiöse Minderheiten und deren Probleme.

Gerade dieses unstillbare Interesse für die Menschen und ihre Lebensweise, die lebendige Wiedergabe von Gesprächen und Gertrude Bells Begeisterung, Neues zu entdecken und zu erleben, machen ihre Reiseschilderungen spannend und unterhaltsam. Sie beschrieb zwar auch die Beschwernisse des Reisens, Kälte und Regen, Schmutz und Ungeziefer, aber nie mit Selbstmitleid, sondern gespickt mit ihrem spitzen englischen Humor. 1908 erschien eine anonyme deutsche Übersetzung dieses Reiseberichts mit dem Titel *Durch die Wüsten und Kulturstätten Syriens*. Die hier vorliegende Ausgabe ist eine Neuauflage der ursprünglichen Übersetzung, sprachlich behutsam aktualisiert, ergänzt mit erläuternden Anmerkungen und mit einem Inhaltsverzeichnis sowie mit einer Auswahl der Originalphotos versehen.

Im ersten Moment überrascht es, daß Gertrude Bell den fremden Frauen so wenig Aufmerksamkeit schenkte. In einer Gesellschaft, in der die Bereiche der Geschlechter so streng voneinander getrennt waren, suchte sie vor allem Kontakt zu den Männern, da diese für die Durchsetzung ihrer Interessen von größerer Bedeutung waren. Auf ihrer Reise durch Syrien drang sie in Gegenden vor, wo vor ihr noch keine europäische Frau gesehen worden war. Sie wurde jedoch immer wie ein männlicher Gast empfangen; in den Zelten der Nomaden wies man ihr den Platz für den Ehrengast zu, sie diskutierte im Kreis der männlichen Verwandten über Politik und stattete den Frauen des Hauses meist nur einen kurzen Besuch ab. Als alleinreisende Frau genoß Gertrude Bell also die gleichen Privilegien wie ihre männlichen Landsleute, war Mann *honoris causa*. Nicht das Geschlecht war hier ausschlaggebend, sondern die Tatsache, einer mächtigen Nation anzugehören, die gewisse Rechte und Freiheiten garantierte.

Während die Herrschaft des Osmanischen Reiches immer mehr verfiel, trachteten die Briten danach, ihren Einfluß im Nahen Osten zu verstärken, vor allem zur Sicherung des Seeweges nach Indien. Bereits 1839 hatten sie sich in Aden festgesetzt und beanspruchten immer mehr Gebiete an der Südküste der Arabischen Halbinsel. Auch am Persischen Golf durchkreuzten sie mit ihrer Präsenz die russischen Ambitionen. 1899 schlossen sie mit dem Scheich von Kuwait einen Protektoratsvertrag, der ihnen allerlei wirtschaftliche Vorrechte auf diesen begehrten Handelsplatz einräumte. Die Unterstützung der Japaner im Russisch-Japanischen Krieg (1904–1905) brachte den Engländern Anerkennung bei den unterdrückten Völkern des Vorderen Orients. Gertrude Bells Aufenthalt in Syrien fiel mit einigen demütigenden Niederlagen der Russen zusammen. Wie große Aufmerksamkeit man in Syrien diesem Krieg zollte, dokumentieren die zahlreichen Gespräche, von denen die Britin berichtet. Der Sieg einer orientalischen Nation über eine große westliche Macht gab den Menschen in Syrien, die seit Jahrhunderten von den Osmanen beherrscht wurden, neue Hoffnung.

Die Briten vertraten jedoch eine klare Politik gegenüber den Völkern des Nahen Ostens: Sie sollten in die moderne Welt integriert werden und brauchten dazu die Aufsicht der westlichen Mächte. Auch Gertrude Bell war überzeugt, daß die Menschen in dieser Region nach dem Zusammenbruch des Osmanischen Reiches vom britischen Regierungssystem profitieren würden.

Besonders stolz waren die Engländer auf Ägypten, das seit 1883 inoffiziell von ihnen verwaltet wurde. Unter Lord Cromer hatte sich die finanzielle Lage des Landes erheblich verbessert, aber es regte sich wachsender Unmut über die neue Fremdherrschaft.

Wie andere Reisende des 19. und beginnenden 20. Jahrhunderts war Gertrude Bell überzeugt von der Überlegenheit der eigenen Kultur und deren Errungenschaften und befürwortete die imperialistischen Ambitionen Englands. Andererseits erfüllte sie die Tatsache, daß die ursprüngliche Lebensweise der Bewohner des Vorderen Orients durch das Vordringen der westlichen Zivilisation immer mehr verdrängt wurde, mit Wehmut. Sie selbst wollte den *Touristenhotels und Ansichtspostkarten* entfliehen, auf der Suche nach dem unvergänglichen Orient, dem Sinnbild einer romantischen Traumwelt. Vor allem das freie, ungebundene Leben der Beduinen in den Weiten der Wüsten übte eine magische Anziehungskraft auf viele Reisende aus, die der Zivilisation überdrüssig waren. Gertrude Bell war fasziniert vom *urwüchsigen, wilden* Araber; diejenigen, die sich der westlichen Lebensweise zuwandten, wie die *amerikanisierten Christen* von Safita und der Vali von Damaskus, erregten oft ihr Mißtrauen.

Gefahr und Abenteuer reizten Gertrude Bell: Schon bei ihrer ersten Expedition in die Wüste 1899 war es ihr ein besonderer Genuß, die türkischen Behörden zu überlisten, und sie versuchte mehrmals, ohne offizielle Genehmigung und die vorgeschriebene Eskorte aufzubrechen. Auch 1905 verzichtete sie darauf, eine Erlaubnis für den Besuch des Djebel Druz einzuholen. Wahrscheinlich wäre sie ihr ohnehin nicht erteilt worden, denn die Türken befürchteten Komplotte der Engländer mit den rebellischen Drusen. Die Britin zog es vor, sich unter den Schutz lokaler Machthaber zu stellen, mit deren Hilfe und Empfehlungsschreiben sie relativ sicher ihre Ziele erreichte. Bei den türkischen Beamten verursachte sie zwar Überraschung und zum Teil Verärgerung, als sie ohne offizielle Erlaubnis aus der Wüste auftauchte, doch der Einfluß des Osmanischen Reiches war nicht mehr besonders groß – man sprach seit einiger Zeit nur noch spöttisch vom *kranken Mann am Bosporus* –, und so mußte Gertrude Bell keine negativen Konsequenzen in Kauf nehmen.

Abenteuerlust war aber nicht der einzige Anreiz für die energiegeladene und talentierte Britin. Ebenso intensiv und interessiert wie den politischen Fragen widmete sie sich der Archäologie. Von Nordsyrien begab sie sich nach Kleinasien, um die frühen byzantinischen Kirchen zu studieren. In den folgenden Jahren wurde sie zu einer gefeierten Orientexpertin, und ihre zahlreichen wissenschaftlichen Artikel und Bücher über ihre archäologische Tätigkeit fanden allgemein Anerkennung. Gemeinsam mit Sir William Ramsay veröffentlichte sie 1909 *The Thousand and One Churches*, 1911 erschien *Amurath to Amurath* und 1914 *Palace and Mosque at Ukhaidir*.

Am meisten Beachtung fand Gertrude Bells Expedition 1913/14 in das Zentrum der Arabischen Halbinsel, nach Ha'il, dem Sitz von Ibn Rashid, einem unberechenbaren und blutrünstigen Herrscher. Es war tatsächlich ihr gefährlichstes Abenteuer, und die Britin hegte selbst Zweifel, ob sie es lebend überstehen würde. Nach ihrer Ankunft in Ha'il wurde sie für einige Zeit gefangengehalten, erhielt jedoch zuletzt die Erlaubnis, weiterzuziehen. Ständig in Gefahr, während des Ritts durch die Wüste von Räubern überfallen zu werden, erreichte ihre Karawane schließlich Bagdad. Ihre politische Überzeugung, daß die Zukunft Arabiens bei Ibn Saud liege, dem mächtigen Gegner Ibn Rashids, hatte sich gefestigt. Sie sollte damit recht behalten, denn dieser wurde später zum Gründer des Königreiches Saudi Arabien.

Mit der Reise nach Ha'il versuchte Gertrude Bell vielleicht auch, ihren persönlichen Problemen und einer weiteren unglücklichen Liebe zu entfliehen. Sie hatte Charles Doughty-Wylie 1907 während ihrer Ausgrabungstätigkeit in Kleinasien kennengelemt. Eine leidenschaftliche Beziehung, die aber nie Erfüllung finden sollte, hatte sich zwischen den beiden entsponnen. Charles war verheiratet und dachte nicht daran, seine Frau zu verlassen. Ihre tragische Geschichte fand schließlich ein jähes Ende, als Doughty-Wylie 1915 beim britischen Angriff auf Gallipoli fiel, was Gertrude monatelang in dumpfe Hoffnungslosigkeit versinken ließ.

Das Angebot von David Hogarth zu Beginn des Ersten Weltkrieges, in Kairo als *Oriental Secretary* für die Arabien-Abteilung des britischen Geheimdienstes zu arbeiten, mußte Gertrude Bell als erlösender Ausweg erschienen sein. Vermutlich quälten sie die Einsamkeit und der Verlust ihres Geliebten, außerdem hatte sie sich dem Leben der englischen Gesellschaft immer mehr entfremdet. Ihre Leistungen riefen zwar Erstaunen und Bewunderung hervor, sie galt aber eher als kuriose Außenseiterin. Das Stigma der unverheirateten Frau mußte sie als besonders schmerzlich empfinden, denn eine ‚alte Jungfer' galt in ihren gesellschaftlichen Kreisen als sozial gescheitert. Gertrude Bell war zwar eine außergewöhnliche Frau, die den ‚natürlichen Barrieren' für das weibliche Geschlecht keinen besonderen Respekt zollte, aber sie war keine Rebellin. Im Prinzip blieb sie den Normen und Werten der englischen Oberschicht treu, und daher überrascht es nicht zu sehr, sie 1908 unter den Gründungsmitgliedern der *Anti-Stimmrechts-Liga* zu finden. Viele ihrer Freunde und auch ihr Vater unterstützten diese Bewegung, die sich gegen die Einführung des Frauenwahlrechts richtete. In diesen Kreisen vertrat man die Meinung, daß talentierte, gebildete Frauen – also jene aus privilegierten Gesellschaftsschichten – auch ohne Wahlrecht bereits beträchtlichen politischen Einfluß ausüben und eine Menge erreichen konnten. Gertrude Bell sollte in den folgenden Jahren ein leuchtendes Beispiel dafür werden.

Im November 1915 traf sie, als Teil einer Gruppe von Experten zur Beratung des Außenministeriums und des Geheimdienstes, in Kairo ein. Es ging darum, den Widerstand gegen die Osmanen im Vorderen Orient geschickt für die britischen Interessen auszunutzen. Von der Kolonialpolitik waren Frauen normalerweise noch strenger ausgeschlossen als vom Reisen. Aber aufgrund ihrer genauen Kenntnisse der arabischen Stämme und der politischen Konstellationen im Nahen Osten konnte Gertrude Bell in diese männliche Domäne eindringen. In den folgenden Jahren bewältigte sie ein enormes Arbeitspensum und verbrachte viel Zeit damit, Kontakte zu Stammesscheichs anzubahnen, um sie als politische Verbündete der Briten zu gewinnen – eine Tätigkeit, bei der sie großes Geschick an den Tag legte.

Nach Kriegsende und der Aufteilung des Nahen Ostens – der Völkerbund übertrug England das Mandat für Palästina und den Irak, Frankreich das Mandat für Syrien und den Libanon – war Bells politische Tätigkeit noch nicht beendet. Sie hatte inzwischen ein Haus in Bagdad bezogen, ihr erstes eigenes Heim, und hier glaubte sie, die Möglichkeit einer erträglichen Existenz gefunden zu haben. Großen Einfluß auf die Geschicke des Irak sollte sie noch bei der Übergabe der Regierung an einen arabischen Herrscher ausüben. Sie unterstützte die Kandidatur von Faisal ibn Hussein, der sich an der Seite von T. E. Lawrence während des Ersten Weltkriegs an den Kämpfen gegen die osmanische Herrschaft beteiligt hatte. Der Erfolg des arabischen Aufstandes soll maßgeblich auf die genauen Informationen von Gertrude Bell zurückgehen. Manchmal wird sie auch als *weiblicher Lawrence von Arabien* bezeichnet. Zwei Jahre arbeitete sie unnachgiebig daran, Faisal den Thron zu sichern, was ihr den Titel einer *ungekrönten Königin des Irak* eintrug. Im August 1921 wurde er nach einer Volksabstimmung offiziell zum Oberhaupt des Irak ernannt.

Als Gertrude Bells Einfluß nach 1921 zunehmend dahinschwand, wandte sie sich wieder ihrer alten Leidenschaft, der Archäologie, zu. Sie wollte verhindern, daß der Irak all seine antiken Schätze ans Ausland verlor, brachte ein Ausgrabungsgesetz durch und gründete schließlich das Nationalmuseum in Bagdad, das heute eine der bedeutendsten archäologischen Sammlungen weltweit beherbergt. Allerdings wurde es im Gefolge des Irakkriegs ab 2003 zum Teil geplündert und beschädigt.

Obwohl Bell weiterhin Berichte und Artikel über die politische Lage im Irak schrieb, bot ihr Leben neben der Museumsarbeit nicht viel Aufregendes. Die Aufenthalte in England, wo sie immer schmerzlicher ein Gefühl der Desintegration empfand, hatte sie in den letzten Jahren auf ein Minimum beschränkt, aber auch in Bagdad fühlte sie sich zunehmend ausgeschaltet und überflüssig. Der Großteil ihrer Freunde und Bekannten hatte den Irak verlassen, und eine endlose Reihe einsamer Tage lag vor ihr. Sie war ausgelaugt von den Belastungen des Klimas in Bagdad, von den zahlreichen Krankheiten und dem unmenschlichen Arbeitspensum der vergangenen Jahre. All das wollte Gertrude Bell nicht länger ertragen. In den frühen Morgenstunden des 12. Juli 1926 starb sie, zwei Tage vor ihrem 58. Geburtstag, an einer Überdosis Schlafmittel.

Gabriele Habinger, im Mai 2015

Inhalt

Vorwort... Seite 5

I. .... Seite 9
Das Abenteuer des Reisens * Aufbruch von Jerusalem * Meine Habseligkeiten * Reisebegleiter * Russische Pilger * Die Wüste von Judäa * Frühstück in der Karawanserei * Jericho * Unwirtlichkeit des Jordantals * Die Schlammhänge von Genesis * Nachtlager an der Jordanbrücke * Erste Kunde aus der Wüste * Der Brückenwärter * Auswanderungsgelüste * Salt * Zu Gast bei Jusef Effendi Sukkar * Habib Faris' Plan *

II. .... Seite 28
Umgebung von Salt * Die Belkaebene * Die Stämme der Syrischen Wüste * Neunstündiger Marsch * Ankunft in Tneib * Die Totenstadt * Regentage * Ruinen von Chureibet es Suk * Namruds Wohnhöhle * Plauderstunde am Reisigfeuer * Ein befestigtes Römerlager * Die Ruinen von Ziza * Aberglauben * In Scheich Nahars Zelt * Ein neuer Gast * Einhandeln von Korn * Geschichten über Raub und Mord *

III. .... Seite 47
Weiterreise Richtung Wüste * Nachricht aus Nedjd * Arabische Ortsnamen * Geschichte über die Gastfreundschaft * Im Lager der Dad'ja * Scheich Fellah ul 'Isa * Ruinen des Djebel el 'Alya * Wie man die Wüste liest * Gastmahl beim Scheich * Bedrängte Lage der Belkastämme * Das englische Regierungssystem * Die Wüste als Wohnstatt * Schönheit der arabischen Dichtung *

IV. .... Seite 64
Morgendämmerung in der Wüste * Ankunft im Lager der Beni Hassan * Raubzüge * Vorbereitungen zum Opferfest * Aufbruch ins Drusengebirge * Empfehlungsschreiben * Der Saum der Wüste * Ruinen von

*Umm ed Djimal * Am Fuß des Haurangebirges * Verödete Dörfer * Das erste Drusendorf * Eigenheiten der Gebirgsbewohner * Besuch beim Dorfscheich * Ritt nach Salchad * Angenehme Begleitung *estrophic*

V. .... **Seite 83**
*Zwei Tage in Salchad * Der Druse Nasib el Atrasch * Die türkischen Regierungsbeamten * Unabhängigkeit der Drusen * Lager im Schnee * Nächtlicher Kriegsgesang * Versorgungsprobleme * Eine militärische Expedition * Grabmal von El Chudr * Besuch bei Milhem Ilian * Eine Bittstellerin * Durch Schnee und Sturm nach Saleh * Im Hause Scheich Mohammmed Nassars * Japaner und Drusen * Reisehindemisse **

VI. .... **Seite 104**
*Ritt nach Umm Ruweik * Höhlendörfer * Auf verbotenen Pfaden * Die Steinwüste Safa * Im Lager der Ghiath * Wegzeichen im Steinmeer * Felsinschriften * Am Ende des Lavastromes * Die gelbe Ebene der Rubeh * Die Weiße Burg * Rückkehr ins Ghiatlager * Eine ungemütliche Nacht * Drusische Sitten * Abschied vom Drusenland * Dreitägiger Ritt nach Damaskus **

VII. .... **Seite 124**
*Die Hauptstadt der Wüste * Einladung des Vali von Damaskus * Türkische Politik * Die Familie Nazim Paschas * Die Gesellschaft von Damaskus * Ein Meister der Feder * Orientalische Freunde * Nachmittagsgebet in der Großen Moschee * Abendgesellschaft bei Schekib el Arslan * Letzter Tag in Damaskus * Zwei vornehme Besucher * Scheich Hassans Harem **

VIII. .... **Seite 147**
*Über den Antilibanon nach Ba'albek * Die Sekte der Metawileh * Eine Portugiesenfamilie * Tempel von Ba'albek * Ritt durch das Orontestal * Eskorte des Kaimakam * Turm von Hurmul * Die Sekte der Nosairijjeh * Niederlassungen der Hethiter * Noahs Arche * Einzug in Homs * Neugierde der Bewohner * Eigentümlichkeiten der Architektur*

*Hassan Begs Harem * Mußestunden der Orientalen * Bei 'Abd ul Hamed Pascha *

IX. . . . . Seite 169
*Aufbruch von Homs * Zwei gefangene Assassinen * Syrischer Frühling * Zu Gast in der Festung Kal'at el Husn * Erforschung der Burg * Besuch bei der Gattin des Schatzmeisters * Die Lage der syrischen Armen * Umweg nach Safita * Begegnung mit den Nosairijjeh * Die Christen von Safita * Einladung des Kaimakam von Drekisch * Nachtlager beim Tempel Husn es Suleiman * Praktiken der Bewirtung * Masjad *

X. . . . . Seite 193
*Hama * Malerische Lage der Stadt * Ihre Bewohner * Die öffentliche Meinung * Das Beduinenviertel * Der Zaptieh Mahmud * Ritt nach Kal'at es Seidjar * Geschichten über Ismailiten und Nosairijjeh * Eine Stammesfehde * Die Frauen der Seidjari * Eigenarten der Zirkassier * Mühsale der Mekkapilger * Die Forts an der Haddjstraße * Kal'at el Mudik * Geschichte und Architektur der Stadt * Inseldörfer * Mein Mundvorrat *

XI. . . . . Seite 216
*Im Djebel Zawijjeh * Verfallene Städte * Ein Mißgeschick * Die Zauberstadt El Barah * Scheich Junis * Baudenkmäler in Ruweiha * Ein syrisches Landhaus * Drei mühselige Tage nach Aleppo * Begegnung mit der Princetonschen Expedition * Bienenkorbdörfer * Sehenswürdigkeiten von Aleppo * Das Los der Stadt * Besuch beim Vali Kiazam Pascha * Der griechisch-katholische Erzbischof * Verbannte der Türkei * Aussicht von der Burg Aleppos *

XII. . . . . Seite 238
*Der Maultiertreiber Faris * Aufbruch von Aleppo * Ein kurdisches Lager * Vergebliches Warten auf die Karawane * Die Ruinen von Kal'at Sim'an * Architektur des Djebel Sim'an * Besuch mehrerer Ruinen-

dörfer * Die Sommerfrische Basufan * Armut der Kurden * Die Glaubenslehren der Jezidi * Geschichten von gefundenen Schätzen * Eine kurdische Familie *

XIII. .... **Seite 260**
*Die Ebene von Sermeda * Frühstück am Grabmal von Dana * Ritt nach Bakirha * Ruinen im goldenen Sonnenlicht * Einsames Nachtlager * Halsbrecherische Pfade * Die Kirche von Kalb Lozeh * Wiedersehen mit den Drusen * Unvergeßlicher Ritt nach Salkin * Besuch beim reichsten Bewohner der Stadt * Einladung in Reschid Aghas Heim * Spaßmacher und Schmeichler * Die Ungerechtigkeit der Reichen * Durch Schlamm und Morast nach Antiochia *

XIV. .... **Seite 281**
*Antiochia * Schönheit der Stadt * Ihre Vergangenheit * Die Zitadelle * Das Haupt einer Sphinx * Bezaubernder Ritt nach Daphne * Apollos Heiligtum * Die Städte der Seleukidenkönige * Ein pflichteifriger Beamter * Die armenische Frage * Die Bucht von Seleukia * Die obere Stadt * Der Gott im Maulbeerbaumhain * Ein müßiger Tag * Die Geschichte der Kymet * Ritt nach Alexandrette * Rückblick auf die Reiseerlebnisse *

Anmerkungen .... **Seite 299**

Ihm dünkt die unbekannte Ferne der liebste Freund;
er wandelt, wo über ihm die Mutter all der Myriaden
von Sternen ihre Bahn zieht.
Ta'abata Sharran

Vorwort

Wer es heutzutage als Nichtgelehrter und Nichtpolitiker wagt, zu der ungeheuer umfangreichen Reiseliteratur einen neuen Band hinzuzufügen, muß mindestens mit einer Entschuldigung ausgerüstet sein. Die meinige ist bereit und ist, wie ich hoffe, auch so überzeugend und glaubhaft, wie solche Dinge sein müssen. Ich wollte weniger eine Reisebeschreibung liefern als vielmehr eine Schilderung der Leute, denen ich begegnet bin oder die mich auf meinen Wegen begleitet haben, wollte berichten, in was für einer Welt sie leben und mit welchem Auge sie dieselbe betrachten. Und da ich es für besser hielt, die Leute soviel als möglich selbst reden zu lassen, habe ich ihre Worte in meine Wanderungen eingeflochten, habe getreulich wiederholt, was ich gehört: die Erzählungen, womit der Hirt sowie der Bewaffnete die Stunden des Marsches kürzten, die Unterhaltungen, die am Lagerfeuer, im schwarzen Zelt der Araber und im Gastgemach der Drusen von Mund zu Mund gingen, sowie die vorsichtigeren Äußerungen der türkischen und syrischen Beamten. Ihre Politik beschränkt sich auf Vermutungen – oft sind sie scharfsinnig genug – über die Resultate, die das Zusammenwirken unbekannter Kräfte, deren Stärke und Zweck meist nur undeutlich erfaßt werden, ergeben könnte; sie schöpfen ihr Wissen aus so ganz anderen Informationsquellen, legen bei ihren Vergleichen einen so ganz anderen Maßstab an als wir und treten an die ihnen vorgelegten Probleme mit einem von dem unseren ganz verschiedenen Anschauungskreis heran. Der Orientale ist ein altes Kind. Mancher Wissenszweig, der uns von elementarster Notwendigkeit erscheint, ist ihm unbekannt; meist, nicht immer, bereitet ihm auch die Pflicht, sich solches Wissen anzueignen, wenig genug Sorge, und er kümmert sich kaum um das, was wir praktischen

Nutzen nennen. Nach unserer Auffassung des Wortes praktisch ist er nicht praktischer als ein Kind, und sein Begriff von Nutzen weicht sehr von dem unseren ab. Andrerseits wieder wird sein Tun und Lassen durch überlieferte Sitten- und Umgangsgesetze geregelt, die bis auf den Beginn der Zivilisation zurückdatieren, Gesetze, die bis jetzt noch durch keinen Wechsel der Lebensweise, der sie entsprungen sind und auf die sie sich beziehen, eine größere Veränderung zu erfahren brauchten. Abgesehen davon ist der Orientale ganz wie wir auch; die menschliche Natur verändert sich jenseits des Suezkanals nicht vollständig, auch ist es nicht etwa unmöglich, sich mit den Bewohnern jener Himmelsstriche auf freundlichen, ja freundschaftlichen Fuß zu stellen. Ja, in gewisser Beziehung ist es sogar leichter als in Europa. Ist doch die Verkehrsweise des Ostens weit weniger durch künstliche Fesseln eingeengt, herrscht doch infolge der größeren Verschiedenheit auch eine viel weitgehendere Duldsamkeit. Kasten, Stämme und Sekten teilen die Gesellschaft in zahllose Gruppen, deren jede ihrem eignen Gesetz folgt, und mag dieses Gesetz unserer Meinung nach noch so phantastisch sein, dem Orientalen ist es eine ausreichende Erklärung für jede Sonderbarkeit. Ob ein Mann sich bis an die Augen in Schleier gehüllt zeigt, oder ob es ihm gefällt, nur mit einem Gürtel bekleidet zu erscheinen – es wird keine Bemerkung über ihn fallen. Warum auch? Gehorcht er doch, wie ein jeder, lediglich seinem eignen Gesetz. So kann auch der Europäer die weltfremdesten Orte bereisen, ohne großer Kritik, ja auch nur Neugier zu begegnen. Man wird die Neuigkeiten, die er bringt, voll Interesse, seine Ansichten voll Aufmerksamkeit anhören, aber niemand wird ihn für sonderbar oder närrisch oder auch nur für im Irrtum befangen halten, weil seine Gewohnheiten und seine Anschauungsweise von denen des Volkes abweichen, in dem er sich gerade aufhält. „Adat-hu": es ist so Brauch bei ihm. Der Ausländer handelt deshalb auch am klügsten, wenn er gar nicht versucht, sich bei den Orientalen dadurch einzuschmeicheln, daß er ihre Gewohnheiten nachäfft, außer wenn er es geschickt genug tut, um für einen der Ihrigen gelten zu können. Im allgemeinen mag er den Bräuchen achtungsvoll begegnen, sich selbst aber genau an seine eigenen halten – das wird ihm die größte Achtung sichern. Die Beachtung dieser Regel ist vor allem für Frauen von höchster Wichtigkeit, denn eine Frau kann nie ganz sich selbst verleugnen. Daß sie einer großen und geachteten Nation angehört, deren Sitten unantastbar sind, wird für sie die beste Gewähr für allgemeine Rücksicht sein.

Keins der Länder, die ich besucht habe, ist dem Reisenden jungfräuliches Land, wenn auch manche dieser Gegenden bisher nur selten aufgesucht und nur in teuren und meist schwer erhältlichen Werken beschrieben worden sind. Von solchen Orten habe ich einen kurzen Bericht gegeben und alle die Photographien hinzugefügt, die mir von Interesse zu sein schienen. Bei den Städten Nordsyriens habe ich auch jener historischen Überreste Erwähnung getan, die dem gelegentlichen Beobachter ins Auge fallen. Es gibt in Syrien und am Rande der Wüste noch viel Forscherarbeit zu tun, noch manches schwierige Problem zu lösen. De Vogüé, Wetzstein, Brünnow, Sachau, Dussaud, Puchstein und seine Kollegen, die Glieder der Princetonschen Expedition und andere mehr haben das Werk mit gutem Erfolg begonnen, und auf ihre Schriften verweise ich alle diejenigen, denen daran liegt zu erfahren, wie unermeßlich reich das Land an architektonischen Monumenten und schriftlichen Überresten einer weit zurückliegenden Geschichte ist.

Meine Reise endete nicht in Alexandrette[1], wie dieser Bericht hier. In Kleinasien habe ich mich jedoch hauptsächlich mit Archäologie beschäftigt; die Resultate meiner dortigen Forschung sind in einer Serie von Artikeln in der „Revue Archéologique" veröffentlicht worden, wo sie dank der Güte Monsieur Salomon Reinachs, des Herausgebers, einen weit günstigeren Platz gefunden haben, als ihnen die Seiten dieses Buches bieten konnten.

Ich kenne weder die Leute noch die Sprache Kleinasiens gut genug, um in engere Fühlung mit dem Lande zu kommen, aber selbst auf meine spärliche Bekanntschaft hin bin ich bereit, dem türkischen Bauern ein ehrenvolles Zeugnis auszustellen. Ihn zeichnen viele Tugenden aus, unter denen die Gastfreundschaft obenansteht.

Ich habe mich bemüht, auch die politische Stellung unwichtiger Personen zu schildern. Sie erscheinen denen, die in ihrer

Mitte leben, gar nicht so nebensächlich, und ich meinesteils bin immer denen dankbar gewesen, die mir über ihre gegenseitigen Beziehungen Aufschluß gegeben haben. Aber es kommt mir nicht zu, die Regierung des Türken zu rechtfertigen oder zu verdammen. Ich habe lange genug in Syrien gelebt, um einzusehen, daß seine Verwaltung weit davon entfernt ist, eine ideale zu sein, habe aber auch die unruhigen Elemente genügend kennengelernt, die er mehr oder weniger gut im Zaum hält, um zu wissen, daß seine Stellung eine schwierige ist. Ich glaube nicht, daß irgendeine andere Regierung allgemeine Zufriedenheit ernten würde: gibt es doch wenige, die selbst in geeinigteren Ländern dieses ersehnte Ziel zu erreichen imstande sind.

Aber diese Erwägungen liegen außerhalb des Rahmens unseres Buches. Ich schließe mein Vorwort wohl am besten damit, womit jeder orientalische Verfasser es begonnen haben würde: Im Namen Gottes, des Barmherzigen und Gnädigen.

I.

*Das Abenteuer des Reisens * Aufbruch von Jerusalem * Meine Habseligkeiten * Reisebegleiter * Russische Pilger * Die Wüste von Judäa * Frühstück in der Karawanserei * Jericho * Unwirtlichkeit des Jordantals * Die Schlammhänge von Genesis * Nachtlager an der Jordanbrücke * Erste Kunde aus der Wüste * Der Brückenwärter * Auswanderungsgelüste * Salt * Zu Gast bei Jusef Effendi Sukkar * Habib Faris' Plan *

Dem Angehörigen höherer Stände bieten sich selten Momente freudigerer Erwartung, als wenn er an der Schwelle einer Reise in ferne Länder steht. Die Pforten der Enge öffnen sich ihm; es fällt die Kette vor dem Eingang ins Heiligtum, mit unsicherem Blick nach rechts und links schreitet er vorwärts und blickt – ins Unermeßliche. In die Welt der Abenteuer und großen Taten, die Welt voll schwarzer Wetter und lockenden Sonnenscheins, die in jeder ihrer Falten eine unbeantwortete Frage, einen unlösbaren Zweifel bringt. Du mußt allein hineinschreiten, mußt dich absondern von den Scharen deiner Freunde, die die Rosengarten aufsuchen, mußt den Purpur und das feine Linnen zurücklassen, die den kämpfenden Arm hindern – freudlos, heimat- und besitzlos will sie dich haben, diese Welt der Wunder. Statt der über-

Die Moschee von Omar, Jerusalem

redenden Worte deiner Ratgeber wirst du das Rauschen des Windes hören, Regenschauer und scharfer Frost werden dir ein stärkerer Ansporn sein als Lob und Tadel, und die Not wird ein entschiedeneres Muß sprechen als die armselige Stimme der Einsicht, die wir Menschen ganz nach Belieben zu befolgen oder zu mißachten pflegen. Du verläßt dein schützendes Heim und fühlst, sobald du den Pfad betrittst, der über die gerundeten Schultern der Erde dahinführt, gleich dem Manne im Märchen; die Reifen lösen sich, die dein Herz gefesselt halten.

Es war ein stürmischer Morgen, der 5. Februar. Der Westwind erhob sich aus dem Mittelmeer, fegte über die Erde dahin, wo die Kananiter Krieg führten mit den hartköpfigen Bergbewohnern Judäas, übersprang die gewaltige Gebirgsmauer, die die Könige von Assyrien und Ägypten vergebens zu überwinden versucht, schrie nach Jerusalem die Kunde von kommendem Regen hinein, jagte weiter über die öden Osthänge hinab, setzte mit einem Sprung über das tiefeingeschnittene Bett des Jordans und verschwand jenseits der hohen moabitischen Höhen in der Wüste. Und die ganze Meute des Sturmes jagte ihm nach, ein kläffendes Rudel, ostwärts jagend und sich des tollen Tages freuend.

Wer, mit frischem Leben in den Adern, möchte wohl an einem solchen Tage zu Hause bleiben? Für mich gab es überhaupt keine Wahl. Schon im grauen Dämmern waren die Maultiere mit all meinen Habseligkeiten ausgezogen. Zwei Zelte, ein Lebensmittelwagen mit so wenig luxuriösen Vorräten für einen Monat, daß selbst der abgehärteste Reisende sich nicht mit weniger behaupten kann, zwei kleine Maultierkörbe voll photographischer Artikel, einige wenige Bücher und ein stattliches Paket Landkarten – das war alles. Mit den aus Beirut mitgebrachten Maultieren und ihren drei Führern war ich zufrieden und beabsichtigte, dieselben auch auf der Weiterreise mitzunehmen. Die Männer stammten alle aus dem Libanon, zwei, Vater und Sohn, beide Christen, aus einem Dorfe nördlich von Beirut. Der Vater – Ibrahim mit Namen – ein altes, zahnloses Individuum, saß rittlings über den Maultierkörben und murmelte fromme Worte, Segenssprüche und Beteuerungen seiner Ergebenheit gegen seinen gnädigsten Auftraggeber, ohne sich jedoch bewogen zu sehen, weitere Anstrengungen zum Wohle der Gesellschaft zu machen. Der Sohn, Habib, zählte zwei- oder dreiundzwanzig Jahre, war dunkel, stämmig, breitschultrig, mit kühnem Blick unter schwarzen Brauen hervor, und einem Profil, das ein Grieche ihm hätte neiden können. Treiber Nummer drei war ein Druse, ein großer, schlottriger, unverbesserlich träger Mensch, ein Schurke im kleinen, der freilich meinen gerechten Unwillen hinsichtlich gestohlenen Zuckers und fehlender Piaster stets durch einen bittenden Blick aus seinen glänzenden Hundeaugen wieder zu bannen wußte. Er zeigte sich gefräßig und stumpfsinnig, Fehler, die bei einer Kost von trockenem Brot, Reis und ranziger Butter freilich wohl schwervermeidlich sind, aber selbst mitten unter seine Todfeinde gestellt, leierte er seine Arbeit weiter und schlurfte mit derselben Miene blöder Gleichgültigkeit hinter seinen Maultieren und seinem Esel her, die er in den Straßen von Beirut zeigte. Er hieß Mohammed.

Das letzte Glied unserer Karawane war Michaïl, der Koch, ein Jerusalemer und Christ, dem die Religion freilich nicht viel Kopfzerbrechen machte. Er hatte Mr. Mark Sykes auf Reisen begleitet und von ihm folgendes Zeugnis erhalten: „Mit Ausnahme dessen, was er bei mir gelernt hat, versteht er nicht viel vom Kochen, aber er macht sich keinen Strohhalm daraus, ob er lebt oder getötet wird." Als ich Michaïl diese Worte vorlas, lachte er immer wieder in sich hinein, und ich engagierte ihn auf der Stelle. Es war freilich ein ungenügender Grund, aber ebenso gut, wie mancher andere. Seinen Fähigkeiten entsprechend, diente er mir gut, aber er war ein empfindliches, hitziges Männchen, das mit einer Einbildungskraft, deren Größe ich selbst in unserer dreimonatigen Bekanntschaft nicht ganz ergründet habe, überall und in allem eine beabsichtigte Beleidigung witterte. Unglücklicherweise hatte Michaïl in den Jahren, die seit seinem Schiffbruch auf dem See Wan mit Mr. Sykes verflossen waren, außer dem Kochen auch noch einiges andere gelernt. Es ist typisch für ihn, daß er sich nie die Mühe gab, mir jenes Abenteuer zu schildern, obwohl er einmal, als ich es erwähnte, kopfnickend bemerkte: „Wir waren damals dem Tode so nahe, wie ein Bettler der Armut, aber Exzellenz weiß ja, daß der Mensch nur einmal sterben kann." Dagegen

Mohammedanische Prozession zieht durch die Gärten des Ölbergs

traktierte er meine Ohren beständig mit Geschichten von Reisenden, die da behauptet hatten, ohne Michaïls kulinarische Künste nicht in Syrien reisen zu können und zu wollen. Die Arrakflasche war die Schwäche, die ihm verhängnisvoll werden sollte, und nachdem ich alle Maßregeln, von überredender Schmeichelei bis zur Jagdpeitsche, angewendet hatte, entließ ich ihn an der kilikischen Küste[2] mit anderm Bedauern als der Sehnsucht nach zähem Ragout und kaltem Pfannkuchen.

Ich hegte den Wunsch, den einsamen Weg nach Jericho ganz allein hinabzureiten, wie ich schon zuvor getan hatte, als mein Antlitz auch der Wüste zugewendet war, aber Michaïl war der Meinung, daß sich das mit meiner Würde nicht vertrüge, und ich hegte die Überzeugung, daß selbst seine schwatzhafte Gegenwart diesen Weg nicht der Einsamkeit entkleiden konnte. Um neun Uhr saßen wir im Sattel, ritten um die Mauern von Jerusalem in das Tal des Kidron hinab, vorbei an dem Schmerzensgarten von Gethsemane, und den Ölberg hinan.

Hier hielt ich inne, um mich wieder dem Eindruck hinzugeben, den keine Bekanntschaft mit der Gegend abschwächen kann, dem Eindruck der mauerumgürteten Stadt, die unter einem bleiernen Himmel grau inmitten der grauen Landschaft liegt, und doch vergoldet wird von der Hoffnung und dem unauslöschbaren Sehnen aller Pilger. Menschliches Hoffen, das blinde Tasten der gefesselten Seele nach einem Ziel, das jedem Wunsche Erfüllung, jedem müden Herzen Frieden geben wird – das ist es, was die Stadt gleich einem halb lichten, halb wehmütigen Glorienschein umgibt, den so manche Zähre benetzt, manche Enttäuschung befleckt hat. Der Westwind wandte mein Pferd, und vorwärts galoppierten wir über den Gipfel des Hügels und die Straße hinab, die sich durch die judäische Wüste hinzieht.

Am Fuße des ersten Abstieges liegt eine Quelle, „Ain esh Shems", das heißt „Sonnenquell", von den Arabern genannt, während die christlichen Pilger ihr den Namen „Apostelbrunnen" beigelegt haben. Selten wird man hier während des Winters vorüberkommen, ohne russische Bauern zu finden, die auf ihrem beschwerlichen Wege vom Jordan herauf hier rasten. Tausende überschwemmen alljährlich das Land, alte Männer und Frauen zumeist, die ein Menschenalter lang gedarbt und gespart haben, um die etwa 150 Rubel zu erübrigen, die sie nach Jerusalem bringen sollen. Von den fernsten Grenzen des russischen Reiches kommen sie zu Fuß nach dem Schwarzen Meere, wo sie sich als Deckpassagiere auf den kleinen schmutzigen russischen Dampfern einschiffen. Als einziger Kajütenpassagier habe ich einst mit 300 dieser Pilger die Überfahrt von Smyrna nach Jaffa gemacht. Es war tiefer Winter, stürmisch und kalt für den an Deck Schlafenden, selbst wenn er mit Schafpelz und gefütterten Schaftstiefeln ausgerüstet war. Meine Reisegefährten hatten aus Sparsamkeit ihre Lebensmittel selbst mitgebracht: ein Laib Brot, etliche Oliven, eine rohe Zwiebel waren ihre tägliche Nahrung. Am Morgen und am Abend vereinigten sie sich um ein in der Schiffsküche hängendes Muttergottesbild zum Gebet, und das Summen ihrer Litaneien vereinigte sich auf seinem Wege himmelan mit dem Stampfen der Schraube und dem Plätschern der aufgewühlten Flut.

Die Pilgrime erreichen Jerusalem gegen Weihnachten und verweilen bis Ostern, damit sie noch ihre Kerzen an der heiligen Flamme entzünden können, die am Auferstehungsmorgen aus dem Grabe Christi hervorbricht. Zu Fuß wandern sie an alle die heiligen Stätten, Obdach in den großen Unterkunftshäusern findend, die die russische Regierung für sie erbaut hat. Viele sterben infolge von Mangel, Ermüdung und den Unbilden eines unvertrauten Klimas; aber in Palästina sterben, ist ja die höchste Gunst, die die göttliche Hand verleihen kann: ruhen doch die Gebeine friedlich im Heiligen Lande, während die Seele unmittelbar ins Paradies eilt. Man kann diesen kindlich einfältigen Reisenden auf jeder Landstraße begegnen; im heimischen Pelz pilgern sie durch Sommerglut und Winterregen dahin, gestützt auf den Stab, den die eigne Hand am steilen Jordanufer geschnitten. Sie verleihen der von so schwermütiger Poesie erfüllten Landschaft einen noch ernsteren Charakter. In Jerusalem wurde mir einst eine Geschichte erzählt, die das Wesen der russischen Pilger besser beleuchtet, als es seitenlange Schilderungen vermögen. Ein Einbrecher war überführt und nach Sibirien geschickt worden, wo er viele Jahre als Sträfling verbrachte. Als seine Zeit um war, kehrte er gebes-

Russische Pilger

sert zu seiner alten Mutter zurück, und die beiden brachen nach dem Heiligen Lande auf, wo er für seine Sünden Buße tun wollte. Nun versammelt sich um die Zeit, wo die Pilger dort weilen, der ganze Abschaum von Syrien in Jerusalem, um zu betteln und die arglosen Wallfahrer zu betrügen. Einer dieser Vagabunden ging den russischen Büßer um ein Almosen an, als dieser gerade selbst nichts hatte. Durch die Zurückweisung erbittert, schlug der Syrier den andern zu Boden und verletzte ihn so schwer, daß er drei Monate im Spital liegen mußte. Nach seiner Genesung kam der russische Konsul zu ihm und sprach: „Wir haben den Burschen, der dich fast getötet hat; du mußt Zeugnis ablegen gegen ihn, ehe du fortgehst." Der Pilger aber versetzte: „Nein, lassen Sie ihn laufen. Ich bin auch ein Verbrecher."

Jenseits des Quells lag die Straße menschenleer, und obgleich sie mir schon bekannt war, überraschte mich doch diese tiefe Einsamkeit aufs neue. Kein lebendes Wesen, keine Blume, die kahlen Stengel der vorjährigen Disteln nur, die nackten Höhen, der steinige Weg. Und doch hat die Wüste von Judäa so manchem Feuergeiste das Leben gegeben. Grimme Propheten sind aus ihr hervorgegangen, die eine Welt mit Gottes Zorn bedrohten, an der sie selbst keinen Teil hatten, die sie nicht verstanden; die Täler sind voll von Höhlen, die jene Männer beherbergten; ja bis zum heutigen Tage sind einige von hungernden, abgemagerten Asketen bevölkert, die an einer überlieferten Religionsausübung festhalten, der selbst unser nüchterner Verstand nur schwer die Berechtigung absprechen kann. Bevor es Mittag war, erreichten wir die Karawanserei, die halbwegs nach Jericho und zwar an der Stelle liegt, wo der Legende nach der barmherzige Samariter den unter die Mörder Gefallenen fand. Ich ging hinein, um geschützt vor dem kalten Wind zu frühstücken. Drei deutsche Handlungsreisende schrieben Ansichtspostkarten im Gastzimmer und handelten mit dem Wirt um imitierte Beduinenmesser. Ich saß und horchte auf ihr Geschwätz – es waren die letzten Worte, die ich auf Wochen hinaus in einer europäischen Sprache hören sollte, aber ich fand keine Ursache, der Zivilisation nachzutrauern, die ich hinter mir ließ. Ostwärts von der Karawanserei senkt sich der Weg und kreuzt ein trockenes Flußbett, das mancher Greueltat zum Schauplatz gedient hat. An den Ufern verborgen, pflegten die Beduinen den vorüberziehenden Pilgern aufzulauern, sie auszuplündern und zu morden. Denn noch vor 15 Jahren war die Straße ebenso wenig vom Auge des Gesetzes behütet wie jetzt das Ostjordanland; im letzten Jahrzehnt hat sich die öffentliche Sicherheit ein paar Meilen weiter ostwärts ausgedehnt. Endlich erreichten wir den Gipfel des letzten Hügels und blickten in das Tal des Jordans, auf das Tote Meer und die verschleierten moabitischen Berge im Hintergrund – die Grenze der Wüste. Zu unseren Füßen Jericho, ein unromantischer Haufen baufälliger Gasthäuser und Hütten, in denen die einzigen Araber hausen, die der Tourist zu Gesicht bekommt, ein Mischgesindel von Beduinen und Negersklaven. Ich ließ mein Pferd bei den Maultiertreibern oben am Hang – „Der Herr schenke Ihnen Gedeihen!" – „Gelobt sei Gott!" – „Wenn es Eurer Exzellenz gut geht, sind wir zufrieden!" – und lief bergab in das Dorf. Aber Jericho genügte mir nicht für diesen herrlichen ersten Reisetag; ich sehnte mich danach, Touristen, Hotels und Ansichtspostkarten hinter mir zu lassen. Zwei weitere Stunden würden uns an das Jordanufer bringen, und dort, an der hölzernen Brücke, die

West und Ost verbindet, konnten wir an einem geschützten Platz zwischen den Erdhügeln, im Dickicht von Rohr und Tamarisken unsre Zelte aufschlagen. Ein kurzer Halt, um Futter für die Pferde und Maultiere zu kaufen, und weiter ging es über den schmalen Streifen Ackerland, der Jericho umgibt, dem Ghor, dem Tale des Jordan, zu. Ist die Straße nach Jericho schon öde genug, so bietet das Jordantal einen Anblick fast unheimlicher Unwirtlichkeit. Hätten die Propheten des Alten Testamentes ihren Fluch über diese Gegend geschleudert, ebenso wie sie es über Babylon oder Tyrus taten, es könnte keinen besseren Beweis für die Wahrheit ihrer Prophezeiungen geben; aber sie schwiegen, und unsere Einbildungskraft muß auf die Flammen von Sodom und Gomorrah zurückgreifen, auf jenes legendenhafte Strafgericht, das in unserer eigenen Kindheit ebenso spukte, wie es in den Kindheitstagen der semitischen Rasse gespukt hat. Eine schwere, schwüle Atmosphäre lastete über diesem tiefstgelegenen Teile der Erdoberfläche; über unseren Häuptern, oben auf den Gipfeln der Hügel, wo der Mensch die freie Gottesluft atmet, raste der Wind dahin, im Tale aber war alles leb- und bewegungslos wie in der Tiefe des Meeres. Wir bahnten uns einen Weg durch das niedrige Buschwerk des dornigen Sidrbaumes, des Chri-

Kloster Kuruntul oberhalb von Jericho

stusdornes, aus dessen Zweigen angeblich Christi Dornenkrone geflochten war. Man kennt zwei Arten des Christusdorns, die Araber nennen sie Zakum und Dom. Aus dem Zakum ziehen sie ein medizinisches Öl, der Dom aber trägt kleine, dem Holzapfel ähnelnde Früchte, die zur Zeit der Reife eine rötlichbraune, einladende Farbe aufweisen. Sie sind das wahre Abbild des Toten Meeres, verlockend anzusehen, auf den Lippen aber eine sandige Bitterkeit zurücklassend. Das Sidrgestrüpp lichtete sich und blieb hinter uns; wir befanden uns auf einer trockenen Schlammdecke, die nichts Grünes trägt. Sie ist von gelber Farbe und hier und da mit grauweißem, giftigem Salze bestreut, dessen Lebensfeindlichkeit sich dem Auge ganz unbewußt von selbst aufdrängt. Während wir so dahinritten, überfiel uns plötzlich ein schwerer Regenschauer. Die Maultiertreiber schauten besorgt drein, selbst Michaïls Gesicht zog sich lang: lagen doch vor uns die Schlammhänge von Genesis, die Pferd und Maultier nur bei vollständiger Trockenheit überschreiten können. Der Regen währte zwar nur ganz wenige Minuten, genügte aber, um den harten Schlamm in der Ebene in eine butterähnliche Masse zu verwandeln. Die Pferde versanken darin bis zu den Fesseln, und mein Hund Kurt winselte, als er seine Pfoten aus dem gelben Leime zog. So kamen wir an die Schlammhänge, die größte Seltsamkeit dieses unwirtlichen Landes. Eine Viertelmeile[3] westwärts vom Jordan – auf dem Ostufer des Stromes ist dieser Streifen viel schmäler – verwandelte sich die platte Ebene plötzlich in eine Kette steiler, durch tiefe Einschnitte getrennter Schlammbänke. Sie sind nicht hoch, höchstens 30 bis 40 Fuß[4], aber die Gipfel sind so spitz, die Seiten so steil abfallend, daß der Reisende sich seinen Weg über und um dieselben mit der größten Sorgfalt bahnen muß. Der Regen hatte die Abhänge glatt wie Glas gemacht; selbst für den Fußgänger war es fast unmöglich, sich aufrecht zu halten. Mein Pferd stürzte, als ich es darüber führte, da wir uns aber glücklicherweise auf einem kleinen Grat befanden, gelang es dem Tiere, sich durch die erstaunlichsten gymnastischen Anstrengungen wieder emporzuarbeiten. Ich schickte ein Stoßgebet zum Himmel, als meine kleine Karawane aus dem Bereich der Schlammhänge war; bei anhaltendem Regen wären wir möglicherweise zu stundenlangem Warten verurteilt worden, denn wenn der Reiter in eine der schlammigen Vertiefungen stürzt, muß er darin warten, bis der Boden wieder trocken ist.

Am Flußufer war Leben. Der Boden war mit jungem Gras und gelben Gänseblümchen bedeckt, das rostfarbene Gezweig der Tamarisken zeigte die ersten Spuren des Frühlings. Ich sprengte auf die große Brücke mit dem Balkendach und den Seiten aus Gitterwerk zu – auf dieses Tor zur Wüste, das dem Reisenden einen tiefen Eindruck hinterläßt. Da lag der freie, mit kurzem Gras bewachsene, von den Schlammbänken begrenzte große Platz, den ich so gut in der Erinnerung hatte, und – dem Himmel sei Dank – er war leer. Wir hatten Ursache zur Besorgnis in dieser Hinsicht gehabt. Die türkische Regierung zog in dieser Zeit alle verfügbaren Truppen zusammen, um den Aufstand in Jemen zu unterdrücken. Die Regimenter des südlichen Syriens zogen über die Brücke nach 'Amman, von wo sie mit der Bahn auf der Mekkalinie bis zu der damaligen Endstation Ma'an, in der Nähe von Petra, befördert wurden. Von Ma'an aus führte sie ein schrecklicher Marsch durch eine Sandwüste an die Spitze des Golfes von 'Akaba. Viel hundert Mann, viel tausend Kamele kamen um, ehe das Ziel erreicht war, denn auf dem ganzen Wege gibt es (so sagen die Araber) nur drei Brunnen, von denen der eine ungefähr zwei Meilen abseits der Heerstraße liegt und allen denen unauffindbar ist, die nicht mit dem Lande vertraut sind.

Wir errichteten unsere Zelte, pflöckten die Pferde an und entzündeten ein mächtiges Feuer aus Weiden- und Tamariskenholz. Es war eine ruhige, trübe Nacht, auf den Bergen regnete es – bei uns nicht. Die jährliche Regenmenge beläuft sich auf nur wenige Zoll[5] im Jordantal. Wir waren nicht allein. Die türkische Regierung erhebt nämlich von allen Brückenpassanten einen kleinen Zoll und hat zu diesem Zweck einen Wächter dort stationiert. Er wohnt in einer Lattenhütte neben dem Brückentor, und zwei oder drei zerlumpte Araber aus el Ghor teilen seine Einsamkeit. Einer derselben, ein grauhaariger Neger, sammelte Feuerholz für uns und durfte zur Belohnung die Nacht bei uns verbringen. Er war eine vergnügte Seele, dieser Mabuk. Unbekümmert darum, daß ihn die Natur mit einer außergewöhnlich häßlichen Mißgestalt bedacht hatte, tanzte er munter um das Lagerfeuer. Er erzählte gern von den Soldaten, den armen Burschen, die schon auf ihrer ersten Tagesreise zerlumpt, mit zerfetzten Schuhen, dazu halb verhungert bei der Brücke ankamen. Am selben Morgen war ein Tabur (900 Mann) durchgezogen, andere wurden morgen erwartet – wir hatten sie gerade verfehlt. „Mascha-'al-lah!" sagte Michaïl, „Euer Exzellenz haben Glück. Erst entrinnen Sie den Schlammhängen und nun den Redifs." – „Gelobt sei Gott!" murmelte Mabuk, und von dem Tage galt es für besiegelt, daß ich unter einem glücklichen Stern reise. Mabuk brachte uns auch die erste Kunde aus der Wüste. Unaufhörlich sprach er von Ibn er Raschid, dem jungen Häuptling der Schammar, dem sein mächtiger Onkel Mohammed einen so unsicheren Landbesitz in Zentral-Arabien als Erbe hinterlassen. Zwei Jahre lang hatte ich nichts von Nedjd gehört – und was machte Ibn Sa'oud, der Beherrscher von Riad und Ibn er Raschids Nebenbuhler? Wie stand der Krieg zwischen ihnen? Mabuk hatte allerlei gehört, es hieß, Ibn er Raschid sei in die Enge getrieben; vielleicht zogen die Redifs gar nach Nedjd und nicht nach Jemen – wer weiß? Hatten wir auch schon gehört, daß die 'Ajarmeh einen Scheich der Suchur ermordet hatten, gerade als der Stamm aus dem östlichen Weideland zurückkehrte? So lief das übliche Gespräch; die Themen der Wüste – blutige Fehde und Kameldiebstahl – alle wurden sie erörtert, ich hätte vor Freude weinen mögen, als ich ihnen wieder lauschte. Ein wahres Babel von arabischen Dialekten herrschte an diesem Abend um mein Feuer: Michaïl sprach das gewöhnlich klingende, jeder Vornehmheit entbehrende Jerusalemisch, Habib drückte sich, außerordentlich schnellsprechend, im Dialekt des Libanon aus, und Mohammed hatte den langgezogenen, monoton beirutischen Akzent, während die Lippen des Negers ein der schönen, kraftvollen Beduinensprache ähnelndes Idiom formulierten. Selbst den Männern fiel die Verschiedenartigkeit der Dialekte auf, und sie wandten sich an mich mit der Frage, welches der richtige sei. Ich konnte nur erwidern: „Das weiß Gott allein, denn er ist allwissend!" – eine Antwort, die mit Lachen aufgenommen wurde, obgleich ich gestehen muß, daß ich sie nur zaghaft äußerte.

Grau und windstill brach der Morgen herein. Vom Augenblick meines Erwachens an bis zum Aufbruch waren eineinhalb Stunden für Vorbereitungen festgesetzt; manchmal kamen wir zehn Minuten früher fort, manchmal leider auch später. Die Wartezeit verplauderte ich mit dem Brückenwärter, einem Jerusalemer Kind. Er vertraute meinem mitleidigen Ohr all seine Kümmernisse, die Streiche, die ihm die ottomanische Regierung zu spielen pflegte, und die Schwere des Daseins in den heißen Sommermonaten. Und dann das Gehalt! Ein reines Nichts! Sein Einkommen war jedoch größer, als er einzugestehen beliebte, denn ich entdeckte in der Folge, daß er für jedes meiner sieben Tiere drei statt zwei Piaster gefordert hatte. Es ist sehr leicht, sich gut mit den Orientalen zu stellen, und wenn sie ein Entgelt für ihre Freundschaft verlangen, so ist es gewöhnlich sehr bescheiden. Wir überschritten den Rubikon für drei Piaster pro Kopf und schlugen den nordwärts nach Salt führenden Weg ein. Der südliche geht nach Madeba in Moab, der mittlere aber nach Heschban, wo der schurkische Sultan ibn 'Ali id Diab ul' Adwan, der große Scheich aller Belka-Araber, wohnt.

Die Ostseite des Jordantales ist viel fruchtbarer als das Westufer. Liefern doch die schönen Höhen von Ajlun Wasser genug, um die ganze Ebene in einen Garten zu verwandeln, aber das kostbare Naß wird nicht aufgespeichert, und die Araber vom Stamme 'Adwan begnügen sich damit, ein wenig Korn anzubauen. Noch war die Zeit des Blühens nicht gekommen. Ende März aber ist das Ghor ein einziger Teppich aus den verschiedenartigsten lieblichen Blüten, die alle freilich nur einen Monat lang die sengende Hitze des Tales ertragen können, ja, dieser einzige Monat sieht die Pflanzen knospen, blühen und reifen Samen tragen. Ein armseliger Araber zeigte uns den Weg. Er war gekommen, um sich den Redifs zuzugesellen, da ein wohlhabender Einwohner von Salt ihn gegen ein Entgelt von 50 Lire als Ersatzmann gedungen hatte. Aber er kam zu spät; als er die Brücke erreichte, war sein Regiment schon vor zwei Tagen durchmarschiert. Es tat ihm leid, denn gern wäre er dem Krieg entgegengezogen – überdies mußte er auch wahrscheinlich die 50 Lire zurückerstatten – aber seine Tochter würde sich freuen, denn sie hatte beim Abschied geweint.

Die Klagemauer in Jerusalem

Er stand still, um seinen Lederpantoffel aus dem Schlamm zu ziehen.

„Nächstes Jahr", sprach er, nachdem er mich wieder eingeholt, „werde ich, so Gott will, nach Amerika gehen." Verwundert betrachtete ich die halbnackte Gestalt, die bloßen Füße in den zerrissenen Schuhen, den zerlumpten, von den Schultern gleitenden Rock, den Wüstenturban aus einem Tuch und Schnüren von Kamelhaar hergestellt.

„Kannst du Englisch?" fragte ich.

„Nein", erwiderte er gelassen, „aber ich werde dann das Reisegeld erspart haben. Hier ist bei Gott kein Vorwärtskommen möglich."

Ich fragte, was er in den Vereinigten Staaten zu tun gedenke.

„Handeln", lautete die Antwort, „und wenn ich 200 Lire zusammen habe, komme ich wieder."

Dieselbe Geschichte kann man durch ganz Syrien hören. Hunderte wandern alljährlich aus und finden, wohin sie auch kommen, mitleidige Landsleute, die ihnen eine helfende Hand reichen. Sie bieten billige Waren auf den Straßen feil, schlafen unter Brücken und leben von einer Kost, die kein freier Bürger auch nur eines Blickes würdigen würde, und kehren, haben sie ihre 200 Lire erworben, in die Heimat zurück, reiche Leute in den Augen ihres Dorfes. Im Ostjordanland sind die Auswanderungsgelüste nicht so groß, aber als ich einst im Gebirge von Hauran einen Drusen nach dem Weg fragte, gab er mir im reinsten Yankee-Englisch Bescheid. Ich hielt mein Pferd an, hörte seine Geschichte und fragte schließlich, ob er wieder nach Amerika wolle. Er wandte sich um nach den Steinhütten seines Dorfes, das knietief in Schlamm und schmelzendem Schnee eingebettet lag, „Gibt's nicht!" erwiderte er, und als ich schon weiterritt, klang noch ein fröhliches „Mein Lebtag nicht!" hinter mir her.

Ein zweistündiger Ritt brachte uns an das Gebirge, das wir durch ein gewundenes Tal betraten. Mein Freund nannte es Wad el Hassaniyyeh, nach dem Stamme gleichen Namens. Es war voll Anemonen, weißem Ginster (*Rattam* nennen ihn die Araber), Zyklamen, Hyazinthen und wilden Mandelstämmen. Für nutzlose Pflanzen, mögen sie noch so schön sein, hat der Araber keine

Juden aus Buchara

Namen, sie heißen alle *Haschisch*, Gras, während das kleinste Gewächs, das von irgendwelchem Nutzen ist, in seiner Sprache bekannt und bezeichnet ist. Der Weg, ein bloßer Saumpfad, stieg allmählich bergan. Gerade, ehe wir in die Nebelschicht eintraten, die den Gipfel des Berges einhüllte, sahen wir unter uns, nach Süden hin, das Tote Meer wie eine riesige Milchglasscheibe unter dem bleiernen Himmel daliegen. Bei richtigem Gebirgswetter, einem feuchten, dahinjagenden Nebel, erreichten wir gegen vier Uhr Salt. Dank dem Regen, der in der vergangenen Nacht über uns weggezogen und hier niedergefallen war, hatte sich die ganze Umgebung des Dorfes in einen Sumpf verwandelt. In der Hoffnung auf ein trockeneres Unterkommen zögerte ich, die Zelte aufschlagen zu lassen. Es war mein erstes Bemühen, die Wohnung Habib Effendi Faris' ausfindig zu machen, um dessentwillen ich nach Salt gekommen war, obgleich ich ihn nicht kannte. Auf seiner Hilfe allein beruhte die Möglichkeit, meine Reise fortzusetzen. Ich hatte nur insofern Anrecht auf seinen Beistand, als er mit der Tochter eines einheimschen Priesters in Haifa, eines würdigen alten Mannes und guten Freundes von mir, verheiratet war. Urfa am Euphrat war der Stammplatz der Familie, aber Abu Namrud hatte lange in Salt gelebt und kannte die Wüste. Die Stunden, in denen er mich Grammatik lehren sollte, verbrachten wir größtenteils damit, den Erzählungen der Araber und seines Sohnes Namrud zu lauschen, der mit Habib Faris zusammenarbeitete, und dessen Name jedem Belka-Araber bekannt war.

„Wenn Sie in die Wüste wollen, so müssen Sie zu Namrud gehen", sagte Abu Namrud. Und darum war ich jetzt hier.

Nach kurzem Fragen fand ich die Wohnung Habib Faris'. Ich wurde freundlich aufgenommen; Habib war ausgegangen, Namrud auswärts (verließ mich mein guter Stern?), aber wollte ich nicht hereinkommen und ausruhen? Das Haus war klein und voller Kinder, und noch erwog ich bei mir die Frage, ob nicht der feuchte Erdboden draußen eine bessere Ruhestatt darbieten möchte, als plötzlich ein schöner, alter, ganz arabisch gekleideter Mann erschien mit der Erklärung, daß er und kein anderer mich beherbergen würde, mein Pferd am Zügel nahm und mich mit sich führte. Das Tier wurde in der Karawanserei eingestellt, ich stieg eine hohe, schlüpfrige Treppe hinauf und betrat einen steingepflasterten Hof. Jusef Effendi eilte voraus und öffnete die Tür seines Gastzimmers. Fußboden und Diwan waren mit dicken Teppichen belegt, die Fenster blitzten, wenn sie auch viele zerbrochene Scheiben aufwiesen, eine europäische Chiffoniere[6] stand an der Wand: ich sah mich in meinen Erwartungen weit übertroffen. Einen Augenblick später war ich ganz heimisch, trank Jusefs Kaffee und aß meinen eignen Kuchen dazu.

Jusef Effendi Sukkar (Friede sei mit ihm!) ist Christ und einer der reichsten Bewohner von Salt. Er ist ein sehr lakonischer Mann, sucht aber als Wirt seinesgleichen. Er tischte mir ein ausgezeichnetes Abendessen auf, dessen Reste Michaïl vorgesetzt wurden, nachdem ich mich gütlich getan hatte. So sorgte er zwar für meine leiblichen Bedürfnisse, konnte oder wollte aber nichts tun, um meine Besorgnisse bezüglich der Weiterreise zu zerstreuen. Glücklicherweise erschienen in diesem Augenblick Habib Faris und seine Schwägerin Pauline, eine alte Bekannte von mir, sowie mehrere andere Personen, die sich alle die Ehre geben wollten, den Abend mit mir zu verplaudern. („Behüte, die Ehre ist ganz auf meiner Seite!") Wir ließen uns nieder zu Kaffee, dem bitteren, schwarzen Kaffee der Araber, der jeden Nektar übertrifft. Die Tasse wird dir gereicht mit einem „Geruhe anzunehmen!", leer gibst du sie zurück und murmelst dabei „Langes Leben dir!". Während du trinkst, ruft dir eins zu „Gesundheit!", und du erwiderst „Deinem Herzen!". Als die Tassen ein- oder zweimal herumgegeben und alle erforderlichen Höflichkeitsbezeigungen ausgetauscht waren, brachte ich die Rede auf das Geschäftliche. Wie konnte ich das drusische Gebirge erreichen? Die Regierung würde mir wahrscheinlich die Erlaubnis verweigern, bei 'Amman stand ein Militärposten am Eingang zur Wüste, und in Bosra kannte man mich, denn dort war ich ihnen vor fünf Jahren durch die Finger geschlüpft, ein Kunststück, das mir zum zweitenmal schwerlich gelingen würde. Habib dachte nach, und schließlich schmiedeten wir einen Plan. Er wollte mich am andern Morgen nach Tneib, am Rande der Wüste, schicken, wo seine Kornfelder lagen und wo ich Namrud finden würde. Der mochte einen der großen Stämme benachrichtigen, unter dessen

Abessinische Priester

Schutz und Geleit konnte ich dann völlig sicher in die Berge reisen. Jusefs zwei Söhnchen hörten mit erstaunten Augen zu und brachten mir am Schluß der Unterhaltung ein Stück Zeitung mit einer Karte von Amerika. Darauf zeigte ich ihnen meine Landkarten und erzählte ihnen, wie groß und wie schön die Welt sei, bis die Gesellschaft gegen zehn Uhr aufbrach, und mein Wirt Dekken für meine Lagerstatt auszubreiten begann. Erst jetzt bekam ich meine Wirtin zu sehen. Sie war eine außerordentlich schöne Frau, groß und bleich, mit einem ovalen Gesicht und großen, sternengleichen Augen. Sie trug sich arabisch: ein enges, dunkelblaues Gewand schlug beim Gehen um ihre bloßen Knöchel, ein dunkelblauer Schleier war mit einem roten Tuch um die Stirn befestigt und fiel lang über ihren Rücken hinunter, bis fast auf die Erde. Nach der Weise der Beduinenfrauen waren ihr auf Kinn und Hals zierliche Muster in Indigofarbe tätowiert. Sie brachte Wasser und goß es mir über die Hände; ihre große, stattliche

Gestalt bewegte sich schweigend im Zimmer und verschwand, nachdem alle Obliegenheiten erfüllt waren, ebenso ruhig wieder, wie sie gekommen. Ich sah sie nicht noch einmal. „Sie trat herein und grüßte mich", sprach jener Dichter, der in Mekka gefangen lag, „dann erhob sie sich, um Abschied zu nehmen, und als sie meinen Blicken entschwand, folgte ihr meine Seele." Niemand darf Jusefs Weib sehen. Obgleich er ein Christ ist, hält er sie doch in strengerer Abgeschlossenheit, als die Muselmänner ihre Frauen – und vielleicht tut er recht daran.

An meine Fenster schlug der Regen; während ich mich auf mein Lager streckte, klang mir Michaïls Ausruf in den Ohren: „Mascha'llah! Eure Exzellenz haben Glück!"

II.

Umgebung von Salt * Die Belkaebene * Die Stämme der syrischen Wüste * Neunstündiger Marsch * Ankunft in Tneib * Die Totenstadt * Regentage * Ruinen von Chureibet es Suk * Namruds Wohnhöhle * Plauderstunde am Reisigfeuer * Ein befestigtes Römerlager * Die Ruinen von Ziza * Aberglauben * In Scheich Nahars Zelt * Ein neuer Gast * Einhandeln von Korn * Geschichten über Raub und Mord *

Salt ist eine wohlhabende Gemeinde von über 10.000 Einwohnern, die zur Hälfte Christen sind. Es liegt in einer reichen, um ihrer Trauben und Pfirsiche willen bekannten Gegend; schon im 14. Jahrhundert tut der Geograph Abu'l Fida seiner Gärten Erwähnung. Auf dem Hügel liegt über den dichtgedrängten Dächern ein zerfallenes Kastell, welcher Zeit entstammend, weiß ich nicht. Die Bewohner glauben an ein sehr hohes Alter der Stadt, ja die Christen behaupten, in Salt sei eine der ersten Gläubigengemeinden gewesen; es geht sogar die Sage, daß Christus selbst hier das Evangelium gepredigt habe. Obgleich die Aprikosenbäume noch nichts weiter als ihre kahlen Zweige zeigten, trug doch das ganze Tal den Stempel freundlicher Wohlhabenheit, als ich mit Habib Faris durchritt, der sein Pferd bestiegen hatte, um mich auf den rechten Weg zu bringen. Er hatte auch seinen Anteil an den Weinbergen und Aprikosengärten und schmunzelte geschmeichelt, als ich mich lobend über sie aussprach. Wer hätte auch an einem solchen Morgen nicht schmunzeln sollen? Die Sonne schien, blitzender Frost lag auf der Erde, und die Luft zeigte jene durchsichtige Klarheit, die nur an hellen Wintertagen nach einem Regen zu beobachten ist. Aber es war nicht nur ein allgemeines Gefühl des Wohlwollens, dem meine anerkennenden Worte entsprangen: die Bewohner von Salt und Madeba sind ein kluges, fleißiges Völkchen, das jedes Lob verdient. In den fünf Jahren, wo ich die Gegend nicht besucht, hatten sie die Grenze des Ackerlandes um die Breite eines zweistündigen Rittes nach Osten hin vorgeschoben und den Wert des Bodens so unstreitbar bewiesen, daß nach der Eröffnung der Haddjbahn der Sultan einen großen, im Süden bis Ma'an reichenden Landstrich für sich reserviert hat, den er in eine Königliche Farm umzuwandeln gedenkt. Er und seine Pächter werden Reichtümer ernten, denn wenn auch nur ein mäßig guter Regent, so ist der Sultan doch ein vorzüglicher Landwirt.

Eine halbe Stunde hinter Salt verabschiedete sich Habib und überließ mich der Obhut seines Knechtes Jusef, eines kräftigen Menschen, der mit seiner Holzkeule (Gunwa nennen sie die Araber) über der Schulter neben mir dahinschritt. Wir zogen durch die weiten, baumlosen, unbewohnten, ja fast unbebauten Täler, die die Belkaebene umgeben, und vorbei an der Öffnung des Wadi Sir, durch welches man, immer durch die schönsten Eichenwälder reitend, bis in das Jordantal hinabgelangen kann. Auch die Berge würden hier Bäume tragen, wenn die Kohlenbrenner sie nur wachsen ließen – wir fanden manches Eichen- und Schwarzdorndickicht auf unserm Wege –, aber ich möchte gar nichts geändert haben an dem herrlichen Ostjordanland. Zwei Menschenalter später wird es im Schmucke der Kornfelder stehen und mit Dörfern übersät sein; die Wasser des Wadi Sir werden Mühlräder treiben, und man wird selbst Chausseen bauen, aber – dem Himmel sei Dank – ich werde das alles nicht sehen müssen. Solang ich lebe, wird das Hochland bleiben, als was es Omar Khayyam besingt: „Verstreuten Grüns ein schmales Band, trennt die Wüste von dem Ackerland." Öde und menschenleer wird es auch ferner sein; nur hie und da wird ein einzelner Hirt, auf die langläufige Flinte gelehnt, mitten in seiner Herde stehen, und wenn ich den Reitersmann, der so selten sein Roß durch die Berge lenkt, frage, woher er kommt, wird er noch immer antworten: „Möge dir die Welt noch Raum genug bieten! Von den Arabern komme ich."

Und hin zu den Arabern führte unsere Reise. In der Wüste gibt es weder Beduinen – alle Zeltbewohner heißen Araber (mit einem kräftigen Rollen des Gutturallautes) – noch auch Zelte, sondern nur Häuser, manchmal auch „Haarhäuser", wenn eine nähere Bestimmung nötig ist, sonst schlechthin „Häuser", eine Bezeichnung, die nur die äußerste Verachtung alles dessen erfinden konnte, was zu einem Haus gehört; denn mit einem

Lager in der Nähe des Toten Meeres

solchen haben diese Zelte nichts gemeinsam als höchstens das Dach aus schwarzen Ziegenhaaren. Man kann Araber sein, auch wenn man zwischen Mauern wohnt. Die Leute von Salt zählen samt den Abadeh, den Da'djah und den Hassaniyyeh und mehreren anderen die große Schar der 'Adwan bildenden Araber zu den Belkastämmen. Zwei mächtige Stämme streiten um die Oberherrschaft in der syrischen Wüste, die Beni Sachr und die 'Anazeh. Es besteht eine traditionelle, jetzt freilich durch bedauerliche Vorkommnisse getrübte Freundschaft zwischen Suchur und den Belka-Arabern, und wahrscheinlich deshalb wurde mir hier erzählt, daß die 'Anazeh zwar die an Zahl überlegenere, an Mut aber die bei weitem untergeordnetere der beiden Parteien sei. Mit einem Sohne Talal ul Faiz', des Beherrschers aller Beni Sachr, verknüpft mich sozusagen eine Grußbekanntschaft. Vor fünf Jahren, aber einen Monat später, also gerade zu der Zeit, wo der ganze Stamm die heißen östlichen Weideländer verläßt und jordanwärts zieht, stieß ich gerade in dieser Gegend auf ihn. In Begleitung eines zirkassischen Polizeisoldaten ritt ich von Madeba nach Mschitta – es war, ehe die Deutschen die mit Steinbildwerk versehene Fassade von dem prächtigen Gebäude ablösten. Als wir die mit den Herden und schwarzen Zelten der Suchur bedeckte Ebene kreuzten, kamen drei bis an die Zähne bewaffnete Reiter mit finsteren Brauen und drohenden Mienen auf uns zu, um uns den Weg abzuschneiden. Aus der Ferne schon riefen sie uns ihren Gruß zu, wandten aber um und ritten langsam zurück, sobald sie des Soldaten ansichtig wurden. Der Zirkassier lachte: „Das war Scheich Faiz", sagte er, „Talals Sohn. Wie die Schafe, wallah! Wie die Schafe laufen sie, wenn sie einen von uns erblicken!" Ich kenne die 'Anazeh nicht, da ihre Winterwohnplätze mehr nach dem Euphrat zu liegen, aber unbeschadet meiner sonstigen Hochachtung für die Suchur glaube ich, daß jene, ihre Nebenbuhler, die wahren Aristokraten der Wüste sind. Ihr Herrscherhaus, die Beni Scha'alan, trägt den stolzesten Namen, und ihre Pferde sind die besten in ganz Arabien; sogar die Schammar, Ibn er Raschids Leute, kaufen sie gern, um ihre eigne Zucht damit aufzubessern.

Aus dem tief eingeschnittenen, das Jordantal überragenden Gebirge kamen wir in ein flaches Hügelland, in dem zahlreiche verfallene Plätze liegen. Eine Viertelstunde vor den an der Quelle des Wadi Sir befindlichen Ruinen stießen wir auf eine ansehnliche Menge Mauerwerk und eine Zisterne, welche die Araber Birket Umm el 'Amud (Brunnen der Mutter der Säule) nennen. Jusef berichtete, daß dieser Name von einer Säule herrühre, die früher inmitten des Wassers gestanden; ein Araber schoß nach ihr und zerstörte sie, und nun liegen ihre Trümmer auf dem Grunde der Zisterne. Der Hügel (oder Tell, um ihm den heimischen Namen zu geben) von Amereh ist ganz mit Ruinen bedeckt, und weiterhin, in Jadudeh, findet man Felsengräber und Sarkophage am Rande der Brunnen. Der ganze Saum der Wüste ist mit ähnlichen Zeugen einer vergangenen Bevölkerung übersät; wir finden Dörfer aus dem 5. und 6. Jahrhundert, der Zeit, wo Madeba eine reiche, blühende Christenstadt war, ja einige entstammen zweifellos einer noch früheren, vielleicht vorrömischen Periode.

In Jadudeh hat ein Christ aus Salt, der größte Kornproduzent der Gegend, seinen Wohnsitz aufgeschlagen; er bewohnt ein einfaches Landhaus auf der Spitze des Hügels. Man rechnet ihn zu den energischen Bahnbrechern, die bemüht sind, die Grenzen der Kultur immer weiter hinauszuschieben. Bei Jadudeh verließen wir das Hügelland und betraten die endlose, mit spärlichem Grün bewachsene Ebene. Hie und da ein kegeliger Hügel oder ein niedriger Höhenzug, dann wieder weite, unbegrenzte Ebene. Ruhevoll dem Auge und doch nie monoton liegt sie, in die magische Glut des winterlichen Sonnenuntergangs getaucht; auf den sanft gewölbten Erhöhungen rastet noch das Licht, die leichten Bodensenkungen bergen schon die Schatten der Nacht, und über dem allen breitet sich der weite Himmelsdom aus, der Wüste und Meer gleichermaßen überwölbt. Die erste größere Erhebung ist der Tneib. Wir erreichten ihn nach einem neunstündigen Marsch um halb sechs Uhr, gerade als die Sonne sank, und schlugen unsere Zelte an der südlichen Berglehne auf. Der ganze Abhang war voller Ruinen: niedrige Mauern aus roh behauenen Steinen ohne Mörtel, in Felsen gehauene Zisternen, deren einige ursprünglich jedenfalls weniger zu Wasser- als zu Kornbehältern benutzt worden sind, welchem Zweck sie auch jetzt noch dienen. Namrud war zum Besuch eines benachbarten Landwirtes geritten, einer seiner Männer aber eilte sofort, ihn von meiner Ankunft zu benachrichtigen, und gegen zehn Uhr abends erschien er im Glanze der frostblitzenden Sterne mit vielen Freudenbezeigungen und der Versicherung, daß meine Wünsche leicht zu erfüllen seien. So legte ich mich zur Ruhe, eingehüllt in das kalte Schweigen der Wüste, und erwachte am andern Morgen zu einem Tage voll Sonnenschein und guter Aussichten.

Zunächst mußte nun zu den Arabern geschickt werden. Nach einer Beratung entschieden wir uns für die Da'dja, einen Stamm der Belka-Araber, als für den nächsten und wahrscheinlich geeignetsten, und ein Bote wurde in ihr Lager entsandt. Wir verbrachten den Morgen mit Besichtigung der Ruinen und Betrachtung einer Menge Kupfermünzen, die Namruds Pflugschar zutage gefördert. Lauter römische; eine zeigte undeutlich die Züge Konstantins, andre waren älter, keine entstammte der jüngeren byzantinischen Periode oder der Zeit der Kreuzzüge. Soweit die Münzfunde Zeugnis ablegen können, liegt Tneib seit dem Eindringen der Araber verödet. Namrud hat die Totenstadt entdeckt, die Gräber aber leer gefunden; wahrscheinlich wurden sie schon vor Jahrhunderten ausgeplündert. Sie waren zisternenartig und in die Felsen gehauen. Zwischen zwei massiven Steinsäulen ein schmaler Eingang dicht über dem Erdboden, einige wenige Vorsprünge zum Hinabsteigen in den Seitenwänden, im unteren Raume Nischen, die in übereinanderliegenden Reihen rund um die Mauern liefen. Fast am Fuße des Südabhanges sahen wir die Grundmauern eines Gebäudes, das eine Kirche gewesen sein mochte. Aber das alles war nur ein zu armseliges Ergebnis für die Forschung eines ganzen Tages; wir machten deshalb am goldenen Nachmittag einen zweistündigen Ritt nordwärts in ein breites, zwischen niederen Hängen liegendes Tal. Um den ganzen Rand desselben lagen in Zwischenräumen Ruinen, und nach Osten zu standen verfallene Mauern auch in der Mitte des Tales – Namrud nannte die Stelle Kuseir es Sahl, die kleine Wüstenburg. Unser Ziel aber war eine kleine Gruppe von Gebirgen am Westende, Chureibet es Suk. Zunächst kamen wir an ein kleines, halb im Sand begrabenes Bauwerk (41 Fuß zu 39 Fuß 8 Zoll, größte Ausdehnung von Ost nach West). Zwei Sarkophage zeigten an, daß es ein Mausoleum gewesen. In der Westwand war ein bogengeschmücktes Tor; den Pfeilerbogen krönte ein flaches Gesims. In der Höhe des Bogens verschmälerten sich die Mauern um einen kleinen Vorsprung, und etwas höher lief eine geschweifte Kranzleiste. Ein paar Hundert Meter westwärts von dem Kasr oder der Burg (die Araber benennen die meisten Ruinen Burg oder Kloster) liegt ein zerfallener Tempel, der augenscheinlich in irgendeiner Zeit einem anderen Zwecke gedient hat, als dem ihm von der Natur zukommenden, denn er zeigte eingestürzte Mauern um die beiden Reihen von je sieben Säulen und unerklärliche Querwände an der westlichen Seite des Säulenganges. Dahinter schien ein doppelter Hof gelegen zu haben, und noch weiter nach Westen hin befand sich ein ganzer Komplex von zerfallenem Mauerwerk. Das Tor sah nach Osten hin, seine Pfeiler zeigten feine Steinmeißelungen: ein Band, eine Palmette, ein zweites glattes Band, eine Weinranke, eine Haspel und Weife[7], einen Pfeil und eine zweite Palmette auf der oberen Leiste. Das Ganze ähnelte außerordentlich den Kunstwerken in Palmyra – es konnte kaum den Vergleich aushalten mit dem Steinbildwerk in Mahitta, war überhaupt nüchterner und den klassischen Mustern näher verwandt als jene Architektur. Nördlich vom Tempel stand auf einer kleinen Reihenerhebung noch eine Ruine, ein zweites Mausoleum. Es war ein längliches Rechteck aus großen, sorgsam ohne Mörtel gefügten Steinen. An der südöstlichen Ecke führte eine Treppe in eine Art Vorzimmer, das dank dem abgefallenen Abhang in gleicher Höhe mit der Ostseite lag. An der Außenwand dieses Vorraums standen Säulenstümpfe, vermutlich die Überreste eines schmalen Säulenganges, der die Ostfassade geschmückt. Sechs Sarkophage standen längs der noch vorhandenen Mauern, je zwei an der Nord-, Süd- und Westwand. Über der Basis der zu beiden Seiten der Treppe befindlichen Säulen lief ein Fries, der einen kühnen Torus zwischen beiden Wänden aufwies, und dasselbe Motiv wiederholte sich auf der Innenseite der Sarkophage. Die Stützmauer auf der Südseite zeigte zwei Vorsprünge, im übrigen war das Gebäude ganz einfach, nur einige der umherliegenden Fragmente schmückte ein lockeres Weinrankenmuster. Dieses Mausoleum erinnert an das Pyramidengrab, das in Nordsyrien vielfach vorkommt, wenn ich auch kein zweites so weit südlich gesehen habe. Es mag vielleicht einst dem schönen Denkmal mit der Säulenfassade geähnelt haben, das eine der Sehenswürdigkeiten des südlichen Dana ist, und die Fragmente von Weinrebenskulptur waren vielleicht Teile der Krönung.

Als ich kurz vor Sonnenuntergang zu meinen Zelten zurückkehrte, erfuhr ich, daß der Bote, den wir am Morgen abgesandt, sich unterwegs aufgehalten hatte und, erschreckt durch die vorgerückte Stunde, umgekehrt war, ohne seinen Auftrag auszurichten. Das war ärgerlich genug, war aber nichts im Vergleich zum Betragen des Wetters am nächsten Morgen. Ich erwachte, um die ganze Gegend in Nebel und Regen getaucht zu sehen, den ganzen Tag jagte der Südwind einher, und der Regen schlug an unsre Zeltwände. Am Abend brachte Namrud die Kunde, daß Gäste bei ihm eingekehrt seien. Es befanden sich nämlich ein oder zwei Meilen entfernt einige Suchurzelte (das Gros des Stammes hielt sich noch weit im Osten auf, wo das Winterklima weniger rauh ist), und der lange Regentag war für die männlichen Bewohner zu viel geworden. Sie hatten ihre Rosse bestiegen und waren nach Tneib geritten, mochten die Frauen und Kinder sehen, wie sie durch die Nacht kamen. Ein Plauderstündchen nach dem langen, feuchten Tag war verlockend, ich schloß mich der Gesellschaft an.

Namruds Höhle läuft weit in die Erde hinein; sie muß sich bis in die Mitte des Tneibberges erstrecken. Mit Ausnahme der niedrigen Schlafstellen und der Krippen für das Vieh, die in die Wände eingehauen sind, ist der erste Raum augenscheinlich natürlichen Ursprungs. Ein enger, durch die Felsen gebrochener Gang führt in ein kleines Gelaß, hinter welchem noch andere liegen, die ich aber auf Treu und Glauben hinnahm, da die schwüle, eingeschlossene Luft und die zahllosen Fliegen mich von weiterer Besichtigung abhielten. An diesem Abend bot die Höhle ein so urwüchsiges, wildes Bild, daß selbst der abenteuerlichste Geist davon befriedigt sein mußte. In rote Lederstiefel und gestreifte, regendurchweichte Mäntel gehüllt, saßen zehn bis zwölf Ara-

Belka-Araber

ber in der Mitte um das Reisigfeuer, in dessen Asche die drei Kaffeetöpfe standen, die von der Wüstengastlichkeit untrennbar sind. Hinter ihnen kochte eine Frau Reis über einem helleren Feuer, das flackernde Lichter in die Tiefen der Höhle und auf Namruds Vieh warf, das, an seinen Felsenkrippen stehend, gemächlich seinen Häcksel zermalmte. Nachdem man mir einen verhältnismäßig sauberen Platz im Kreise eingeräumt und eine Tasse Kaffee gereicht hatte, ging die Unterhaltung weiter, solange als ein Mann seine arabische Pfeife fünfmal rauchen konnte. Sie drehte sich hauptsächlich um die Schandtaten der Regierung. Der Arm des Gesetzes, oder vielmehr die gepanzerte Faust der Ungerechtigkeit ist ein beständig drohender Schrecken am Saum der Wüste. Dieses Jahr war sie, infolge der Anforderungen des Krieges, zu unheimlicher Tätigkeit veranlaßt worden.

Ohne jede Aussicht auf Entschädigung in Geld oder Naturalien waren Kamele und Pferde in Menge längs des Randes der Wüste wegkommandiert worden. Die Araber hatten alles gesammelt, was ihnen noch an Vieh übrig blieb und es fünf bis sechs Tagesreisen landeinwärts gesandt, wohin die Soldaten nicht vorzudringen wagten, und Namrud war ihrem Beispiel gefolgt, indem er nur soviel Tiere zurückbehielt, als für die Feldarbeit notwendig waren. Meine Mitgäste ergriffen einer nach dem anderen das Wort: ihre harte Sprache mit den Gutturallauten erfüllte die Höhle. Bei Gott und Mohammed riefen wir so viele Flüche auf die zirkassische Reiterei herab, daß die kräftigen Männer in ihren Sätteln hätten wanken mögen. Von Zeit zu Zeit beugte sich eins der turbanumwundenen Häupter, dem die schwarzen Haarsträhnen unter dem gestreiften Tuch hervor um die Augen hingen, nach einer glühenden Kohle für die Pfeife, eine Hand streckte sich nach der Kaffeetasse aus, oder das Kochfeuer flammte unter dem frisch aufgelegten Reisig hoch auf, und in der plötzlichen Helle summten Fliegen, bewegten sich die Kühe unruhig. Namrud war nicht gerade entzückt, daß sein eben gesammeltes Feuerholz so schnell zusammenschmolz und seine Kaffeebohnen händeweise im Mörser verschwanden. („Wallah, sie essen wenig, wenn es vom eigenen geht, aber viel, wenn sie Gäste sind, sie und ihre Pferde. Und das Korn ist knapp so spät im Jahre!")

Aber das Wort „Gast" ist geheiligt vom Jordan bis zum Euphrat, und Namrud wußte wohl, daß er seine Stellung und seine Sicherheit vornehmlich der Gastfreundschaft verdankte, die er auf jeden erstreckte, mochte er noch so ungelegen kommen. Ich steuerte auch einen Beitrag zu dem Gelage bei, indem ich ein Kistchen Zigaretten verteilte, und ehe ich mich zurückzog, waren freundschaftliche Beziehungen zwischen mir und den Beni Sachr hergestellt.

Der folgende Tag versprach ebenso wenig wie sein Vorgänger. Die Maultiertreiber zeigten sich nicht geneigt, die schützenden Höhlen zu verlassen und ihre Tiere einem solchen Regen in der offenen Wüste auszusetzen; widerwillig nur schob ich die Reise auf und schickte die Männer nach dem drei Stunden entfernten Wadeba nach Hafer für die Pferde, schärfte ihnen aber ein, nicht zu verraten, wer sie geschickt. Am Nachmittag klärte es sich etwas auf, und ich ritt in südlicher Richtung durch die Wüste nach Kastal, einem auf einer Erhöhung liegenden, befestigten römischen Lager.

Diese Art Fort war an der Ostgrenze des Kaiserreichs nicht ungewöhnlich und wurde von den Ghassaniden[8] nachgeahmt, als sie sich in der syrischen Wüste niederließen; nimmt man doch an, daß auch Mschitta nur ein besonders schönes Beispiel dieser Art Gebäude war. Kastal hat eine starke Befestigungsmauer, die nur durch ein einziges, nach Osten gehendes Tor und durch runde Bastionen an den Ecken und Seiten entlang unterbrochen wird. Im Innern befindet sich eine Reihe parallellaufender, gewölbeartiger Räume, die in der Mitte einen Hof freilassen – es ist dies mit kleinen Veränderungen der Plan von Kal'at el Beida in der Safa und von den modernen Karawansereien.* Nach Norden zu liegt ein gesondertes Gebäude, wahrscheinlich das Prätorium, die Wohnung des Festungskommandanten. Es besteht aus einem riesigen gewölbten Raum mit einem mauerumgebenen Hof davor und einem runden Turm in der südwestlichen Ecke.

---

* Vorzügliche Pläne und Photographien des Forts sind von *Brünnow* und *Domaszewski* in Band 11 ihres großen Werkes „Die Provincia Arabia" veröffentlicht worden. Bei meinem Besuch Kastals war dieser Band noch nicht erschienen.

Der Turm hat innen eine Wendeltreppe, außen aber einen Fries, der oben Laubwerk und unten gekehlte Triglyphen, dazwischen aber leere Metopen[9] zeigt. Die Maurerarbeit ist ungewöhnlich gut, und die Mauern von bedeutender Stärke; mit solchen Verteidigungswerken selbst an den fernsten Grenzen des Reiches konnten die Römer des Nachts in guter Ruh schlafen.

Als ich vor fünf Jahren Kastal besuchte, war es unbewohnt und das Land unbebaut, aber jetzt hatten sich ein paar Bauernfamilien unter den zerbröckelnden Gewölben angesiedelt, und junges Korn sproßte zwischen den Mauern – lauter Dinge, die wohl das Herz eines Menschenfreundes erwärmen, dem Archäologen aber einen kalten Schauer durch die Brust jagen müssen. Kein größerer Vernichter als der Pflug, kein schlimmerer Zerstörer als der Bauer, der nach behauenen Steinen zum Bau seiner Hütte Ausschau hält. Ich bemerkte noch ein anderes Zeichen der sich ausbreitenden Zivilisation, zwei ausgehungerte Soldaten nämlich, die Wärter der nächsten Haltestelle der Haddjbahn, die nach der einige Meilen weiter westwärts gelegenen Ruine den Namen Ziza erhalten hat. Veranlassung zu ihrem Besuch war die magere Henne, die einer der beiden Soldaten in der Hand trug. Er hatte sie aus der Mitte ihrer noch dürftigeren Gefährtinnen im Festungshof gerissen – gegen welchen Preis, wollen wir lieber nicht erforschen, denn der Hungrige kennt kein Gesetz. Es lag mir nicht besonders viel daran, den Behörden in 'Amman meine Anwesenheit im Grenzgebiet merken zu lassen, deshalb brach ich schnell auf und ritt ostwärts nach Ziza.

Der Regen hatte die Wasserläufe der Wüste gefüllt, nur selten sind sie so tief und fließen so schnell, wie der eine, den wir an jenem Nachmittag durchkreuzen mußten. Auch die große Römerzisterne von Ziza war bis zum Rande gefüllt, so daß die Suchur den ganzen kommenden Sommer hindurch Wasser genug haben würden. Die Ruinen von Ziza sind viel zahlreicher als in Kastal; es muß hier eine große Stadt gestanden haben, denn ein weiter Raum ist mit den Mauerwerken zerfallener Häuser bedeckt. Vermutlich war Kastal das jene Stadt schützende Fort und teilte den Namen Ziza. Hier befindet sich auch ein sarazenisches Kal'ah, ein Fort, welches Soktan, ein Scheich der Suchur – so erzählte

Ruinen einer Kirche, Madeba

Namrud – wiederherstellen und mit einer in der Wüste ganz unbekannten Pracht ausstatten ließ. Aber da es in dem Gebiet liegt, auf dem das neue Landgut entstehen soll, ist es in den Besitz des Sultans gekommen und geht nun wieder dem Verfall entgegen. Die Erhebungen dahinter sind mit Mauerwerk bedeckt, darunter die Überreste einer Moschee, deren Kuppel noch nach Süden zu sichtbar ist. Ziza war zu Ibrahim Paschas Zeit noch ägyptische Garnison,[10] und es waren vornehmlich seine Soldaten, die die Zerstörung der alten Bauten vollendeten. Ehe sie kamen, standen viele Baudenkmäler, so zum Beispiel mehrere christliche Kirchen, noch vollständig gut erhalten, wie die Araber erzählen. Unser Heimweg führte uns längs des Eisenbahndammes hin, und die Unterhaltung drehte sich um die möglichen Vorteile, die dem Lande aus ebendieser Bahnlinie erwachsen konnten. Namrud hegte Zweifel in dieser Hinsicht. Er sah scheel auf alle Beamten und Soldaten; hatte er doch wirklich mehr Grund, diese offiziellen Räuber zu fürchten, deren Habgier nicht durch Gastfreundschaft entwaffnet werden konnte, als die Araber, die ihm zu sehr verpflichtet waren, um ihm großen Schaden zuzufügen. Er hatte im vergangenen Jahre einige Wagenladungen Korn nach Damaskus geschickt; ja, es war ein billigeres und schnelleres Transportmittel als die Kamele, solange die Waren überhaupt ankamen, aber gewöhnlich waren die Kornsäcke bei ihrer Ankunft in der

Hauptstadt soviel leichter geworden, daß der Vorteil dadurch wieder aufgehoben wurde. Das würde später vielleicht besser werden, später, wenn man auch Lampen, Kissen und die übrigen Ausstattungsstücke der Wüstenbahn an dem Platz belassen würde, für den sie gekauft und bestimmt waren. Wir sprachen auch von Aberglauben und von Furcht, die das Herz bei Nacht befallen. Es gibt gewisse Orte, erzählte Namrud, an die kein Araber im Dunkel zu gehen wagt – unheimliche Brunnen, denen sich der Durstige nicht nähert, Ruinen, wo der Müde nicht Obdach sucht, Höhlen, die dem Einsamen verhängnisvolle Ruhestatt bieten würden. Was fürchten sie? Ja, wer weiß, wovor Menschen sich fürchten? Er selbst hatte einst einen Araber um den Verstand gebracht, als er im Zwielicht nackt vor ihm aus einem einsamen Wassertümpel hervorsprang. Der Mann rannte entsetzt nach seinen Zelten, versicherte, einen Dschinn[11] gesehen zu haben, und beschwor seine Leute, die Herden nicht zur Tränke an das Wasser zu führen, in dem der Dschinn wohnte, bis endlich Namrud kam, ihn auslachte und die Sache aufklärte.

Wir kehrten nicht unmittelbar zu den Zelten zurück. Ich war diesen Abend zu Scheich Nahar von den Beni Sachr geladen, demselben, der die Nacht vorher in Namruds Höhle verbracht hatte, und nach einer Beratung hatten wir uns dahin entschieden, daß selbst eine Person von meiner hohen Würde eine solche Einladung recht wohl annehmen könnte, ohne sich dadurch etwas zu vergeben.

„Im allgemeinen", fügte Namrud hinzu, „sollten Sie nur die Zelte großer Scheichs besuchen, sonst könnten Sie Leuten in die Hände fallen, die Sie nur um des Geschenkes willen einladen, das Sie spenden. Nahar gut; er ist ein ehrlicher Mann, obgleich Meskin" – eine Bezeichnung, die alle Formen leiser Verachtung in sich schließt, mag diese sich nun erstrecken auf unverschuldete Armut, Dummheit oder die ersten Stufen des Lasters.

Der Meskin empfing mich mit der Würde eines Fürsten und geleitete mich an den Ehrenplatz auf dem zerlumpten Teppich zwischen dem viereckigen als Feuerstelle dienenden Loch im Fußboden und der Scheidewand, die das Frauengelaß von dem der Männer trennt. Wir hatten unsere Pferde an die langen Zelttaue gebunden, die dem schwachen Gebäude eine so wunderbare Festigkeit verleihen, und unsere Augen schweiften von unserem Sitzplatz aus nach Osten hin über die Landschaft – Wellenberg und Wellental – sie hob und senkte sich, als atme die Wüste leise und ruhig in der hereinbrechenden Nacht. Die dem Winde abgekehrte Seite eines Araberzeltes ist stets offen; dreht sich der Wind, so nehmen die Weiber die Zeltwand ab und drehen es nach einer anderen Himmelsrichtung; in einem Augenblick ist die Lage verändert, und die Wohnung blickt nach der günstigsten Seite hin. Das Häuschen der Araber ist so klein und leicht, und doch so fest verankert, daß der Sturm ihm wenig anhaben kann. Das grobe Gewebe aus Ziegenhaar quillt in der Feuchtigkeit auf und filzt so zusammen, daß nur fortgesetzter, von Sturm heftig gepeitschter Regen in die Wohnstätte eindringen kann.

Die Kaffeebohnen waren geröstet und gestoßen, und die Kaffeetöpfe summten am Feuer, als von Osten her drei Reiter kamen und vor dem offnen Zelt hielten. Es waren untersetzte, breitschultrige Männer mit auffallend unregelmäßigen Gesichtern und vorstehenden Zähnen. Während Platz im Kreis um das Feuer gemacht wurde und die frierenden, durchweichten Männer ihre Hände über die Glut streckten, ging die Unterhaltung ununterbrochen weiter, denn es waren ja nur Scheraratmänner, die herab nach Moab gekommen waren, um Korn zu kaufen, und die Scherarat sind zwar einer der größten und mächtigsten Stämme und die berühmtesten Kamelzüchter, sind aber von unreinem Blut, und kein Belka-Araber würde in ihren Stamm hineinheiraten. Sie haben keine bestimmten Weideplätze; selbst zur Zeit der großen Sommerdürre durchstreifen sie nur die innere Wüste, unbesorgt darum, daß sie oft tagelang kein Wasser finden. Die Unterhaltung an Nahars Feuer drehte sich um meine Reise. Ein Suchurneger, ein kräftiger Mann mit klugem Gesicht, wollte mich sehr gern als Führer in das drusische Gebirge begleiten, gestand aber, daß er sicher würde umkehren und fliehen müssen, sobald er das Gebiet jener tapferen Bergbewohner erreichte, denn es besteht unaufhörlich Fehde zwischen den Drusen und den Beni Sachr. Die Negersklaven der Suchur werden von ihnen

Herren, die ihren Wert kennen, gut behandelt und genießen, da ein Abglanz von dem Ruhme des großen Stammes, dem sie dienen, auch auf sie fällt, einen gewissen Ruf in der Wüste. Schon war ich halb geneigt, trotz der Aussicht, meinen Neger im ersten Drusendorfe möglicherweise als Leiche vor mir zu sehen, sein Anerbieten anzunehmen, als meine Gedanken durch die Ankunft eines neuen Gastes in eine neue Bahn gelenkt wurden. Es war ein großer, junger Mann mit feinem, hübschem Gesicht, ziemlich heller Gesichtsfarbe und langen, fast braunen Locken. Schon bei seiner Annäherung erhoben sich Nahar und die anderen Suchurscheiche und küßten ihn, noch ehe er das Zelt betrat, jeder auf beide Wangen. Namrud stand ebenfalls auf und rief ihm entgegen:

„Alles gut? Geb's Gott! Wer ist bei dir?"

Der junge Mann erhob die Hand und erwiderte: „Gott."

Er war allein.

Ohne anscheinend die übrige Gesellschaft der Beachtung zu würdigen, haftete sein Auge auf den drei Scheraratscheichs, die, am Eingang sitzend, Hammelfleisch und Quark aßen, und auf der fremden Frau am Feuer. Mit einem gemurmelten Gruß schritt er in den Hintergrund des Zeltes und schlug die ihm von Nahar dargebotene Speise aus. Es war Gablan, aus der Herrscherfamilie der Da'dja, und zwar ein Vetter des regierenden Scheichs. Wie ich in der Folge herausfand, hatte er erfahren – Neuigkeiten reisen schnell in der Wüste –, daß Namrud einen Führer für einen Fremdling brauchte, und war gekommen, um mich nach seines Onkels Zelten zu geleiten. Es waren nicht mehr als fünf Minuten seit seiner Ankunft vergangen, als Nahar Namrud etwas ins Ohr flüsterte, worauf der letztere, sich mir zuwendend, vorschlug, daß wir nun, da das Essen vorüber, aufbrechen und Gablan mit uns nehmen wollten. Es überraschte mich, die Abendunterhaltung so kurzerhand abgebrochen zu sehen, aber ich hütete mich, Einwendungen zu machen, und als wir dann über Namruds Akkerland und den Tneib hinaufsprengten, hörte ich den Grund. Es war Blutfehde zwischen den Da'dja und den Scherarat. Auf den ersten Blick hatte Gablan die Abkunft der drei Männer erkannt und sich deshalb schweigend in die Tiefe des Zeltes begeben. Er

Christliches Zeltlager

wollte seine Hand nicht mit ihnen in dieselbe Hammelschüssel tauchen. Nahar kannte – wer wollte auch nicht? – die Schwierigkeit der Sachlage, und da er nicht wußte, wie die Scherarat sich verhalten würden, hatte er uns, aus Furcht vor irgendwelchem Unfall, eilends weggeschickt. Aber am andern Morgen hatte sich die Luft geklärt (bildlich gesprochen, nicht in Wirklichkeit), und der lange Regentag sah die Todfeinde freundschaftlich um Namruds Kaffeetöpfe in der Höhle sitzen.

Dieser dritte Regentag war mehr, als menschliche Geduld zu ertragen vermochte. Ich hatte mittlerweile ganz vergessen, was es heißt, nicht regenfeucht zu sein, warme Füße und trockene Betten zu haben. Gablan weilte am Morgen eine Stunde bei mir, um zu hören, was ich von ihm wollte. Ich erklärte ihm, daß ich vollständig befriedigt sein würde, wenn er mich so durch die Wüste und bis an den Fuß des Gebirges bringen könnte, daß ich keinen Militärposten zu Gesicht bekäme. Gablan dachte einen Augenblick nach.

„O meine Dame", sagte er, „glauben Sie, daß Sie mit den Polizeisoldaten in Konflikt kommen könnten? Da will ich meine Flinte mitnehmen."

Ich erwiderte, daß ich nicht beabsichtigte, der ganzen Soldateska des Sultans den Krieg zu erklären, und daß ich hoffte, mit etwas Vorsicht einen Zusammenstoß vermeiden zu können.

Gablan aber meinte, Kriegslist wäre mit einer Kugel beflügelt wirksamer, und beschloß, seine Flinte doch lieber mitzunehmen.

Da ich am Nachmittag nichts Besseres zu tun hatte, sah ich zu, wie die Scherarat Korn von Namrud einhandelten. Einen Zeitraum von einigen Tausend Jahren und meine anachronistische Persönlichkeit abgerechnet, hätten es Jakobs Söhne sein können, die nach Ägypten hinabkamen, mit ihrem Bruder Joseph um das Gewicht der Säcke zu feilschen.

Das Korn wurde in einem tiefen, trockenen Felsenloch aufbewahrt und, goldenem Wasser gleich, eimerweise heraufgezogen. Es war zur besseren Konservierung in Spreu aufbewahrt worden und mußte nun zuvörderst am Brunnenrande gesiebt werden, eine Arbeit, die nicht ohne viel und ärgerliches Geschrei vor sich ging. Nicht einmal die Kamele waren ruhig, sondern mischten sich mit Grunzen und Blöken in den Streit, als die Araber sie mit den vollen Säcken beluden. Die Scheichs der Suchur und der Scherarat saßen in dem feinen Sprühregen ringsum auf Steinen und murmelten bisweilen: „Gott! Gott!" Dann riefen sie wieder: „Er ist gnädig und barmherzig!" Nicht selten wurde auch das reine Korn wieder unter das ungesiebte geschüttet; dann pflegte sich ungefähr folgende Szene zu entspinnen:

Namrud: „O du! O du! Knabe! Möge deine Wohnstatt zerstört werden! Mögen deine Tage dir Unheil bringen!"

Beni Sachr: „Bei dem Angesicht des Propheten Gottes! Er sei gebenedeit!"

Die Scherarat im Chor murmelnd: „Gott! Und Mohammed, der Prophet Gottes! Friede sei mit ihm!"

Eine Person im Schafsfell und in bloßen Füßen: „Kalt, kalt! Wallah! Regen und Kälte!"

Namrud: „Still, o Bruder! Steige hinab und ziehe Korn herauf! Es ist warm unten!"

Beni Sachr: „Lob sei Gott, dem Allmächtigen!"

Chor der Kamele: „B-b-b-b-b-dd! G-r-r-o-o-a-a!"

Kameltreiber: „Still, ihr Verdammten! Möget ihr in den Schmutz gleiten! Gottes Zorn komme über euch!"

Chor der Suchur: „Gott! Gott! Beim Lichte seines Angesichtes!" In der Dämmerung ging ich in das Dienerschaftszelt und fand Namrud, der bei dem Feuer, an dem mein Essen kochte, mit leiser Stimme Geschichten von Mord und Raub erzählte.

„In den Tagen meiner Kindheit", sagte er (und diese Tage lagen noch nicht weit zurück), „konnte man nicht einmal das Ghor in Ruhe überschreiten. Aber ich hatte ein Pferd, das ging! – Wallah! Wie es ging! Zwischen Sonnenaufgang und -untergang trug es mich von Mezerib nach Salt, ohne seinen Schritt zu wechseln. Überdies war ich allen Ghawarny (Bewohnern des Ghor) bekannt. Und eines Nachts mußte ich nach Jerusalem reiten – ich mußte, ob ich wollte oder nicht. Der Jordan hatte wenig Wasser, und ich überschritt ihn an der Furt, denn es gab damals noch keine Brücke. Und als ich an das andere Ufer kam, hörte ich Schreien und das Aufklatschen von Kugeln. Über eine Stunde hielt ich mich in dem Tamariskengebüsch verborgen, bis der Mond tief war; dann ritt ich vorsichtig weiter. Am Anfang der Schlammhänge machte mein Pferd plötzlich einen Seitensprung; ich sah hinunter und erblickte den Körper eines Menschen – nackt und mit Messerstichen bedeckt. Er war ganz tot. Und als ich noch hinabstarrte, sprangen sie hinter den Schlammhängen hervor, zehn Reiter, und ich nur einer. Ich retirierte[12] nach dem Dickicht zu und feuerte meine Pistole zweimal ab, aber sie umringten mich, zogen mich vom Pferde und banden mich. Danach wurde ich wieder hinaufgesetzt und fortgeführt. Und als sie an ihren Rastort kamen, berieten sie, ob sie mich töten sollten, und einer sprach: „Wallah! Macht doch ein Ende!" Er kam heran und sah mir ins Gesicht. Es dämmerte. „Es ist Namrud", sprach er, denn er kannte mich, und ich war ihm einmal zu Hilfe gekommen. Da machten sie mich los und ließen mich gehen, und ich ritt nach Jerusalem."

Die Maultiertreiber und ich lauschten mit atemloser Aufmerksamkeit einer Erzählung nach der anderen.

„Es herrschen gute und schlechte Gebräuche unter den Arabern", sagte Namrud, „aber der guten sind viele. Wenn eine Blutfehde zu Ende gebracht werden soll, begeben sich die beiden Feinde zusammen in das Zelt des Klägers. Der Herr des Zeltes entblößt sein Schwert, wendet sich nach Süden zu und zieht, unter Anrufung des Namens Gottes, einen Kreis auf den Fußboden. Dann nimmt er einen Streifen von der Zeltwand sowie eine Hand voll Asche vom Herd, wirft beides in den Kreis und schlägt siebenmal mit dem bloßen Schwerte auf den Strich. Nun springt der Angeklagte in den Kreis, und einer der Anverwandten seines Widersachers ruft mit lauter Stimme: „Ich nehme den Mord, den er verübt, auf mich!" Damit ist der Friede hergestellt.

„O meine Dame, die Frauen dieses Stammes erfreuen sich großer Macht, und die Mädchen sind sehr angesehen. Denn wenn eines sagt: ‚Ich möchte den und den zum Gatten haben', so muß er sie heiraten, will er nicht Schande auf sich laden. Und hat er schon vier Frauen, so soll er sich lieber von einer scheiden lassen und an ihrer Stelle die heiraten, die seiner begehrt. Denn so verlangt es die Sitte bei den Arabern."

Danach wandte sich Namrud zu meinem drusischen Maultiertreiber und fuhr fort: „O Mohammed, hüte dich! Die Zelte der Suchur sind nahe, und es herrschte nie Friede zwischen den Beni Sachr und den Drusen. Kennten sie dich, sie würden dich sicherlich töten – nein, nicht nur töten, sondern dich lebendig verbrennen, ohne daß die Dame oder auch ich dich schützen könnten." Das warf kein günstiges Licht auf den Charakter meines Freundes Nahar, der gegen ein Tuch Gastfreundschaft mit mir ausgetauscht hatte, und die kleine Gruppe am Feuer war denn auch infolge dieser Mitteilung etwas gedrückt. Aber Michaïl war der Situation gewachsen.

„Lassen sich Eure Exzellenz nicht beunruhigen", sagte er, sein gedünstetes Gemüse zierlich anrichtend, „bis wir das Drusengebirge erreichen, soll er ein Christ sein und nicht Mohammed, sondern Tarif heißen, welches ein bei den Christen üblicher Name ist."

So bekehrten und tauften wir den erstaunten Mohammed, noch ehe die Koteletts aus der Pfanne genommen werden konnten.

III.

*Weiterreise Richtung Wüste * Nachricht aus Nedjd * Arabische Ortsnamen * Geschichte über die Gastfreundschaft * Im Lager der Dad'ja * Scheich Fellah ul 'Isa * Ruinen des Djebel el 'Alya * Wie man die Wüste liest * Gastmahl beim Scheich * Bedrängte Lage der Belkastämme * Das englische Regierungssystem * Die Wüste als Wohnstatt * Schönheit der arabischen Dichtung **

Am Morgen des 12. Februar, es war ein Sonntag, stürmte es noch immer, doch beschloß ich trotzdem weiterzureisen. Die in Tneib verbrachten Tage waren zwar nicht verloren, findet man doch nicht oft Gelegenheit, das Leben auf diesen in die Wüste vorgeschobenen Farmen stündlich zu beobachten. Aber meine Gedanken waren bereits vorausgeeilt, und ich sehnte mich, ihnen auf dem Pfade zu folgen, den sie eingeschlagen. Ich glaubte sie einzuholen, als die Hufe unserer Pferde auf den Schienen der Haddjbahn erklangen und wir unser Antlitz der Wüste zuwandten. In nordöstliche Richtung vorwärts eilend, ließen wir Mschitta etwas südlich liegen. Obgleich niemand, der diese Ruine in all ihrer Lieblichkeit gekannt hat, auf den Gedanken kommen wird, den jetzt so entstellten Mauern einen zweiten Besuch abzustatten, will ich doch nicht unterlassen, hier etwas über den Vandalismus zu sagen, mit dem sie ihrer Schönheit beraubt worden sind. Hätte man dieses herrliche Baudenkmal, das länger als tausend Jahre von aller Zerstörungswut, den Einfluß der Winterstürme ausgenommen, verschont geblieben war, nicht auch noch weiter unberührt in dieser Hügellandschaft stehen lassen können, der sie in ihrer phantastischen Schönheit einen so romantischen Reiz verlieh? Aber da ist die Eisenbahn erbaut worden, die Ebene füllt sich, und weder der syrische Bauer noch der türkische Soldat sind geneigt, Mauern zu verschonen, die ihnen von praktischem Nutzen sein können. Mögen deshalb alle, die die Ruine in ihrem ursprünglichen Zustand sahen, sich dankbar und ohne zu großes Bedauern der schönen Erinnerung freuen.

Namrud und Gablan plauderten unaufhörlich. In der vergangenen Nacht waren noch spät zwei Soldaten an der Höhlentür erschienen und hatten, nachdem ihnen Einlaß gewährt worden, eine seltsame Geschichte erzählt. Sie hatten, so behaupteten sie, den Truppen angehört, die der Sultan aus Bagdad abgesandt hatte, um Ibn er Raschid gegen Ibn Sa'oud zu Hilfe zu kommen. Sie erzählten, daß der letztere sie Schritt für Schritt bis an die Tore von Hail, Ibn er Raschids Hauptstadt, zurückgetrieben, und daß Ibn Sa'oud, während die beiden Heere einander gegenüber lagen, mit nur wenig Begleitern vor seines Feindes Zelt geritten sei und seine Hand auf die Zeltstange gelegt habe, so daß der Fürst der Schammar ihn wohl oder übel eintreten lassen mußte. Und hier war ein Übereinkommen getroffen worden. Ibn er Raschid erkannte Ibn Sa'ouds Herrschaft über Riad und die dazugehörigen ausgedehnten Lehnsgüter an und trat seinen ganzen Landbesitz bis auf ungefähr eine Meile vor Hail ab, behielt aber diese Stadt und das nördlich davon gelegene Land. Die beiden Soldaten hatten sich so gut wie möglich westwärts durch die Wüste geschlagen, denn, wie sie sagten, waren die meisten ihrer Waffenbrüder getötet worden, die übrigen aber entflohen.

Es war dies die bei weitem authentischste Nachricht, die ich von Nedjd erhalten konnte, und ich habe auch Grund anzunehmen, daß sie im wesentlichen richtig war.* Ich habe viele Araber hinsichtlich Ibn er Raschids Charakter gefragt: die Antwort war fast immer dieselbe. „Schatir djiddan", das heißt „er ist sehr klug", einen Augenblick später aber pflegten sie hinzuzufügen: „madjnun" (aber verrückt). Ich halte ihn für einen rücksichtslosen, leidenschaftlichen Menschen von rastlosem Geist und wenig Urteilskraft, der nicht energisch, vielleicht auch nicht grausam genug ist, seine Autorität den aufsässigen Stämmen gegenüber geltend zu machen, die sein Onkel Mohammed mit der Eisenfaust Furcht niederhielt (der Krieg war nichts als eine lange Reihe von Verrätereien seitens seiner eigenen Verbündeten), vielleicht

---

* Seit den oben erwähnten Ereignissen ist Ibn Sa'oud, nach einem vergeblichen Appell an einen mächtigen Bundesgenossen, glaube ich, zu einem Einvernehmen mit dem Sultan gekommen, und Ibn er Raschid soll bemüht sein, die türkische Besatzung auszutreiben, die eigentlich zu seiner Hilfe gekommen war. Ganz kürzlich hat sich das Gerücht vom Tode Ibn er Raschids verbreitet.

Mschitta

auch zu stolz, sich den Bedingungen des gegenwärtigen Friedens zu unterwerfen. Er ist überzeugt, daß die englische Regierung Ibn Sa'oud gegen ihn bewaffnet hat, und stützt sich bei dieser Annahme auf die Tatsache, daß der Scheich von Kuwait, der für unseren Verbündeten gilt, in der Hoffnung, den Einfluß des Sultans an den Grenzen von Kuwait abzuschwächen, jenen heimatlosen Verbannten mit den Mitteln ausgerüstet hat, in dem Lande, wo seine Väter geherrscht, wieder festen Fuß zu fassen. Der Beginn des ganzen Unheils lag vielmehr in der Freundschaft, die sich der Welt dadurch kundtat, das Schammarische Pferde in Konstantinopel und zirkassische Mädchen in Hail erschienen, was aber das Ende anbetrifft, so hat der Krieg kein Ende in der Wüste, und jeder Unfriede kommt wieder dem Ungestüm irgendeines jungen Scheichs zustatten.

Obgleich wir Ebenen durchritten, die ganz wüst und für den oberflächlichen Beschauer fast ganz ohne charakteristische Züge waren, reisten wir doch selten länger als eine Meile, ohne eine Stelle zu erreichen, die einen Namen trug. Der Araber verfügt in seiner Rede über ein erstaunliches Ortsregister. Frage ihn, wo der oder jener Scheich sein Lager aufgeschlagen hat, und er wird dich sofort aufs genauste unterrichten. Du findest auf der Karte einen leeren Fleck und auch die Gegend, wo das Lager sich befindet, zeigt solche Leere. Dem Auge des Nomaden genügen eben die unbedeutendsten Kennzeichen, eine Bodenerhebung, ein großer Stein, die Spur einer Ruine, ja jede Vertiefung, die zur Winter- oder Sommerzeit voll Wasser steht.

Reite mit einem Araber, wenn du wissen willst, warum die vormohammedanische Poesie so reich an Ortsnamen ist, du wirst auch sehen, wie nutzlos es bei den meisten Orten sein würde, sie an einer bestimmten Stelle zu suchen, denn derselbe Name kehrt wohl hundertmal wieder. Wir gelangten jetzt an einen kleinen Hügel, den Gablan Theleleth el Hirschah nannte, und später an einen etwas kleineren, Theleleh. Hier hielt Gablan an, deutete auf ein paar rauchgeschwärzte Steine am Boden und sagte:

„Hier stand mein Herd. Hier hatte ich vor fünf Jahren mein Lager. Mein Vater hatte sein Zelt dort drüben aufgeschlagen, mein Onkel das seinige unter der Böschung."

Ich hätte mit Imr ul Kais oder mit irgendeinem anderen großen Sänger aus dem Zeitalter der Naturdichtung reisen können, wo der Ode hoher Flug sich demselben Thema zuwandte, dem ewig gleichen Thema vom Wechsel des Lebens in der Wüste.

Die Wolken lösten sich in Regen auf, als wir Teleleh den Rücken kehrten und ostwärts schritten – kommt doch der reisende Araber selten schneller vorwärts als im Schritt. Namrud schlug seiner Gewohnheit nach die Zeit tot, indem er Geschichten erzählte.

„Meine Dame", sagte er, „ich werde Ihnen eine Geschichte erzählen, die unter den Arabern sehr bekannt ist; Gablan kennt sie gewiß. Es war einmal ein Mann – er ist jetzt tot, aber seine Söhne leben noch –, der lag in Blutfehde, und in der Nacht überfiel ihn sein Feind mit vielen Reitern; sie trieben seine Herden, seine Kamele und Pferde weg und nahmen ihm die Zelte und alles, was er hatte. So sah sich der Mann, der erst reich und geachtet war, in der größten Not. Da zog er aus und kam an das Zelt eines Stammes, der mit seinem eignen weder in Freundschaft noch in Fehde war. Er legte seine Hand auf die Stange des Zeltes, das

Belka-Araber

dem Scheich gehörte, und sagte: ‚O Scheich, ich bin dein Gast.'
(‚Ana dachilak', sagt einer, der Gastfreundschaft und Schutz erheischt.) Der Scheich erhob sich, führte ihn hinein, setzte ihn an den Herd und war gütig gegen ihn. Er gab ihm auch Schafe und etliche Kamele und Zeug zu einem Zelt. Darauf ging der Mann hinweg, und es glückte ihm so, daß er nach zwei Jahren wieder so reich war wie zuvor. Nach abermals zehn Jahren begab es sich, daß der Scheich, sein Gastfreund, Unglück hatte und seinerseits alles verlor, was er besaß. Und er sprach: ‚Ich werde nach den Zelten von dem und dem gehen, der ist jetzt reich und wird mir tun, wie ich es ihm getan habe.' Als er an die Zelte kam, war der Mann nicht da, aber sein Sohn war darin. Und der Scheich legte seine Hand auf die Stange und sprach: ‚Ana dachilak.' Der Sohn antwortete: ‚Ich kenne dich nicht, aber da du unsere Hilfe anrufst, so komme herein, meine Mutter wird dir Kaffee kochen.' Da trat der Scheich ein, und die Frau hieß ihn sich an den Herd setzen und kochte ihm Kaffee. Es gilt aber für eine Beschimpfung bei den Arabern, wenn die Frau den Kaffee kocht. Und während er noch beim Kaffee saß, kehrte der Herr des Zeltes zurück. Da ging sein Sohn hinaus und erzählte ihm, daß der Scheich da wäre. Und sein Vater sprach: ‚Wir wollen ihn die Nacht dabehalten, da er unser Gast ist, aber beim Dämmern schicken wir ihn fort, damit uns seine Feinde nicht über den Hals kommen.' Und sie ließen den Scheich sich in eine Ecke des Zeltes legen und gaben ihm nur Brot und Kaffee, und am nächsten Tage hießen sie ihn gehen. Und sie gaben ihm als Bedeckung zwei Reiter mit auf eine Tagesreise, denn das pflegen die Araber zu tun mit einem, der ihren Schutz begehrt hat und in Gefahr seines Lebens ist, aber dann überließen sie es ihm zu verhungern oder in die Hände seiner Feinde zu fallen. Aber solche Undankbarkeit kommt selten vor – gelobt sei Gott! Und daher wird diese Geschichte auch nicht vergessen werden!"

Wir näherten uns jetzt einigen Abhängen, die beinahe mit dem Namen Hügel beehrt werden konnten. Sie bildeten einen großen, südwärts sich erstreckenden Halbkreis, in dessen innerer Seite Fellah ul 'Isa seine Zelte aufgeschlagen hatte. Zur Zeit meines Besuchs dort hielten die Da'dja die ganze Ebene besetzt, sowohl den Fuß des stufenförmig aufsteigenden Djebel el 'Alya wie auch den nordwestlichen Landstrich zwischen den Hügeln und dem Fluß Zerka. Mudjemir, der junge Scheich, wohnte nordwärts; seine beiden Onkel, Fellah ul 'Isa und Hamud, der Vater Gablans, gemeinsam in der nach Süden gelegenen Ebene. Ich traf Hamud nicht an, da er gerade fortgeritten war, um einige seiner Herden zu inspizieren. Gablan sprengte voraus, um uns anzumelden, und als wir selbst uns dem Zelte näherten, trat ein weißhaariger Mann heraus, uns zu bewillkommnen. Das war mein Wirt, Fellah ul 'Isa, ein in ganz Belka wegen seiner Weisheit berühmter Scheich mit weit größerem Ansehen, als sonst ein alter Mann aus einem Herrscherhause über seinen Stamm besitzt.

Vor einem halben Jahre war er als hochgeachteter Gast bei den Drusen gewesen, die eigentlich mit arabischen Scheichs nicht auf freundschaftlichem Fuße stehen, und das war der Grund, warum Namrud gerade ihn als den besten Ratgeber in meinen Reiseangelegenheiten erachtet hatte. Wir mußten in seinem Zelte sitzen, bis der Kaffee bereitet war, welche Zeremonie eine geschlagene Stunde in Anspruch nahm und unter feierlichem Schweigen vor sich ging. Nichts war hörbar als das Geräusch der die Bohnen zermalmenden Mörserkeule, Töne, die, von kundiger Hand geleitet, dem Wüstenwanderer wie liebliche Musik dünken. Als der Genuß vorüber – die Sonne war inzwischen durchgebrochen –, ritt ich mit Gablan und Namrud die Hügel nordwärts vom Lager hinan, um einige Ruinen zu besichtigen, von denen die Araber berichtet hatten.

Djebel el 'Alya erwies sich als ein welliges Hochland, das sich in einer Ausdehnung von vielen Meilen nach Norden und Nordosten hin sanft abdachte. Die Hauptrichtung der unvermittelt aus der Ebene aufsteigenden Bergkette ist von West nach Südost; ihr Kamm ist mit einer Reihe von Ruinen gekrönt, deren ich zwei sah. Es mögen wohl Forts zum Schutze einer Grenze gewesen sein, vermutlich der Ghassanidischen. Inschriften sind nicht vorhanden. Das erste der verfallenen Gebäude lag direkt über Fellah ul 'Isas Lager – meiner Ansicht nach ist es der auf der Karte von Palästina nahe der Haddjbahn eingezeichnete Kasr el Ahla. Der Name ist den Da'dja unbekannt. Sollte es an dem sein, so liegt die Ruine vier oder fünf Meilen weiter nach Osten, als von den Kartographen eingezeichnet, und der Name sollte Kasr el 'Alya heißen. Es war ein mäßiger Komplex, ringsum von Mauerwerk umgeben, das eine unentwirrbare Menge Ruinen umschloß. Nachdem wir drei oder vier Meilen weiter ostwärts geritten waren, fanden wir auf der Nordseite des Djebel el 'Alya, am Eingänge eines Tales, eine große Zisterne, die, ungefähr 40 zu 50 Meter groß, sorgsam aus behauenen Steinen erbaut und halb voll Erde war. Weiter oben, der Spitze des Hügels zu, war eine Gruppe Ruinen, von den Arabern El Muwaggar benannt.* Hier hat sich vermutlich eine militärische Station befunden, denn die wenigen Überreste kleinerer Wohnstätten legen den Gedanken an eine Stadt nahe. Nach Osten zu aber lag ein Gebäude, das die Araber für einen einstigen Stall erklären. Es war gleich einer Kirche in drei parallele Schiffe geteilt. Bogengänge trennten das Mittelschiff von den Seitenflügeln; die sechs auf jeder Seite befindlichen runden Bogen ruhen auf gemauerten Säulen, auf deren Innenseite Löcher zum Durchleiten der Spannseile angebracht sind. Wahrscheinlich wurden vor Zeiten Pferde zwischen die Bogen eingestellt. Eine faßbogenförmige Decke wölbt sich über den drei Abteilungen, sowohl Gemäuer als auch Wölbung bestehen aus kleinen, durch spröden, zerbröckelnden Mörtel verbundenen Steinen. Einige hundert Meter nach Nordwesten fanden wir eine große, unbedeckte, leere Zisterne mit ausgemauerten Wänden und einer Treppe in der einen Ecke. Die größte Ruine lag noch weiter westwärts, fast auf der Spitze des Hügels. Bei den Arabern heißt sie Kasr; vermutlich war es eine Festung oder Baracken. Der Haupteingang fand sich nach Osten zu, und da sich der Boden hier senkte, wurde die Front durch einen Unterbau von acht Gewölben getragen, über denen Spuren von drei oder vier Toren sichtbar waren, die nur mittels Treppen zugänglich gewesen sein können. Zu beiden Seiten des Einganges hatten kannelierte Säulen gestanden – einige waren noch vorhanden –, und die Fassade war mit Säulen und mit einer Nische geschmückt gewesen. Frag-

---

* El Muwakker geschrieben, aber die Beduinen ändern das harte k in ein hartes g. Beschreibung des Ortes in „Die Provincia Arabia", 11. Band.

mente bedeckten noch den Boden; daneben lagen verschiedene Kapitäle, alle im korinthischen Stil, obgleich manche von ihrem Urbild beträchtlich abwichen. Etliche Kannelierungen zeigten sehr einfache Motive, wie ein Kleeblatt an jedem Außenbogen eines gewundenen Stengels; andere wiederum waren torusförmig[13] und mit dem Palmstammuster überdeckt. Die Fassade maß 40 Schritt; hinter ihr lag ein Vorraum, der durch eine Kreuzmauer von einem quadratischen Hof getrennt war. Ob dieser Hof früher von Gemächern umgeben gewesen, konnte ich nicht feststellen, da er von Trümmern überdeckt und mit Rasen bewachsen war. Zu beiden Seiten der parallel laufenden Gewölbe befand sich noch je ein anderer gewölbter Raum, also zehn im ganzen, aber die beiden angefügten Gewölbe schienen keinerlei Oberbau getragen zu haben, da die massiven Seitenwände des Vorraumes auf den Außenmauern der acht inneren Gewölbe ruhten. Das Gewölbe bestand aus viereckigen Steinen und Geröll, durch Mörtel verbunden.

Wir ritten nun direkt den Hügel hinab und über die sich anschließende Ebene, wobei wir auf ein anderes, Nedjereh genanntes, verfallenes Bauwerk stießen. Dergleichen Anhäufungen behauener Steine tragen bei den Arabern den Namen „rudjm"; es wäre interessant zu wissen, wie weit nach Osten hin sie zu finden sind, wie weit die Steppe von einer seßhaften Bevölkerung bewohnt gewesen ist. Eine Tagesreise von 'Alya – sagte Gablan – liegt ein zweites Fort, Charaneh, und ein drittes, Um er Resas, nicht weit davon. Und noch mehr gibt es, mit Bildwerken; zur Winterzeit, wo die westlichen Weideplätze fast leer sind, kann man sie wohl besuchen.*

Während wir dahinritten, lehrte mich Gablan, die Wüste zu lesen, auf die aus großen Steinen gelegten viereckigen Lagerstätten der arabischen Diener zu achten, auf die halbkreisförmigen Erdlöcher, die die Kamelmütter für ihre Jungen aushöhlen. Dann lehrte er mich auch die Pflanzen am Boden kennen, und ich fand, daß die Flora der Wüste wohl spärlich vertreten, aber doch sehr

---

* Mehrere dieser Ruinen wurden von *Musil* aufgesucht, aber sein Werk ist noch nicht veröffentlicht.

verschiedenartig ist, und daß fast jede Gattung von den Arabern nutzbar gemacht wird. So würzen sie mit dem Blatt des Utrufan ihre Butter, bereiten einen trefflichen Salat aus dem stacheligen Kursa'aneh, füttern ihre Kamele mit den dürren Stengeln des Billan, die Schafe mit denen des Schih, und die Asche des Gali wird beim Seifesieden benützt. Gablan gefiel sich in seiner Lehrerrolle sehr wohl, und wenn wir von einem graublauen, stachligen Fleck an einen anderen, ganz ähnlichen kamen, pflegte er zu sagen: „Nun, meine Dame, was ist das?" Und er lächelte befriedigt, wenn die Antwort richtig kam.

Ich sollte diesen Abend in Fellah ul 'Isas Zelt speisen und wurde von Gablan abgeholt, als das letzte Abendrot den westlichen Himmel säumte. Das kleine Zeltlager hallte bereits vom Konzert der Töne wider, die der Wüste zur Nachtzeit eigen sind: die Kamele grunzten und ächzten, Schafe und Ziegen blökten, und unaufhörlich bellten die Hunde. Das Zelt des Scheichs war nur durch den Schein des Herdfeuers erhellt, und mein mir gegenüber sitzender Wirt verschwand bald in einer Wolke beissenden Rauchs, bald erstrahlte er im Lichte einer glänzenden Flamme. Sooft sich ein angesehener Gast einstellt, muß ein Schaf ihm zu Ehren geschlachtet werden, und so geschah es, daß wir mit unseren Fingern ein üppiges Mahl aus Hammelfleisch, Quark und riesigen Stücken Brot verzehrten. Aber der Araber ißt selbst bei festlichen Gelegenheiten erstaunlich wenig, ja viel weniger als eine mit gutem Appetit gesegnete Europäerin, und hat man keinen Gast, so begnügt man sich mit Brot und einer Schale Kamelmilch. Freilich pflegen diese Leute auch den größten Teil des Tages zu verplaudern oder zu verschlafen, aber ich habe die 'Agel bei keiner besseren Kost auch einen Marsch von vier Monaten machen sehen. Meiner Meinung nach müßte der Beduine, obgleich er mit so wenig auskommt, immer hungrig sein; er ist so auffallend spärlich und hager, und wenn der Stamm von Krankheit aufgesucht wird, erheischt sie gewöhnlich viele Opfer. Auch meine Dienerschaft tat sich gütlich, und da Mohammed, oder vielmehr jetzt Tarif, der Christ, zum Schutz unserer Zelte hatte Zurückbleiben müssen, wurde ein Holznapf mit Essen gefüllt und „für den Gast, der Zurückbleiben mußte", hinaus geschickt.

Fellah ul 'Isa ad Da'dja

Beim Kaffee entspann sich zwischen Fellah ul 'Isa und Namrud ein lebhaftes Gespräch, das die Lage der Belkastämme scharf beleuchtete. Sie werden von der heranrückenden Zivilisation hart bedrängt. Syrische Bauern setzten sich mehr und mehr in ihren Sommerquartieren fest und, was noch schlimmer ist, ihre Tränken werden jetzt von zirkassischen Kolonisten benützt, die vom Sultan Ostsyrien als Wohnsitz angewiesen bekamen, nachdem die Russen sie von Haus und Hof im Kaukasus vertrieben hatten. Keine angenehmen Leute, diese Zirkassier! Mürrisch und zänkisch sind sie, allerdings aber auch fleißig und unternehmend; aus ihren steten Streitigkeiten mit den Arabern gehen sie regelmäßig als Sieger hervor. Haben sie doch neuerdings das Entnehmen von Wasser aus dem Zerka, auf den die Beduinen den ganzen Sommer über angewiesen sind, zum *casus belli*

Gablan ibn Hamud ad Da'djan

erhoben, und es wird nahezu unmöglich, nach 'Amman, dem zirkassischen Hauptquartier, hinabzugehen, um die wenigen Bedürfnisse eines arabischen Lebens, wie Kaffee, Zucker und Tabak, einzuhandeln. Nach Namruds Ansicht müßten die Belkastämme die Regierung angehen, einen Kaimakam[14] zum Schutze ihrer Interessen über ihren Distrikt zu setzen, aber Fellah ul 'Isa zauderte, den Storchenkönig hereinzurufen, denn er fürchtete die Besatzung, die dieser schicken würde, auch das zwangsweise Registrieren des Viehs und andre schlimme Streiche. Ja, die Tage der Belka-Araber sind gezählt. Die Ruinen deuten auf dieselbe Möglichkeit hin, die schon im vergangenen Jahrhundert bestand: es kann sich eine seßhafte Bevölkerung über ihr ganzes Gebiet ausbreiten, und ihnen selbst bleibt die Wahl, entweder Dörfer zu gründen und den Boden zu bebauen, oder nach Osten zurückzuweichen, wo Wasser im Sommer fast nicht zu haben und die Hitze unerträglich ist.

Namrud wendete sich von diesem unliebsamen Thema ab und begann die Herrschaft der Engländer in Ägypten zu preisen. Freilich war er nie dort gewesen, aber einer seiner Vettern, ein Schreiber in Alexandrien, hatte ihm erzählt, daß die Bauern dort reich würden und daß es in der Wüste ebenso friedlich herging wie in den Städten.

„Blutfehde gibt's nicht mehr", sagte er, „auch keinen Raub. Wenn jemand einem anderen seine Kamele stiehlt, wißt ihr, was da geschieht? Der Herr der Kamele geht zu dem nächsten Konak (Richter) und beschwert sich; dann reitet ein Zaptieh (Polizeisoldat) ganz allein durch die Wüste, bis er das Zelt des Räubers erreicht. Da entbietet er seinen Gruß und tritt ein. Und der Herr des Zeltes? Der macht Kaffee und versucht, den Zaptieh als einen Gast zu behandeln. Aber jetzt hat der Soldat seinen Kaffee getrunken, er legt Geld auf den Herd und sagt: ‚Nimm diesen Piaster.' So bezahlt er für alles, was er ißt und trinkt und nimmt nichts an. Am Morgen geht er wieder, nachdem er noch Bescheid hinterlassen hat, daß nach soundsoviel Tagen die Kamele wieder beim Richter sein müssen. Da fürchtet sich der Räuber, holt die Kamele zusammen und schickt sie hin. Vielleicht fehlt eins an der Zahl. Da sagt der Richter zu dem Herrn der Kamele: ‚Sind alle Tiere hier?' und er erwidert: ‚Eins fehlt.' So sagt er: ‚Was ist es wert?' und er antwortet: ‚Acht lira.' Wallah! Er bezahlt."

Fellah ul 'Isa äußerte keine direkte Billigung dieses Systems, aber er lauschte mit Interesse, als ich, soweit ich sie selbst verstand, die Grundsätze der Fellahin-Bank erläuterte, und erkundigte sich endlich, ob Lord Cromer[15] nicht geneigt sein würde, seine Herrschaft bis Syrien auszudehnen – eine Einladung, die in seinem Namen anzunehmen, ich mich nicht erkühnen mochte. Es war vor fünf Jahren, im Haurangebirge, wo mir eine ähnliche Frage vorgelegt wurde, und ihre Beantwortung war eine harte Nuß für meine Diplomatie gewesen. Da hatten sich die drusischen Scheichs von Kanawat im Schutze der Nacht in meinem Zelte eingefunden, und nach manch vorsichtigem Umschweifen und vielen Versicherungen meinerseits, daß kein Lauscher nahe, hatten sie mich gefragt, ob die Drusen, falls die Türken abermals ihren Vertrag brechen sollten, wohl bei Lord Cromer in Ägypten Schutz suchen dürften. Und ob ich ihm vielleicht eine Botschaft überbringen würde? Ich gab mir den Anschein, den Vorschlag nach allen Seiten hin zu erwägen und erwiderte dann, die Drusen wären doch Bergbewohner und eine Ebene, wie Ägypten, würde ihnen daher schwerlich Zusagen. Da sah der Scheich el Balad den Scheich ed Din an, und ein Land ohne Berge, in die man flüchten, ohne Bergpfade, die man leicht verteidigen kann, muß ihnen wohl wie ein furchtbares Gespenst erschienen sein, denn sie erwiderten, die Sache wolle allerdings wohl überlegt sein, und ich hörte nichts wieder davon. Trotzdem liegt die Moral offen da. Sobald ein Mann in ganz Syrien, ja selbst in der Wüste unter der Ungerechtigkeit anderer oder seiner eigenen Unfähigkeit zu leiden hat, wünscht er von jener Hand regiert zu werden, die Ägyptens Wohlstand begründet hat, und die Besetzung dieses Landes durch die Engländer, die uns anfangs die Sympathie der Mohammedaner zu rauben drohte, ist schließlich doch die wirksamste Reklame für das englische Regierungssystem geworden.[*]

Als ich dem Gespräch lauschte und in die sternenhelle Nacht hinaussah, da nahm mein Geist den Faden wieder auf, den er vorher gesponnen, jenes Thema, das Gablan eröffnet hatte, als er stillstehend auf die Spuren seines früheren Lagers gewiesen, und ich sagte:

„In dem Zeitalter vor dem großen Propheten redeten eure Väter, wie ihr jetzt, auch in derselben Sprache; uns aber, die wir eure

---

[*] Die jetzigen Unruhen in Ägypten mögen die obigen Behauptungen zweifelhaft erscheinen lassen, aber ich glaube mit Unrecht. Während die Ägypter das Elend vergessen haben, aus dem unsere Verwaltung sie befreite, schmachten die Syrier wie die Bewohner der Wüste noch darunter; in ihren Augen verbringen die Nachbarn die Tage in ungetrübtem, beneidenswertem Wohlleben. Aber sobald der Wolf von der Tür verjagt ist, pflegen die Beschränkungen, die der unbeugsame Arm des Gesetzes auferlegt, eine unruhige, unstete Bevölkerung zur Auflehnung zu reizen. Sie sehnen die vielen unverdienten Vorteile zurück, die ihnen früher aus der schlechten, wankelmütigen Regierung erwuchsen. Justiz ist ein treffliches Ding, wenn sie deine berechtigten Ansprüche wahrt, aber abscheulich, wenn man in die Rechte anderer gern einen Griff tun möchte. Fellah ul 'Isa und seine Genossen würden ihre Schattenseiten bald genug kennenlernen.

Bräuche nicht kennen, ist die Bedeutung der Worte entschwunden. Sagt mir doch, was bedeutet dieses Wort?"

Die Männer am Herd neigten sich vorwärts, und eine emporzüngelnde Flamme beleuchtete ihre dunklen, gespannten Gesichter. „Bei Gott", sagten sie, „sprach man *so* vor des Propheten Zeit?" „Mascha'llah! Wir gebrauchen das Wort noch. Es ist das Zeichen auf dem Boden, wo das Zelt errichtet wurde."

So ermutigt, zitierte ich die Strophe Imr ul Kais', die Gablans Bemerkung in mir wachgerufen:

„Wandrer, steh still! Laß uns beweinen die Geliebte an ihrem Ruheplatz im rinnenden Sand zwischen ed Dudjel und Haumal." Da erhob Gablan an der Zeltstange sein Haupt und rief aus: „Mascha'llah! das ist 'Antara!"

Denn der unbelesene Araber schreibt jedwede Dichtung 'Antara zu, er kennt keinen anderen Namen in der Literatur.

Ich aber entgegnete: „Nein; 'Antara sprach anders. Er sagte: Haben die Sänger der Vorzeit mir etwas Neues zu singen gelassen? Oder kommt dir ihr Haus zurück, wenn du seine Stätte betrachtest? Lebid aber sprach am weisesten, als er sagte: Was ist der Mensch, als ein Zelt und seine Bewohner? Der Tag kommt, wo sie gehen, und die Stätte ist verlassen."

Gablan machte eine zustimmende Bewegung und bemerkte: „Bei Gott! Die Ebene ist mit Stätten bedeckt, an denen ich rastete!" Damit hatte er den Ton angeschlagen. Ich schaute hinaus in die Nacht und schaute die Wüste mit seinen Augen; sie war nicht mehr öde, sondern dichter mit Erinnerungen an menschliche Wesen besetzt, als irgendwelche Stadt. Jeder Streifen gewann Bedeutung, jeder einzelne Stein ließ das Bild eines Herdes auferstehen, an dem das warmpulsierende arabische Leben kaum erkaltet war, mochte auch das Feuer selbst vor Jahrhunderten erloschen sein. In schattenhaften Umrissen entstand eine Stadt; ihre Linien schoben sich ineinander, sie wogten und wechselten; aus Elementen, die alt sind wie die Zeit selbst, entstand Neues, nicht war das Neue vom Alten, nicht das Alte vom Neuen zu unterscheiden.

Die Araber sprechen nicht von einer Wüste oder Wildnis wie wir. Warum auch? Ihnen ist es eben keine Wüste, keine Wildnis, vielmehr ein Land, das sie bis ins kleinste kennen, ein Mutterland, dessen geringste Produkte ihnen von Nutzen sind. Sie verstehen es, an den unendlichen Flächen Freude zu haben, sie ehren das Rauschen des Sturmes – verstanden es wenigstens in jenen Tagen, als sie ihre Gedanken zu unvergessenen Versen gestalteten. Sie besangen in mancher Strophe die Lieblichkeit der bewässerten Stellen, sangen von der Fliege, die dort brummt, wie von einem Mann, der in Weinlaune Lieder summt, seinem eignen Ohr zum Genuß, von den Regentümpeln, die gleich Silber glitzern oder, wenn der Wind sie kräuselt, wie der Panzer eines Kriegers schimmern. Wenn sie die trocknen Wasserläufe kreuzten, merkten sie auf die geheimnisvollen Wunder der Nacht, wo die Sterne an das Himmelgewölbe geschmiedet schienen, als wollte die Dämmerung für immer säumen. Imr ul Kais hatte die Plejaden gleich Juwelen in dem Netzwerk eines Gürtels hängen sehen, hatte mit dem Wolf, der im Finstern heulte, Kameradschaft geschlossen: „Du und ich, wir sind verwandt; sieh, die Furche, die du ziehst, wird mit der meinen die gleiche Ernte geben." Tag oder Nacht, sie kannten kein Entsetzen, das sie lähmte, keine leere Furcht, keinen Feind, der unbesiegbar war. Jene Sänger riefen weder Mensch noch Gott um Hilfe an; drohte Gefahr, so dachten sie an ihr Schwert, ihr Roß, an die großen Taten ihres Stammes, und ihre Rechte allein genügte zu ihrer Rettung. Dann frohlockten sie als Menschen, deren Blut heiß in den Adern rollt, und dankten keinem, der es nicht wert war.

Die Gesänge aus dieser Periode der Naturdichtung gehören zu den schönsten, die je aus menschlichem Munde kamen. Sie berühren jede Seite des arabischen Lebens, sie atmen die innigsten Gefühle. Gibt es doch kaum schönere Verse als die, in denen Lebid den Wert des Lebens preist; jede einzelne der 14 Strophen atmet einen über alles Lob erhabenen Ernst. Er schaut der Sorge, dem Alter, dem Tod ins Auge und schließt, an die enggezogenen Grenzen des menschlichen Wissens erinnernd: „O du, dessen Auge dem Fluge des Vogels folgt und dem Wege des Kiesels, der deiner Hand entflohen, wie kannst du wissen, was Gott vorhat?" Und die warnende Stimme ist nie die Stimme des Zornes, und so oft sie sich auch von neuem erheben muß, der kühne Mut des Sängers erlahmt nicht. „Der Tod wählt nicht!" singt Tarafa, „er schlingt sein Seil um den flüchtigen Fuß des Geizhalses wie um den des Verschwenders." Aber er fügt hinzu: „Was fürchtest du? Das Heute ist dein." Und der furchtlose Zuhair kleidet seine Lebensweisheit in die Worte: „Das Heute, das Gestern und die verronnenen Tage kenne ich, aber in die Zukunft blickt mein Auge nicht. Denn ich habe gesehen, wie das Verhängnis, einem blinden Kamel gleich, im Finstern schlich; wen es traf, der fiel, wen es verschonte, dem blühte langes Leben." Der Hauch der Begeisterung kam über alle, über alt und jung, Männer und Frauen, und zu dem Schönsten, was uns die Wüste geschenkt hat, zählt der Grabgesang einer Schwester für ihren toten Bruder. Er ist als historisches Dokument ebenso wertvoll wie als Zeugnis der herzlichsten Gefühle. Dem Gedicht liegt folgende Tatsache zugrunde. Nach der Schlacht von Bedr wurde ein gewisser Nadr Ibn el Harith von Mohammed in Uthail gefangengenommen und zum Tode verurteilt. Aus Kutailas Versen ersieht man den Sturm der Gefühle, den des Propheten Verfügung bei seinen Zeitgenossen hervorrief, die sich ihr nicht unterwerfen wollten, und doch drücken sie gleichzeitig die einem Manne gebührende Achtung aus, dessen Stamm dem ihren an Rang gleichkam.

Und in noch stärkerer Sprache erhebt sich der freie Geist der Wüste bei jenem Manne, der in Mekka gefangen lag. Der Ausdruck seiner Todesangst, der visionäre Besuch seiner Geliebten in der Zelle des Gefängnisses, dann die herrliche Beteurung, daß kein Elend seinen Mut brechen könne, und das furchtlose Erinnern des starken Mannes an die Leidenschaft, die wohl sein Leben verwirkt, die Seele aber freigelassen hatte, den Tod zu überwinden – welch Fülle edler Gefühle! Auf der Steppe geboren und aufgewachsen, haben die Sänger aus der Zeit der Wüstendichtung ein Gedenkblatt hinterlassen, in dem reichere und gebildetere Nationen sie schwerlich übertreffen können.

IV.

*Morgendämmerung in der Wüste * Ankunft im Lager der Beni Hassan * Raubzüge * Vorbereitungen zum Opferfest * Aufbruch ins Drusengebirge * Empfehlungsschreiben * Der Saum der Wüste * Ruinen von Umm ed Djimal * Am Fuß des Haurangebirges * Verödete Dörfer * Das erste Drusendorf * Eigenheiten der Gebirgsbewohner * Besuch beim Dorfscheich * Ritt nach Salchad * Angenehme Begleitung **

Ein arabisches Sprichwort sagt: „Hayyeh rubda wa la daif mudha" – weder aschgraue Schlange noch Mittagsgast. Wir hüteten uns, durch zu langes Bleiben gegen die gute Sitte zu verstossen, es wurde noch vor Tagesanbruch in unserem Lager lebendig. Es ist, als befände man sich inmitten eines Opals, wenn man zur Zeit der Morgendämmerung in der Wüste erwacht. Durch die aus den Bodensenkungen emporsteigenden Nebel und den Tau, der in gespenstischen Formen von den schwarzen Zelten niederrieselte, schoß der erste schwache Schimmer des östlichen Himmels, dem bald die tiefgelben Strahlen der aufgehenden Sonne folgten. Ich schickte Fellah ul 'Isa ein purpurfarbenes, silbergesticktes Tuch „für den kleinen Sohn", der so ernsthaft am Herde gespielt hatte, verabschiedete mich dankend von Namrud, trank eine Tasse

Araber, Marduf reitend

Kaffee, und während der alte Scheich mir den Bügel hielt, stieg ich auf und ritt mit Gablan davon. Wir erklommen den Djebel el 'Alya und kreuzten den Kamm des Gebirgszugs. Die Landschaft ähnelte der unsrer englischen Grenzlande, aber sie war großartiger, die Windungen größer, die Entfernungen weiter. Die klare, kalte Luft regte die Sinne an und ließ das Blut rascher pulsieren. Bei mir würde das alte Wort vom Golf von Neapel anders lauten: „Die Wüste an einem schönen Morgen sehen – und sterben – wenn du es vermagst." Selbst die blöden Maultiere spürten einen Hauch davon und eilten über den schwammigen Boden („Verrückt, ihr Verwünschten!"), bis ihre Körbe sich überschlugen und sie zu Fall brachten. Zweimal mußten wir halten, um sie auf die Beine zu bringen und wieder zu beladen. Das „Kleine Herz", der höchste Gipfel des Djebel Druz (Drusengebirges), sah heiter auf uns nieder; sein Schneegewand leuchtete weit in den Norden hinauf.

Am Fuße des Nordabhangs der 'Alyaberge betraten wir eine weite wellige Ebene, ähnlich der, die wir bereits im Süden hinter uns gelassen. Wir passierten viele jener geheimnisvollen Ruinen, aus denen unsre Phantasie Schlüsse auf die Geschichte des Landes zu ziehen versucht, und endlich wurden wir der verstreuten Lagerplätze der Hassaniyyeh ansichtig, die mit den Da'dja befreundet sind und derselben Gruppe von Araberstämmen angehören. Hier sahen wir plötzlich zwei Reiter über die Wüste kommen. Gablan ritt ihnen entgegen, sprach eine Weile mit ihnen und kehrte dann mit ernstem Gesicht zurück. Gerade am Tage vorher, während wir friedlich von Tneib herüberritten, hatten 400 in böser Absicht verbündete Reiter der Suchur und der Howeitat die Ebene überschwemmt, eine vorgeschobene Zeltgruppe der Beni Hassan überfallen und die Zelte sowie 2000 Stück Vieh hinweggeführt. Ich meinte, es sei fast schade, daß wir einen Tag zu spät gekommen, Gablan aber sah bei dieser Äußerung noch ernster drein und erklärte, daß er dann an dem Kampfe hätte teilnehmen, ja mich verlassen müssen, obgleich ich seinem Schutz anvertraut sei, denn die Da'dja wären verpflichtet, den Beni Hassan gegen die Suchur beizustehen. Und vielleicht würde der gestrige Vorfall genügen, um den kaum geschlossenen Waffenstillstand zwischen diesem mächtigen Stamme und den Verbündeten der 'Anazeh zu brechen und die Wüste wieder mit Krieg überziehen. Es herrschte Kummer in den Zelten der Kinder Hassans. Das Haupt in den Händen verborgen, saß ein Mann weinend an seiner Zeltstange; es war ihm alles genommen worden, was er sein eigen genannt. Das Besitztum des Arabers ist ebensoviel Wechselfällen unterworfen wie das des Spekulanten an der Börse. Heute noch ist er der reichste Mann der Wüste, und schon morgen hat er vielleicht nicht ein einziges Kamel mehr zu eigen. Er lebt in beständigem Kriegszustand. Hat er auch mit den Nachbarstämmen die heiligsten Treueschwüre ausgetauscht, so ist er doch nicht sicher, daß nicht eine Hunderte von Meilen entfernt wohnende Räuberbande nachts in sein Lager einbrechen wird. So verließ vor zwei Jahren ein in Syrien ganz unbekannter Stamm, die Beni Awadjeh, seinen Wohnsitz hinter Bagdad oben, durchquerte Marduf reitend (zwei auf einem Kamel) 300 Meilen Wüste und fiel in das Land östlich von Aleppo, wo sie ungezählte Menschen töteten und alles Vieh wegführten. Wie viele Jahrtausende dieser Zustand schon dauert, können uns die erzählen, die die ältesten Berichte aus der inneren Wüste gelesen haben, denn er geht bis in die fernste Zeit zurück; aber in all den Jahrhunderten hat die Erfahrung den Araber keine Weisheit gelehrt. Nie ist er sicher und lebt doch in der größten Sorglosigkeit. Er schlägt sein kleines, aus zehn bis fünfzehn Zelten bestehendes Lager in einer weiten, ungeschützten, ja nicht einmal zu schützenden Ebene auf, zu weit von seinen Gefährten, um sie zu Hilfe zu rufen, zu weit auch, um die Reiter zu sammeln und den Räubern zu folgen, deren Rückzug infolge der geraubten Herden natürlich ein langsamer ist, daß eine schnelle Verfolgung zuversichtlich von Erfolg begleitet sein würde. Hat der Araber so all sein Hab und Gut verloren, so durchzieht er bettelnd die Wüste; der eine gibt ihm ein oder zwei Streifen Ziegenhaartuch, der andere einen Kaffeetopf; hier bekommt er ein Kamel, dort ein paar Schafe, bis er wieder ein Dach über sich hat und genug Vieh, um mit den Seinen vor Hunger geschützt zu sein. Es gibt lobenswerte Gebräuche unter den Arabern, wie Namrud sagte. So wartet er monate-, ja jahrelang die rechte Zeit ab, bis sich endlich eine Gelegenheit bietet; dann machen sich die Berittenen seines Stammes mit ihren Verbündeten auf, reiten aus, rauben die gestohlenen Herden zurück und noch mehr dazu, und die Fehde tritt in ein neues Stadium. In der Tat ist Raub das einzige Gewerbe und das einzige Glücksspiel der Wüste. Als Gewerbe betrachtet, scheint es uns auf einer falschen Auslegung der Angebot und Nachfrage betreffenden Gesetze zu beruhen, als Glücksspiel aufgefaßt aber, läßt sich viel zu seinen Gunsten sagen. Die Abenteuerlust findet weitesten Spielraum. Da ist die Aufregung des nächtlichen Rittes durch die Wüste, das Vorwärtsstürmen der Pferde zum Angriff, das majestätische (und doch verhältnismäßig harmlose) Knallen der Flinten und schließlich die Freude, sich für einen prächtigen Burschen halten zu können, wenn der Zug beutebeladen sich wieder heimwärts wendet. Es ist die beste Art *fantasia*, wie sie in der Wüste sagen, denn es ist mit einem Körnchen Gefahr gewürzt. Nicht daß die Gefahr beängstigend groß ist: der Araber kann sich ein gut Teil Vergnügen ohne viel Blutvergießen verschaffen, meist liegt ihm auch gar nichts am Töten. Nie erhebt er die Hand gegen Frauen und Kinder, und wenn hier und da ein Mann fällt, so geschieht es durch Zufall. Denn wer kann schließlich das Endziel einer Kugel voraussagen, die einmal ihren Flug durch die Lüfte angetreten hat? So denkt der Araber über den Ghazu (Raub); der Druse hat eine andere Meinung. Ihm ist er blutiger Krieg. Er behandelt das Spiel nicht als Spiel, sondern geht aus, um zu morden, und verschont keinen. Solange er noch ein Korn Pulver im Horn und die Kraft hat, den Hahn zu spannen, schießt er alles nieder, was ihm in den Weg kommt – Mann, Frau und Kind.

Da ich die Unabhängigkeit der arabischen Frauen kannte und die Leichtigkeit, mit der Ehen zwischen verschiedenen Stämmen gleicher Stellung geschlossen werden, sah ich manches romantische, aus Liebe und Haß gemischte Verhältnis zwischen den Montecchi und Capuletti voraus. „Lo, auf einmal liebte ich sie," sagt 'Antara, „obgleich ich ihren Verwandten erschlagen habe." Gablan erwiderte, daß dergleichen schwierige Fälle vorkämen und oftmals als Tragödie endeten, aber wenn die Liebenden sich zum Warten bequemten, so käme nicht selten ein Vergleich zustande, oder sie könnten während eines Waffenstillstandes heiraten, der zwar immer nur kurz ist, aber doch häufig vorkommt.

Lager der 'Agel auf der Wanderschaft

Wahre Tragik aber entsteht erst, wenn Blutfehde innerhalb des Stammes selbst ausbricht und ein Mann, der einen seines eigenen Volkes ermordet hat, ausgestoßen wird und als heimat- und freundloser Verbannter Schutz bei Fremden oder gar bei Feinden suchen muß. So ruft Imr ul Kais, der verlassene Geächtete, der Nacht zu: „Oh, lange Nacht, wann wirst du der Dämmerung weichen? Doch ist auch der Tag nicht besser als du."

Einige Meilen weiter nördlich hatte man in den Hassaniyyeh-Lagern noch nichts von dem Unglück des gestrigen Tages gehört, und uns blieb der Vorzug, Überbringer der bösen Kunde zu sein. Gablan ritt zu jeder Gruppe, die wir passierten, und erleichterte sein Herz. Die 400 Räuber vervielfältigten sich im Weiterreiten, und ich habe vielleicht gleich zu Anfang unrecht getan, an die mir berichteten 400 zu glauben, denn in 24 Stunden, die zwischen ihrem Weggange und unserer Ankunft lagen, hatten sie bereits Zeit gehabt, sich zu vermehren. In allen Zelten wurden Vorbereitungen getroffen – nicht zum Krieg, sondern zu einem Fest. Fiel doch auf den morgenden Tag das große Fest des mohammedanischen Jahres, die Opferfeier, wo die Pilger in Mekka ihre Opfer schlachten und die Gläubigen in der Heimat ihrem Beispiel folgen. Vor jedem Zelte war ein ungeheurer Reisighaufen aufgetürmt, an dem am nächsten Tage das Kamel oder Schaf gebraten werden sollte, und draußen in der Sonne lagen die Hemden des Stammes nach einer Wäsche, die – ich habe triftigen Grund es anzunehmen – nur einmal im Jahre stattfindet, zum Trocknen ausgebreitet. Um Sonnenuntergang erreichten wir eine große Niederlassung der Beni Hassan, wo Gablan die Nacht zu verbringen gedachte. Ein schmutziger Tümpel in der Nähe lieferte Wasser, und über der Bodensenkung, in der die Araber lagen, fanden wir auch einen günstigen Platz für unsre Zelte. Keiner der großen Scheichs war im Lager anwesend, und Namruds Warnung eingedenk, schlug ich alle Einladungen aus und verbrachte den Abend zu Hause. Ich beobachtete den Sonnenuntergang, das Anzünden der Kochfeuer und den blauen Rauch, der sich im Zwielicht verlor. Das phantastisch geschmückte Opfertier weidete unter meinen Maultieren, und nach Anbruch der Dunkelheit wurde das Fest durch langandauerndes Schießen feierlich eingeleitet. Gablan saß schweigend am Lagerfeuer; seine Gedanken weilten bei den Lustbarkeiten, die zu Hause vor sich gingen. Es ging ihm sehr gegen den Strich, an einem solchen Tage fernbleiben zu müssen. „Wieviel Reiter", sprach er, „werden morgen vor meines Vaters Zelt absteigen! Und ich werde nicht da sein, sie zu bewillkommnen oder meinem kleinen Sohne ein gesegnetes Fest zu wünschen."

Wüstenbrunnen

Noch ehe die Festlichkeiten begannen, brachen wir auf. Es lockte mich nicht, der Todesstunde des Kamels beizuwohnen, überdies hatten wir auch eine lange Tagesreise durch eine nicht besonders sichere Gegend vor uns. Für meine Karawane zwar war die Gefahr nicht groß. Trug ich doch in meiner Tasche einen Brief von Fellah ul 'Isa an Nasib el Atrasch, den Scheich von Salchad im Djebel Druz (Drusengebirge). „An den berühmten und gelehrten Scheich Nasib el Atrasch", lautete er – ich hatte gehört, wie mein Wirt ihn Namrud diktierte, und zugesehen, wie er ihn mit seinem Siegel verschloß – „den Hochverehrten, Gott schenke ihm ein langes Leben! Wir senden Euch Grüße, Dir, dem ganzen Volke von Salchad, Deinem Bruder Djad'allah, dem Sohne deines Onkels Mohammed el Atrasch in Umm er Rumman und unsern Freunden in Imtain." Und weiter: „Es reist eine sehr hohe englische Dame von uns zu Euch. Und wir grüßen Mohammed und unsre Freunde … usw. (hier folgt eine weitere Liste von Namen), und das ist alles Nötige, und Friede sei mit Euch." Außer diesem Briefe schützte mich auch meine Nationalität, denn die Drusen haben unsre Einmischung zu ihren Gunsten im Jahre 1860 noch nicht vergessen. Überdies war ich auch mit mehreren Scheichs des Hauses Turschan bekannt, zu welcher mächtigen Familie auch Nasib gehörte. Mit Gablan freilich war es etwas anderes, und er war sich der Unsicherheit seiner Lage sehr wohl bewußt. Trotz seines Onkels Besuch in den Bergen konnte er nicht wissen, wie die Drusen ihn aufnehmen würden; er verließ die letzten Vorposten seiner Verbündeten und betrat ein von jeher feindliches Grenzland (er selbst kannte es ja nur von den gelegentlichen Raubzügen her, die er dorthin unternommen), und selbst wenn er unter den Drusen keine Feinde fand, konnte er doch leicht einem umherstreifenden Trupp der Haseneh oder ihresgleichen in die Hände fallen, die östlich von den Hügeln wohnten und die erbittertsten Feinde der Da'dja sind.

Nach ein oder zwei weiteren Stunden veränderte sich der Charakter der Landschaft gänzlich: der weiche Wüstenboden wich den vulkanischen Felsen des Hauran. Nachdem wir eine Weile an einem Lavabett hingeritten waren und die letzten Zelte der Hassaniyyeh in einer kleinen Talmulde hinter uns gelassen hatten, befanden wir uns am Rande einer Ebene, die sich in ununterbrochener Fläche bis an den Djebel Druz erstreckte. Sie war verödet, fast aller Vegetation bar und mit schwarzen vulkanischen Steinen bedeckt. Jemand hat gesagt, daß der Saum der Wüste einem felsigen Strand gliche, an dem der Seefahrer, der das tiefe Wasser glücklich durchschifft hat, immer noch scheitern kann, wenn er sein Schiff in den Hafen zu bringen versucht. Und diese Landung stand uns jetzt bevor. Irgendwo zwischen uns und dem Gebirge lagen die Ruinen von Umm ed Djimal, wo ich auf die Drusen zu stoßen hoffte; aber da das Land vor uns ziemlich viel Hebung und Senkung zeigte, war es uns ganz unmöglich zu sagen, wo diese Ruinen sich befanden. Umm ed Djimal steht in schlechtem Rufe – ich glaube, das meinige war eines der ersten europäischen Lager, die je dort aufgeschlagen wurden; vor mir war eine Gesellschaft amerikanischer Archäologen dagewesen, die den Ort 14 Tage vor meiner Ankunft verließ. Gablans augenscheinliche Angst ließ die Gefahr nur um so größer erscheinen. Zweimal wandte er sich mit der Frage an mich, ob wir wirklich

Umm ed Djimal

dort lagern müßten. Ich hielt ihm entgegen, daß er es unternommen habe, mich nach Umm ed Djimal zu führen, und daß ich mich zweifellos auch dorthin begeben würde, und begründete das zweite Mal meine Hartnäckigkeit mit dem Hinweis, daß wir Wasser für unsere Tiere brauchten und es sicher nirgend anders als in den Zisternen des verfallenen Dorfes finden würden. Darauf zog ich meine Karte heraus, versuchte zu erraten, an welchem Punkte des leeren weißen Blattes wir uns augenblicklich befanden, und ließ dann meine Karawane etwas westwärts auf eine niedrige Anhöhe gehen, die uns den Ausblick auf unseren Bestimmungsort versprach. Gablan fügte sich dieser meiner Entscheidung gutwillig und drückte sein Bedauern aus, uns keine besseren Führerdienste leisten zu können. Er war in seinem Leben nur einmal in Umm ed Djimal gewesen und zwar bei einem Raubzuge in der Tiefe der Nacht. Er und seine Gesellschaft hatten hier eine halbe Stunde gerastet, um ihre Pferde zu tränken, und waren dann ostwärts weitergezogen und hatten für ihre Rückkehr einen anderen Weg gewählt. Ja, dem Himmel sei Dank, es war ein erfolgreicher Beutezug gewesen und noch dazu einer der ersten, an dem er teilgenommen. Michaïl begegnete unseren Entschließungen mit Gleichgültigkeit, und die Maultiertreiber wurden nicht befragt, Habib aber steckte, als wir weiterritten, seinen Revolver etwas lockerer in den Gürtel.

Wir eilten vorwärts. Wir hielten Umschau nach dem Rasif, der gepflasterten Römerstraße, die die Kal'at ez Zerka direkt mit Bosra verbindet, und ich ging gleichzeitig mit mir zu Rate, wie ich im Falle der Not den Freund und Führer schützen könnte, dessen angenehme Gesellschaft unsere Reise belebt hatte und der sicherlich nicht zu Schaden kommen sollte, solange er bei uns weilte. Als wir uns der Bodenerhebung näherten, sahen wir Schafhürden oben stehen und beobachteten, wie Männer die Herden sammelten und sie mit einer Eile, die ihre Besorgnis verriet, hinter die schwarzen Mauern trieben. Aus einer zur Linken gelegenen Vertiefung aber näherten sich uns mehrere Gestalten – ob sie zu Fuß oder beritten waren, konnten wir nicht feststellen – und einige Augenblicke später stiegen zwei Rauchwölkchen vor ihnen auf, und wir hörten den Knall der Gewehre. Schnell kehrte sich Gablan nach mir um. „Darabuna!" sagte er, „sie haben auf uns geschossen."

Laut sprach ich: „Sie haben Angst!", zu mir selbst aber: „Jetzt geht's los!"

Gablan erhob sich in den Steigbügeln, zog seinen pelzgefütterten Mantel von den Schultern, schlang ihn sich um den linken Arm und schwenkte ihn, während wir beide, er und ich, ganz langsam vorwärtsritten, über seinem Kopfe. Es fielen noch ein paar Schüsse, wir ritten weiter unter unserer Friedensfahne. Das Schießen hörte auf; schließlich war es weiter nichts gewesen als die übliche, freilich mit dem bekannten Leichtsinn der Barbaren vollzogene Begrüßung eines Fremden. Unsere Angreifer erwiesen sich als zwei Neger, die von einem Ohr zum anderen grinsten und gleich bereit waren, Freundschaft mit uns zu schließen und uns den Weg nach Umm ed Djimal zu zeigen, sobald sie nur überzeugt waren, daß wir nicht auf Schafestehlen ausgingen. Nachdem wir den Hügel umritten hatten, sahen wir die Ruinen vor uns liegen. Beim Anblick ihrer schwarzen Türme und Mauern, die so kühn aus der Wüste auftragten, wurde es uns schwer zu glauben, daß der Ort bereits seit 1300 Jahren verödet und verfallen liegt. Erst als wir ganz nahe waren, wurden die Sprünge und Spalten in den Tuffsteinmauern und die Breschen in der Stadtmauer sichtbar. Vorwärts eilend wäre ich mitten in das Herz der Stadt hineingeritten, hätte Gablan nicht die Hand auf meinen Zügel gelegt und mich aufgehalten. „Ich werde vorangehen!" sprach er, „o meine Dame, Sie sind meiner Obhut anvertraut."

Dieser Entschluß mußte ihm hoch angerechnet werden, denn Gablan war die einzige Person, die irgendwelche Gefahr lief, und er war sich dieser Tatsache wohl bewußt.

Wir klapperten über die zerfallene Stadtmauer, umritten den viereckigen Klosterturm, das Hauptmerkmal der „Mutter der Kamele" (dies ist die Bedeutung des arabischen Namens), und kamen auf einen freien, von gänzlich verlassenen Straßen umgebenen Platz. Nichts Furchterweckendes zeigte sich, ja wir sahen kein anderes Lebenszeichen als zwei kleine schwarze Zelte, deren Bewohner uns mit Enthusiasmus begrüßten und uns in der liebenswürdigsten Weise Milch und Eier zum Verkauf boten. Die am Fuße des Haurangebirges wohnenden Araber heißen Djebeliyyeh, Bergaraber, und kommen nicht weiter in Betracht, da sie nur Diener und Hirten der Drusen sind. Während sie im Winter die in die Ebene herniedergesandten Herden weiden, dürfen sie im Sommer ihr eigenes Vieh auf die unbebauten Abhänge treiben.

Ich verbrachte die noch verbleibende helle Stunde mit Besichtigung der prächtigen Grabstätten außerhalb der Mauer. Mr. Dussaud hat die Erforschung derselben vor ungefähr fünf Jahren begonnen, und Monsieur Butler und Dr. Littmann, deren Besuch dem meinen unmittelbar voranging, werden zeigen, mit welchem Eifer sie die Arbeit fortgesetzt haben, sobald ihre nächsten Bände erscheinen. Nachdem ich die von ihnen geöffneten Gräber betrachtet und einige Hügel bemerkt hatte, die auf weitere Grabstätten hinweisen, entließ ich meine Gefährten und durchwanderte in der Dämmerung die wüsten Straßen der Stadt; ich betrat große öde Räume und verfallene Treppen, bis mich endlich Gablan zurückrief. Wenn die Leute eine Person im Pelzmantel zur Nachtzeit an diesem unheimlichen Ort umherwandeln sähen, meinte er, würden sie die Erscheinung für einen Geist halten und niederschießen. Überdies wollte er mich fragen, ob er nicht nach Tneib zurückkehren dürfte. Da einer der Araber uns morgen recht gut nach dem ersten Drusendorf führen könnte, wollte er sich lieber dem Gebirge nicht weiter nähern. Ich willigte gern ein; war es mir doch eine Erleichterung, nicht mehr die Verantwortung für seine Sicherheit zu tragen. Er bekam drei Napoleon[16] für seine Mühe und einen warmen Dankesbrief an Fellah ul 'Isa, und wir schieden mit vielen Versicherungen, daß wir gern wieder zusammen reisen würden, wenn Gott es so fügte.

Der steinige Fuß des Djebel Hauran ist mit Dörfern bestreut, die seit der mohammedanischen Einwanderung im 7. Jahrhundert verödet liegen. Ich besuchte zwei, die nicht allzu abseits von meinem Wege lagen, Schabha und Schabhiyyeh, und fand sie ganz desselben Charakters wie Umm ed Djimal. Von weitem gleichen sie gutgebauten Städten mit viereckigen Türmen und dreistöckigen Häusern. Wo die Mauern eingestürzt sind, da liegen sie noch, keine Hand hat sich gerührt, die Trümmer zu beseitigen. Monsieur de Vogüé hat als erster die Architektur des Hauran beschrieben; noch jetzt ist sein Werk das hauptsächlichste Quellenbuch. Die Wohnhäuser sind um einen Hof gebaut, von welchem gewöhnlich eine Außentreppe in das obere Stockwerk führt. Es ist kein Holz zu den Bauten verwendet, selbst die Türen bestehen aus schwerem Stein und bewegen sich in steinernen Angeln, und die Fenster werden durch dünne Steinplatten mit Durchbruchmuster ersetzt. Bisweilen findet man auch Spuren eines säulenflankierten Tores, oder durch die Mauer ist ein gekoppeltes Fenster gebrochen, dessen Bogen von kleinen Säulen mit groben, ganz einfachen Kapitälen getragen werden. Hin und wieder findet man auch die Querbalken der Türen mit Kreuzen oder den Initialen Christi geziert, im allgemeinen aber ist wenig Schmuck vorhanden. Die Zimmerdecken sind mit Steinplatten getäfelt, die auf querlaufenden Bogen ruhen. Soweit man mit Sicherheit annehmen kann, sind nabatäische Gräber und Inschriften[17] die ältesten geschichtlichen Denkmäler dieses Distrikts; ihnen folgen zahlreiche Überreste aus der heidnischen Römerzeit, die wahre Blüteperiode aber scheint die christliche Ära gewesen zu sein. Nach der Besitzergreifung durch die Mohammedaner, die dem Wohlstande des Hügellandes von Hauran ein Ende bereitete, wurden nur wenige Dörfer wieder bewohnt, und als vor ungefähr 150 Jahren die Drusen einwanderten, fanden sie keine eigentliche Bevölkerung vor. Sie eigneten sich das Gebirge an, zerstörten die alten Stätten vollständig, indem sie sie wieder aufbauten, und dehnten ihre Herrschaft auch über das südliche Flachland aus, ohne sich jedoch in den Ortschaften dieses umstrittenen Gebiets festzusetzen, das dem Archäologen als ein dankbares Feld für seine Forschungen verblieben ist. Die amerikanische Expedition wird einen guten Gebrauch von dem hier ruhenden ungeheuren Material machen, und da ich wußte, daß berufenere Hände hier bereits die Arbeit getan hatten, rollte ich mein Metermaß auf und faltete den Zollstab zusammen. Aber ich konnte mir nicht versagen, Inschriften zu kopieren, und die wenigen (sie waren wirklich außerordentlich gering an Zahl), die Dr. Littmanns wachsamem

Auge entgangen, zufällig aber zu meiner Kenntnis gelangt waren, habe ich ihm übermittelt, als wir uns in Damaskus trafen.

Unseren neuen Führer, Fendi, fiel die Aufgabe zu, mich über alle Neuigkeiten im Gebirge zu unterrichten. Der Tod hatte in den letzten fünf Jahren tüchtig unter der großen Familie der Turschan aufgeräumt. Faiz el Atrasch, der Scheich von Kreyeh, war tot – vergiftet, wie man sagte, und ein oder zwei Wochen vor meiner Ankunft war auch der berühmteste aller Drusenführer, Schibly Beg el Atrasch, an einer geheimnisvollen, langwierigen Krankheit gestorben – wieder Gift, hieß es. Hier war Krieg, dort drohte er, ein schrecklicher Raubzug der Araber aus dem Wadi Sirhan mußte gerächt, eine Rechnung mit den Suchur beglichen werden, im allgemeinen aber herrschte Wohlstand und Friede, soviel die Drusen sich nur wünschten. Zur Abwechslung schossen wir ein wenig nach Kaninchen, die schlafend in der Sonne lagen, was zwar kein besonders vornehmer Sport war, aber doch dazu beitrug, unsere Töpfe zu füllen und Mannigfaltigkeit in unser Menü zu bringen. Später ließ ich Fendi und die Maultiere den Weg allein fortsetzen und machte, nur von Michaïl begleitet, einen langen Umweg nach einigen Ruinen. Weit entfernt von dem übrigen Teil meiner Gesellschaft, beendeten wir gerade unser Frühstück am Fuße einer zerfallenen Mauer, als wir zwei Reiter über die Steppe und auf uns zukommen sahen. Schnell das Frühstück weggepackt und aufgestiegen, denn wir meinten, jede Begrüßung, die sie uns zugedacht, besser im Sattel entgegennehmen zu können. Sie hielten vor uns, und ihrem Gruß folgte ganz unmittelbar die Frage nach dem Ziel unserer Reise. Ich antwortete: „Nach Salchad, zu Nasib el Atrasch", und sie ließen uns ohne weitere Bemerkung vorüber. Es waren keine Drusen, denn sie trugen nicht den bei diesem Volk üblichen Turban, sondern Christen aus Kreyeh, wo sich eine große Christengemeinde befindet. Sie ritten hinab nach Umm ed Djimal, um den Winterquartieren ihrer Herden einen Besuch abzustatten, berichtete Fendi, dem sie eine Weile vor uns begegnet waren. Einige Stunden bevor wir die gegenwärtigen Grenzen der Kultur erreichten, sahen wir die Spuren ehemaligen Ackerbaues, und zwar in Gestalt langer, parallel laufender Steinlinien, die zur Seite der einst fruchtbaren

Erde aufgehäuft waren. Sie sahen wie die Raine und Gräben einer riesigen Wiese aus, und sie scheinen fast unvergänglich zu sein, diese Zeichen eines menschlichen Fleißes, der doch seit der Zeit der arabischen Einwanderung geruht haben muß.

Am Fuße des ersten Ausläufers des Gebirges, des Tell es Schih (er ist nach der grauweißen Schihpflanze genannt, die das beste Schaffutter gibt), verließen wir die unfruchtbare Wüste und betraten die Region des Ackerbaues – verließen aber auch die langen, sauberen Flächen und versanken knöcheltief in den Schmutz eines syrischen Weges. Er führte uns bergauf, an den Rand des niedrigsten Plateaus des Djebel Druz (Drusengebirges); hier liegt Umm er Rumman, die Mutter der Granatäpfel, ein so unwirtlicher, unsauberer kleiner Ort, wie man sich ihn nur denken kann. Am Eingang des Dorfes machte ich halt und fragte eine Gruppe Drusen nach einem Lagerplatz. Sie wiesen mich an einen höchst schmutzigen Ort in der Nähe des Friedhofes mit der Bemerkung, dies sei der einzige Ort, wo ich weder der Saat noch dem Gras Schaden zufügen könnte, und dabei ruhte, weiß der Himmel, die Saat noch im Schoß der Erde, und das Gras bestand aus wenigen braunen Stengeln, die aus der schmelzenden Schneedecke hervorsahen. Ich dachte nicht daran, meine Zelte so nahe bei den Gräbern aufzuschlagen, und verlangte, die Wohnung Mohammed el Atraschs, des Scheichs von Umm er Rumman, zu wissen.

Dieser Fürst der Turschan saß auf seinem Dache und leitete gewisse Feldarbeiten, die unten im Moraste vorgenommen wurden. Die Zahl der Jahre hatte ihm eine unförmige Gestalt verliehen, die durch die Menge der Kleidungsstücke, in die er der Winterkälte wegen seinen fetten, alten Körper gehüllt hatte, nur noch grotesker geworden ist. Ich näherte mich ihm, soweit es der Schmutz erlaubte, und rief hinauf: „Friede sei mit dir, o Scheich!"

„Und mit Dir!" kreischte er zur Antwort.

„Wo in Eurem Dorfe finde ich einen trocknen Platz zum Lagern?"

Der Scheich beriet sich in den höchsten Tönen mit seinen Leuten unten im Morast und erwiderte endlich, daß er es nicht wüßte, bei Gott nicht. Noch immer wußte ich nicht, wohin meine Schritte lenken, da nahte ein Druse und kündigte mir an, daß er mir einen

Ort außerhalb der Stadt zeigen könne. Sehr froh, der Verantwortung ledig zu sein, hieß mich der Scheich mit lauter Stimme in Frieden gehen und nahm seine Beschäftigung wieder auf.

Mein Führer war ein junger Mann mit den scharfgeschnittenen Zügen und dem klugen Gesichtsausdruck seines Volkes. Wie alle seine Stammesbrüder war auch er mit einer lebhaften Neugier begabt und lockte, während er von einer Seite der Straße auf die andere hüpfte, um dem Schlamm und Schneewasser zu entrinnen, meine ganze Geschichte aus mir heraus, das Woher und Wohin, den Namen meines Vaters und meiner Freunde in Djebel Druz. Dieses Ausfragen ist sehr verschieden von der Sitte der Araber, bei denen es ein Haupterfordernis guter Erziehung ist, niemand mehr zu fragen, als er mitzuteilen für angemessen hält. In At Tabaris Geschichte finden wir eine hübsche Erzählung von einem Manne, der bei einem arabischen Scheich Schutz suchte. Er blieb bei ihm. Der Scheich starb, und sein Sohn, der an seiner Stelle regierte, wurde ebenfalls alt. Endlich kam der Enkel jenes ersten Wirtes zu seinem Vater und sprach: „Wer ist der Mann, der bei uns wohnt?" Und der Vater erwiderte: „Mein Sohn, er kam zu meines Vaters Zeiten zu uns, mein Vater wurde grau und starb, und er blieb unter meinem Schutz. Nun bin auch ich alt geworden, aber in all den Jahren haben wir ihn weder gefragt, wie er heißt, noch was er bei uns will. Und auch du sollst es nicht tun." Doch freute ich mich, wieder im Bereich des scharfen Witzes und der forschenden Schwarzaugen der Gebirgsbewohner zu sein, wo jede Frage eine schnelle Antwort oder eine scharfe Zurückweisung erheischt. Und als mein Partner gar zu wißbegierig wurde, brauchte ich nur zu sagen: „Höre, mein Freund, ich bin nicht ‚du', sondern Eure Exzellenz." Da lachte er, verstand und nahm sich den Verweis zu Herzen.

Man findet viele Inschriften in Umm er Rumman, einige nabathäischen und die anderen kufischen[18] Ursprungs, ein Beweis, daß die Stadt auf dem Hochplateau oben eine alte Niederlassung war, die von Arabern nach ihrer Einwanderung wieder bewohnt wurde. Eine sehr vergnügte Schar kleiner Knaben folgte mir von Haus zu Haus; voll Eifer, mir einen beschriebenen Stein in der Mauer oder im Pflaster um die Feuerstelle zu zeigen, stürzten die kleinen Burschen immer einer über den anderen. In einem Hause hielt mich eine Frau am Ärmel fest und beschwor mich, ihren Mann zu heilen. Das Gesicht in schmutzige Binden gehüllt, lag derselbe in einem dunklen Winkel des fensterlosen Raumes, und als die Lappen entfernt waren, sah ich eine schreckliche Wunde, das Werk einer Kugel, die durch den Backen gedrungen war und die Kinnlade zerschmettert hatte. Ich empfahl der Frau, die Wunde zu waschen und die Binden rein zu halten, und gab ihr ein antiseptisches Mittel, jedoch nicht ohne die Warnung, den Mann die Medizin ja nicht trinken zu lassen, obgleich ich wußte, daß es wenig ausmachte, ob er sie äußerlich oder innerlich nahm, da der Tod ihn sich bereits zur Beute ersehen. Das war der erste von einer langen Reihe Elender, die jedem, der unzivilisierte Länder bereist, vor Augen kommen und verzweiflungsvoll um sein Mitleid flehen. Männer und Frauen mit Krebs und schrecklichen Geschwüren, mit Fieber und Rheumatismus, Kinder, die von Geburt an verkrüppelt sind, Blinde und Alte – sie alle hoffen, daß die unendliche Weisheit des Westens ein Heilmittel für sie in Bereitschaft habe. Du schauderst über all das menschliche Elend und deine eigene Ohnmacht.

Mein Forschungsgang brachte mich endlich bis an die Tür des Scheichs und ich trat ein, um ihm einen offiziellen Besuch abzustatten. Nun, da die Tagesgeschäfte erledigt waren, spielte er den aufmerksamen Wirt. Wir saßen im Besuchszimmer (Mak'ad), einem dunklen, schmutzigen Nebengebäude mit einem eisernen Ofen in der Mitte, sprachen über den Krieg in Japan, über Wüstenraub (Ghazu) und andere Dinge, während des Scheichs Sohn, Selman, ein hübscher, sechzehnjähriger Junge, uns Kaffee kochte. Mohammed ist der Schwager von Schibly und von Yahya Beg el Atrasch. Vor fünf Jahren war ich des letzteren Gast in seinem Dorfe 'Areh gewesen, wohin ich mich vor dem türkischen Mudir in Bosra geflüchtet hatte. Selman ist der einzige Sohn seines bejahrten Vaters und der einzige Sproß des berühmten turschanischen Hauses 'Areh, denn Schibly und Yahya sind kinderlos. Auf meinem Heimwege begleitete mich der muntere, aufgeweckte Knabe; leichtfüßig stieg er durch den Morast; über der ganzen Gestalt lag ein Hauch von Vornehmheit, das Kennzeichen eines edlen Geschlechts. Er hatte keine Schule besucht, obgleich sich eine große drusische Schule in dem 15 Meilen entfernten Kreyeh befindet, die von einem ziemlich gebildeten Christ geleitet wird. „Mein Vater schätzt mich so hoch, daß er mich nicht von sich lassen will", erklärte er.

„Aber Selman", hob ich an.

„O Gott!" erwiderte er, wie es üblich ist, wenn man beim Namen genannt wird.

„Der Geist der Drusen gleicht edlem Stahl, aber was ist Stahl, ehe er zu einem Schwert geschmiedet worden ist?"

Selman entgegnete: „Mein Onkel Schibly konnte weder lesen noch schreiben."

„Die Zeiten sind andere geworden", sagte ich, „Das Haus Turschan wird geschulter Köpfe bedürfen, wenn es wie in allen Zeiten die Bewohner der Berge anführen soll."

Mit dieser Führerrolle ist es freilich für immer vorbei, denn Schibly ist tot und Yahya kinderlos, Mohammed alt und Selman unerzogen. Nun hat Faiz zwar vier Söhne hinterlassen, sie stehen aber nicht in Ansehen; Nasib ist schlau, aber ungebildet, Mustafa zu Imtain gilt für einen braven, wenig intelligenten Mann, und Hamud von Sueda hat weiter nichts als seinen Reichtum. Der fähigste der Drusen ist ohne Zweifel Abu Tellal von Schahba, und der scharfsinnigste Scheich Mohammed en Nassar.

Wir hatten eine bitterkalte Nacht. Der Kältegrad konnte zwar nicht genau festgestellt werden, denn mein Thermometer war zerbrochen, aber bis wir Damaskus erreichten, war das Wasser im Glase neben meinem Bett jeden Morgen ausgefroren, und in der einen Nacht war sogar der kleine tosende Fluß vor dem Lager still, weil hart gefroren. Gewöhnlich wurden Vieh und Maultiere in einem Khan (Karawanserei) untergebracht, solange der Frost anhielt. Kaum war unser Zelt aufgestellt worden, so verschwand Mohammed, der Druse (er war nun zu seinem eigentlichen Namen und Glauben zurückgekehrt), um sich während der Nacht der Gastfreundschaft seiner Sippe zu erfreuen. „Hm", kommentierte Michaïl sarkastisch, „bei dem ist jeder, von dem er seine Mahlzeit erwischen kann, der Sohn seines Onkels."

Abbrechen des Lagers

Ich mußte meinen morgigen Aufbruch verschieben, weil der Scheich mich zu einer sehr dehnbaren Zeit zum Frühstück geladen hatte. „Zwei Stunden nach Sonnenaufgang" – war gesagt worden, aber wer kann denn sagen, wann es dem Tagesgestirn beliebt, sich zu erheben? Es war eine angenehme Sitzung. Wir besprachen den Krieg in Jemen nach allen Seiten hin (im Grunde war ich die einzige Person, die irgendwelche Kunde davon hatte, und die meinige entstammte einer einige Monate alten Weekly Times), dann wollte Mohammed wissen, warum die Europäer so eifrig nach Inschriften forschten.

„Ich kann mir's ja denken", fügte er hinzu, „sie werden wahrscheinlich das Land seinen früheren Besitzern zurückgeben wollen."

Und als ich ihm versicherte, daß die letzten Sprossen der ehemaligen Herren des Hauran an die tausend Jahre tot wären, hörte er höflich zu und ging mit der unsicheren Miene eines Mannes, der um eine Antwort verlegen ist, auf ein anderes Thema über.

Der junge Mann, der uns unseren Lagerplatz angewiesen hatte, ritt mit uns bis Salchad, weil er, wie er sagte, dort Geschäfte hatte und lieber in Gesellschaft den Weg zurücklegte. Einer geistlichen Familie entstammend, ist Saleh, wie er hieß, im Lesen und Schreiben bewandert. Nun zerfallen die Drusen in Geweihte und Ungeweihte, und ich hatte die Kühnheit, ihn zu fragen, ob er zu den ersteren (*'Akil*) gehöre. Mit dem gesellschaftlichen Rang hat diese Bezeichnung zwar nichts zu tun, denn die meisten Turschanen sind Ungeweihte, aber er warf mir doch einen scharfen Blick zu, und seine Gegenfrage: „Was glauben Sie denn?" machte mir meinen Verstoß klar, so daß ich das Thema fallen ließ.

Saleh war nicht einer, der sich die Gelegenheit, etwas zu lernen, entschlüpfen ließ. Er forschte gehörig nach unseren Bräuchen, auch nach unseren Gesetzen über Ehe und Scheidung. Zu besonderer Heiterkeit reizte ihn die Sitte der englischen Väter, einen Mann dafür zu bezahlen, daß er seine Tochter heiratet. So deutete wenigstens Saleh das Wesen einer Mitgift, und wir lachten beide über ein derartiges sonderbares Übereinkommen. Auch war er begierig, die Ansichten der Abendländer über die Schöpfung der Welt und den Ursprung der Dinge zu hören, und die mancherlei heterodoxen Auffassungen, mit denen ich ihm den Willen tat, erfuhren weit schärfere Beleuchtung, als ihnen meinerseits entgegengebracht wurde. Wir verbrachten trotz des Schmutzes und Gerölles einen angenehmen Morgen. Ein kleiner purpurner Krokus hatte es eilig, am Rande einer Schneewehe zu blühen, und auch der weiße Stern einer Knoblauchpflanze. Das Gebirge ist reich an Frühlingsblüten. Reizvoll war die Aussicht nach Süden zu über die große Ebene, die wir überschritten hatten, nordwärts erhoben sich die mit dickem Schnee bedeckten Hügel, und Kuleib, das Kleine Herz, sah mit seinem eisigen, halb von Nebel verhüllten Gipfel ordentlich alpin aus. Zwei Stunden nach Mittag sahen wir Salchad, unser erstes Reiseziel.

V.

*Zwei Tage in Salchad * Der Druse Nasib el Atrasch * Die türkischen Regierungsbeamten * Unabhängigkeit der Drusen * Lager im Schnee * Nächtlicher Kriegsgesang * Versorgungsprobleme * Eine militärische Expedition * Grabmal von El Chudr * Besuch bei Milhem Ilian * Eine Bittstellerin * Durch Schnee und Sturm nach Saleh * Im Hause Scheich Mohammmed Nassars * Japaner und Drusen * Reisehindernisse **

Walchad, der Wohnsitz von König Og[19] in Baschan, muß von Anbeginn an ein befestigter Ort gewesen sein. Das neuere Dorf gruppiert sich um den Fuß eines Vulkans, auf seiner Spitze und direkt in den Krater hineingebaut liegt die verfallene Festung. Sie und ihre Vorgänger im Krater bildeten die Vorposten des Haurangebirges nach der Steppe hin, waren die Vorposten der frühesten Zivilisation gegen die ersten Marodeure. Das Terrain fällt nach Süden und Osten zu steil ab und ebnet, nur ganz am Anfang von ein oder zwei vulkanischen Erhebungen unterbrochen, in die lange, bis zum Euphrat reichende Fläche aus; schnurgerade, wie der Pfeil, der den Bogen verläßt, läuft die Römerstraße von Salchad in die Wüste hinein, keiner der neueren Reisenden ist ihr über zwei oder drei Stationen gefolgt. Hier nimmt der Karawanenweg nach Nedjd seinen Anfang: er führt über Kaf und Ethreh am Wadi Sirhan entlang nach Djof und Haïl und wurde, so gefährlich er ist, von den Blunts und später von Euting bereist. Eutings Beschreibung ist, mit der Gelehrsamkeit und gründlichen Beobachtung der Deutschen verfaßt, die beste, die wir haben. Direkt südlich von Salchad liegt ein interessantes zerstörtes Fort, Kal'at el Azrak. Das Dickicht der Oase birgt eine Menge wilder Bären. Dussaud, der diesen Teil besuchte, hat zwar eine prächtige Reisebeschreibung geliefert, aber ohne Zweifel läßt sich noch viel mehr des Neuen auffinden, birgt die Wüste noch manches Geheimnis, und jene große Ebene lockt so verführerisch, daß der Fuß in Salchad nur widerstrebend die Weiterreise nach Süden aufgibt.

Mein erster Weg war nach dem Hause von Nasib el Atrasch,

um Fellah ul 'Isas Brief zu überbringen. Nasib ist siebenundzwanzig, obgleich er wohl zehn Jahre älter erscheint; er ist von kurzer Statur, glatthaarig, und seine Gesichtszüge, die mehr schlau als angenehm sind, tragen ausgeprägten drusischen Typus. Er empfing mich in seinem Mak'ad, wo er mit seinem Bruder Djadallah saß, letzterer ein schlanker junger Mann mit hübschem, aber ziemlich einfältigem Gesicht. Nachdem er mich mit *„bon jour"* begrüßt, verfiel er in Schweigen, weil er mit seinem Französisch zu Ende war. Und wie er sich eine einzige Redensart aus einer europäischen Sprache geborgt hatte, so auch ein einziges Kleidungsstück aus einer europäischen Garderobe: einen enorm hochstehenden Halskragen, der zu seiner arabischen Tracht ganz wunderlich paßte. Außerdem befanden sich noch einige kaffeetrinkende Drusen in dem Raume, und noch jemand, den ich sofort als einen Fremdling einschätzte. Er entpuppte sich als der Mudir el Mal von der türkischen Regierung. Seine eigentlichen amtlichen Funktionen sind mir zwar unbekannt, aber der Titel weist auf einen Angestellten der Schatzkammer hin. Salchad ist eines der drei Dörfer im Djebel Druz (die anderen heißen Sueda und 'Areh), wo der Sultan einen Kaimakam sowie ein Telegraphenamt hat. Jusef Effendi, der Kaimakam, und Milhem Ilian, der Mudir el Mal, waren nicht wenig überrascht, als ich ohne irgendeinen Avis oder eine Erlaubnis aus der Wüste auftauchte; täglich gingen drei Telegramme von ihnen mit Berichten über alles, was ich sagte oder tat, an den Vali[20] von Damaskus ab, und wenn ich auch auf bestem Fuße mit beiden stand (Milhem erwies sich als der intelligenteste und angenehmste Mann im Dorfe), habe ich ihnen wohl leider viel innere Unruhe verschafft. Und hier lassen Sie mich einschalten, daß ich auf Grund meiner Erfahrungen die türkischen Beamten zu den höflichsten und gefälligsten Männern rechnen muß. Komme zu ihnen mit den gehörigen Ausschweifungen, und sie werden alles in ihrer Macht tun, um dir beizustehen. Und gesetzt auch, sie sind dir hinderlich, so geschieht es nur, weil sie höherem Gebot gehorchen müssen. Ja, selbst wenn du, wie es hin und wieder notgedrungen geschehen muß, ihre stets in ausgesucht höflicher Sprache gegebenen Weisungen nicht beachtest, verbergen sie doch ihren gerechtfertigten Verdruß und

Eine Gruppe Drusen

tragen dir die Mühe nicht nach, die du ihnen verursachst. Die Regierungsbeamten in Salchad haben eine schwierige Stellung. In den letzten fünf Jahren ist es zwar im Gebirgsland friedlich hergegangen, aber die Drusen sind ein wetterwendisches Volk und leicht gereizt. Milhem wußte sie wohl zu nehmen, und seine Ernennung zu dem neuen Posten in Salchad beweist des Vali aufrichtigen Wunsch, in der Zukunft Reibereien zu vermeiden. Milhem war früher viele Jahre in Sueda gewesen, und als Christ lag zwischen ihm und den Drusen nicht jene unüberbrückbare Scheidewand des Hasses, die die letzteren vom Islam trennt; überdies sagt er sich auch, daß im Interesse der türkischen Regierung im Djebel Hauran nur wenig von einem Volk gefordert werden darf, das dem Namen nach untertan, in Wirklichkeit aber unabhängig ist. Jusef Effendi stimmte mit ihm in dieser Überzeugung ziemlich überein, und er wußte gewiß am besten, wie schattenhaft seine Autorität war: gibt es doch nicht mehr als 200 türkische Soldaten im ganzen Bergland; der Rest der ottomanischen Macht besteht aus drusischen Zaptiehs, die sich zwar die Dienstuniform wohl gefallen lassen und den Sold einstecken, der selten genug bis zu ihnen gelangt, im übrigen aber kaum als zuverlässiger Schutz gelten können, wenn ernste Streitigkeiten zwischen ihrem eigenen Volke und dem Sultan entstehen. Wie es den Anschein hatte, lebten Nasib und sein Bruder mit dem Kaimakam im besten Einvernehmen: sie saßen fortwährend in seinem Mak'ad und tranken seinen Kaffee, aber als wir einst zufällig allein waren, bemerkte Jusef Effendi pathetisch in seinem hochtrabenden Türkisch-Arabisch: „Ich weiß nie, was sie Vorhaben, sie betrachten mich als Feind. Und wenn sie den Befehlen aus Damaskus nicht folgen wollen, so zerschneiden sie den Telegraphendraht und tun, was ihnen gefällt. Welche Macht habe ich, sie zu hindern?"

Indes sind Anzeichen vorhanden, daß das unruhige Volk der Bergbewohner sein Interesse jetzt anderen Dingen zuwendet als dem Kriege mit den Osmanen, vor allem den Dampfwerken, die das Getreide für Salchad und einige andere Ortschaften mahlen. Wer eine Dampfmühle sein eigen nennt, ist gebunden, die bestehende Ordnung aufrechtzuerhalten. Er, der sie mit beträchtlichen Kosten erbaut hat, wird nicht wünschen, sie von einer eindringenden türkischen Armee zerstört und sein Kapital vernichtet zu sehen; er hofft im Gegenteil, Geld daraus zu schlagen, und so erhält seine rastlose Energie eine neue, einträgliche Betätigung in dieser Weise. Ich habe den Eindruck, daß der Friede jetzt auf einer viel solideren Basis ruht als vor fünf Jahren und daß die türkische Regierung nicht gesäumt hat, sich die Lektion des letzten Krieges zu Herzen zu nehmen. Hätte nur der Vali von Damaskus gewußt, welch guten Eindruck seine wohlbedachten Maßnahmen auf die „ränkevolle Engländerin" machen – er hätte seinen Telegraphenbeamten ein gut Teil Arbeit ersparen können.

Es kann kaum ein besseres Beispiel geben für die Ungezwungenheit, mit der die Drusen ihre eignen Angelegenheiten erledigen, als ein Vorkommnis, welches sich am Abend meiner Ankunft zutrug. Es waren bereits Andeutungen über die Wahrscheinlichkeit kriegerischer Zusammenstöße zwischen den Bergbewohnern und der Wüste gefallen, und kaum hatten wir einen Nachmittag in Salchad verlebt, so war uns auch schon klar, daß der große, vor einigen Monaten ausgeführte Raubzug Nasib und seinen Bruder besonders beschäftigte. Wenn sie auch nicht mit uns davon sprachen, so lauschten sie doch aufmerksam, sobald wir die gegen die Hassaniyyeh verübten Räubereien erwähnten und die Rolle, die die Suchur dabei gespielt hatten. Sie lockten auch alles heraus, was wir über die jetzige Stellung der letzteren wußten oder vermuteten, wie weit die Räuber gekommen waren, in welche Richtung sie den Rückzug angetreten. Die Maultiertreiber hatten Männer an den Straßenecken flüstern hören, und zwar von Vorbereitungen zum Krieg. Die Gruppen um Michaïls Feuer, von jeher ein Zentrum sozialer Tätigkeit, sprachen von Vergehungen, die nicht unbemerkt bleiben durften, und einer der vielen Söhne von Mohammeds Onkel hatte den ausgehungerten Beirutern ein Frühstück serviert, das mit mancherlei dunklen Winken über ein zwischen den Wadi Sirhan und den Beni Sachr bestehendes Bündnis gewürzt war, welches im Keime erstickt werden müsse, ehe es beunruhigende Dimensionen annehmen könne. Der Raubzug würde sich kaum bis Salchad erstrecken, aber das Unheil brauchte auch gar nicht bis zu diesem Punkte zu warten, besonders im Winter, wo alle Vierfüßler, außer den notwendigen Reitpferden, weit entfernt auf der südlichen Ebene sind.

Mein Lager befand sich außerhalb der Stadt, auf einem Felde am Fuße des Burghügels. Nach Norden zu waren die Hänge bis zu den verfallenen Festungsmauern hinauf dick mit Schnee bedeckt, und auch wo wir lagerten, befanden sich einzelne Schneewehen, die im Vollmondschein glitzerten. Eben ging ich nach beendeter Mahlzeit mit mir zu Rate, ob es wohl zu kalt wäre, mein Tagebuch zu schreiben, als wilder Gesang die Stille der Nacht unterbrach, und eine mächtige Flamme von den obersten Mauern des Kastells zum Himmel emporloderte. Es war ein Leuchtfeuer, welches den zahlreichen drusischen Dörfern in der Ebene unten die Annäherung des Raubzuges verkünden sollte, der Gesang aber rief zu den Waffen. Der drusische Zaptieh, der an meinem Lagerfeuer saß, sprang auf und starrte erst auf mich und dann auf die rote Glut über uns.

„Wird es mir gestattet sein, hinaufzugehen?" fragte ich.
„Es liegt nichts dagegen vor. Beehren Sie uns."

Blick von der Burg Salchad nach Südosten

Wir kletterten über den halbgefrorenen Schlamm und an der schneebedeckten Nordseite des Vulkans entlang, bahnten im Dunkeln unsern Weg um die Mauern der Burg, wo die Lava unter unsern Füßen nachgab, und sahen uns endlich im hellen Mondschein der wildesten Szene gegenüber, die je ein Auge sah. Eine Schar Drusen, junge Männer sowohl als Knaben, stand auf dem schmalen Rücken des Hügels, am Rande des Festungsgrabens. Sie waren sämtlich mit Schwertern und Messern bewaffnet und brüllten Strophe um Strophe eines entsetzlichen Liedes. Jede Zeile wurde zwanzigmal oder öfter noch wiederholt, bis es dem Hörer zumute war, als hätte sie sich in die tiefsten Falten seines Geistes eingefressen, wie scharfe Säuren in ein Metall.

„Auf sie, auf sie! Herr unser Gott! Laß den Feind in Schwaden unter unsern Schwertern fallen!
Auf sie, auf sie! Laß unsere Speere ihr Herzblut trinken!
Laß den Säugling sich lösen von der Brust der Mutter!
Laß den Jüngling sich erheben und fallen!
Auf sie, auf sie! Herr unser Gott! Laß unsere Schwerter ihr Herzblut trinken!"

So sangen sie, und es schien, als wolle ihr Grimm nimmer enden, als müßten die Mauern der Burg auf ewig von ihrer Wut widerhallen, als solle die Nacht nie wieder in Schweigen versinken. Aber da brach mit einemmal der Gesang ab, die Sänger traten auseinander und bildeten, sich bei den Händen fassend, einen Kreis. Hinein traten drei junge Drusen mit nackten Schwertern und schritten den Ring begeisterter Jünglinge entlang. Vor jedem einzelnen blieben sie stehen, schwangen das Schwert und riefen: „Bist du ein guter Mann? Bist du ein echter Mann?"

Und jeder schrie jauchzend: „Ha! Ha!"

Das Mondlicht fiel auf die dunklen Gesichter und glitzerte auf den zitternden Klingen, feurige Kriegslust ging von Hand zu Hand, und die Erde schrie zum Himmel auf: „Krieg! Blutiger Krieg!"

Da erblickte einer der Männer plötzlich mich im Kreise; er kam heran und schwang das Schwert über meinem Haupte, gleichsam als Gruß von Nation an Nation, und rief:

„Meine Dame! Engländer und Drusen sind eins!"

Worauf ich erwiderte: „Gott sei Dank! Auch wir sind ein kämpfendes Volk."

Fürwahr, in diesem Moment dünkte mir nichts herrlicher, als auszuziehen und den Feind zu schlagen.

Als diese Vereidigung der Krieger vorbei war, rannten wir, uns noch an den Händen fassend, im Mondlicht den Hügel hinab, und da ich bemerkte, daß einige von ihnen noch Kinder waren, sagte ich zu dem Kameraden, dessen Hand der Zufall in die meine gelegt: „Ziehen alle diese mit euch aus?"

Er erwiderte: „Nein, bei Gott! Nicht alle. Die Knaben müssen daheim bleiben und zu Gott beten, daß auch ihr Tag bald kommen möge."

An der Stadt angelangt, sprangen die Drusen auf das flache Dach eines Hauses und nahmen ihren satanischen Gesang wieder auf. Das Feuer auf den Mauern war nun erloschen, die Nacht wurde plötzlich kalt, und es regten sich Zweifel in mir, ob Milhem und der Vali von Damaskus an die Harmlosigkeit meiner Reise glauben würden, wenn sie gewahrten, daß ich mich an einer Demonstration gegen die Suchur beteiligte. Daher schlug ich mich in den Schatten, rannte nach meinen Zelten und wurde wieder zur Europäerin, die, friedlichen Zielen zustrebend, den rauhen Leidenschaften der Männer fernbleibt.

Wir blieben zwei Tage in Salchad, hatten wir uns doch über unsre Reise zu befragen und Vorräte anzuschaffen, ehe wir nach der Ostseite des Gebirges aufbrachen, wo es keine Dörfer gibt. Der Proviantmeister hat die größte Schwierigkeit, in Salchad Gerste für die Tiere zu schaffen. In Umm er Rumman war genug für unseren Bedarf gewesen, auch in Sueda, dem Hauptsitz der türkischen Regierung, ist nie Mangel daran. Das aber lag weit jenseits der Hügel, und wir beschlossen daher, nach Imtain zu schicken, wohin der Weg schneefrei war. Ich unterlasse auch nicht zu erwähnen, daß es im Winter unmöglich ist, einen Hammel zu kaufen, da das Vieh dann stundenweit weg in der Ebene ist, und was Hühner anbetrifft, so muß der Reisende mit den dürrsten Exemplaren fürlieb nehmen, die aufzutreiben sind. Michaïl war nicht wenig entrüstet über den Mangel an Umsicht, der unsere Speisekammer so schlecht bestellt hatte, denn er tat sich auf das Braten eines Hammelschlegels etwas zugute, und nun wollte er wissen, warum die Bücher, die ich bei mir führte, sich über den Mangel an dieser Delikatesse ausschwiegen. Auf meine Erklärung, daß den Verfassern dieser Werke römische Altertümer wichtiger wären als Rostbraten und Steaks, sagte er kurzweg: „Wenn Eure Exzellenz ein Buch schreiben, werden Sie nicht sagen: Hier befindet sich eine schöne Kirche, dort ein großes Schloß! Das sehen die Herrschaften von selbst. Aber Sie werden sagen: In diesem Dorfe gibt es keine Hühner. Dann wissen die Leute von Anfang an, was für eine Gegend es ist."

Den ersten Tag meines Besuches bei Nasib verbrachte ich, indem ich beobachtete, wie er für die zu erwartende militärische Expedition Getreide mahlen ließ, und ihn sowie die Größen seines Dorfes photographierte. Zum Frühstück in seinem Mak'ad gab es ein knirschendes, Packpapier ähnliches Brot und *Dibs*, eine Art Sirup aus eingekochtem Traubensaft, sowie eine recht garstige Suppe, die aus saurer Milch und Fettstückchen bestand. *Kirk* heißt sie bei den Drusen und erfreut sich einer ganz unverantwortlichen Wertschätzung. Am Nachmittag mußte Nasib gegen zehn Meilen südlich reiten, um einen Händel zwischen zwei seiner Dörfer zu schlichten. Er lud mich zwar ein, ihn zu begleiten, aber ich dachte, es würden wahrscheinlich noch andre Angelegenheiten vorliegen, bei denen die Anwesenheit eines Fremdlings nicht wünschenswert war, und daher beschloß ich, eine Stunde weit mit ihm zu gehen, dann aber abseits ein Grabdenkmal auf der Spitze eines Hügels aufzusuchen. Es geht unter dem Namen „Grab von El Chudr", der kein anderer als der heilige Georg ist. Nasib machte sich mit großem Pomp auf den Weg; 20 Bewaffnete ritten neben ihm her, er selbst trug einen langen dunkelblauen Tuchmantel, zwischen die Falten seines weißen Turbans schlang sich ein blaßblaues Tuch. Auch jeder der Männer war in einen Mantel gehüllt, und die Flinte hielten sie quer über den Knien, so daß der ganze Zug sehr stattlich aussah. Man händigte mir die Gewehre eins nach dem anderen aus, damit ich die Zeichen darauf besichtigen sollte, und ich fand, daß Alter und Ursprung der Waffen sehr verschieden waren. Einige vorweltliche Exemplare waren türkischen Soldaten gestohlen worden, die französischen, als die meisten, waren ziemlich neu, etliche aber kamen aus Ägypten und waren mit V.R. und dem breiten Pfeil gezeichnet. Nasib ritt eine Strecke mit mir, wobei er ein Examen über meine gesellschaftliche Stellung anstellte. Ritt ich zu Hause mit dem König von England aus, und wie groß waren die Reichtümer meines Vaters? Seine Wißbegierde hatte ihren besonderen Grund: der Druse schaut immer nach einem reichen Europäer aus, den er sich verpflichten kann und der ihm im Fall eines neuen Krieges mit dem Sultan zu Geldmitteln und Waffen verhilft. Mit verächtlicher Miene hörte er meine Auskunft über unsre Finanzen an, so daß ich mich bewogen sah, ihn freilich in taktvoller Weise zu fragen, was man „reich sein" in den Bergen nenne. Darauf erfuhr ich, daß der reichste Turschane, Hamud in Sueda, ein Jahreseinkommen von 5000 Napoleons hätte. Nasib selbst, als weniger reich, hatte gegen 1000 Napoleons. Vermutlich fließt es ihm meistens in Naturalien zu, denn alle Einkünfte dort entstammen dem Boden und schwanken natürlich bedeutend nach den jeweiligen Jahreserträgnissen. Die genannten Summen

Ein drusischer Pflüger

kamen mir ziemlich hochgegriffen vor, sie mochten wohl auf Grund einer besonders glücklichen Ernte normiert sein.

Jetzt blieb Nasib zurück und begann sich im Flüsterton mit einem alten Manne, seinem Hauptberater, zu unterhalten, während die übrigen sich um mich drängten und mir allerhand Geschichten von der Wüste erzählten und von großen Ruinen nach Süden zu, die sie mir zeigen würden, falls ich bei ihnen bliebe. Am Fuße des Hügels stießen wir auf eine Gruppe Reiter, die Nasib erwarteten, um ihm wichtige Mitteilungen über die Araber zu machen. Michaïl und ich hielten uns abseits, denn der argwöhnische Blick, den uns unser Wirt verstohlen zuwarf, war uns nicht entgangen. Wir merkten weiter nichts, als daß die Kunde nicht gut war, und auch so viel verrieten weder Nasibs unbewegliche Züge noch auch die mit den Lidern bedeckten Augen. Offenbar wollte er auch die geringste Spur seiner Gedanken verbergen. Wir verließen ihn zu seiner sichtlichen Erleichterung und ritten bergan. Nun gibt es im ganzen Drusengebirge keinen einigermaßen bedeutenden Hügel, der nicht ein Heiligtum auf seinem Gipfel trüge, und dasselbe erweist sich immer als eines jener alten Monumente des Landes, die bis in die Zeit vor der Einwanderung der Drusen und Türken zurückdatieren. Welche Geschichte sie haben? Wurden sie nabathäischen Felsen- und Berggöttern errichtet, Drusara und Allat, oder jenem Götzenbild mit semitischen Inschriften, dem die Wüste auf dem Ka'abah und manch einsamem Hügel Opfer darbrachte? Wenn es der Fall war, so lassen sich die alten Gottheiten noch unter anderem Namen dienen, denn noch steigt das Blut von Ziegen und Schafen, auf die schwarzen Türpfosten ihrer Wohnstätten gesprengt, zu den Göttern als süßer Geruch empor, noch vernehmen sie die Gebete der mit grünen Zweigen und Blütenbüscheln geschmückten Pilger. Das Grabdenkmal von El Chudr enthält im Innern des Heiligtums eine Art Sarkophag, der mit Streifen farbiger Lappen bedeckt ist; hebt man sie auf und blickt darunter, so zeigt sich ein seltsamer, durch die Verehrungsbezeugungen glattgeschliffener Stein – ein Bruder des Schwarzen Steins zu Mekka. Nahe dabei befand sich ein Steinbecken für Wasser – eine Eisschicht lag heute darauf. Durch die steinernen Türen war Schnee geweht, Schmelzwasser floß durch das Dach herab und bildete Schmutztümpel am Boden.

Am nächsten Tage hatten wir bitteren Frost, einen bleiernen Himmel und scharfen Wind – die Vorboten von Schnee. Milhem Ilian kam herab, um mich für die Nacht zu sich zu laden, aber da ich fürchtete, nach seiner erwärmten Stube die Temperatur in meinem Zelt zu eisig zu finden, lehnte ich ab. Da er einige Zeit blieb, legte ich ihm meinen Plan vor, in die Safa, die vulkanische Einöde östlich vom Djebel Druz, zu reiten. Er ermutigte mich nicht, hielt das Projekt unter den bestehenden Verhältnissen sogar für unausführbar. Hatte es doch den Anschein, daß die Ghiath, der die Safa bewohnende Stamm, sich gegen die Regierung aufgelehnt hatten. Die Wüstenpost, die zwischen Damaskus und Bagdad fährt, war von ihnen angefallen und ausgeraubt worden, und die Räuber mußten nun ihrer Strafe vom Vali gewärtig sein. Sicherlich würde die kleine Eskorte von Zaptiehs, die mich begleiten sollten, von ihnen in Stücke gehauen werden. Indes war Milhem mit mir der Ansicht, daß, wenn auch eine ganze Armee Soldaten nichts ausrichten würden, man möglicherweise doch mit den Drusen allein in die Safa gelangen könne, und er versprach mir einen Brief an den Scheich von Saleh, Mohammed en Nassar, den er als guten Freund von sich und einflußreichen klugen Mann bezeichnete. Die Ghiath sind den Drusen gegenüber in derselben Lage wie die Djebeliyyeh: sie dürfen es sich mit den Bergbewohnern nicht verderben, da sie im Sommer auf die hochgelegenen Weideplätze angewiesen sind.

Gegen Sonnenuntergang erwiderte ich Milhems Besuch und fand sein Zimmer voller Leute, traf auch Nasib, der eben von seiner Expedition zurück war. Ich mußte ihnen von meinen jüngsten Erlebnissen in der Wüste berichten und fand, daß all meine Freunde von den Drusen als Feinde betrachtet wurden und daß nur die Ghiath und die Djebeliyyeh Verbündete der Drusen sind. Was die Scherarat, die Da'dja, die Beni Hassan betraf, so sollte bis auf das Blut gegen sie gekämpft werden.

In der Wüste kommt das Wort *Gom* (Feind) gleich nach *Daif* (Gast), in den Bergen aber nimmt es gar zu leicht die erste Stelle ein. Ich sagte: „O Nasib, die Drusen ähneln dem Volk, von dem

Kureyt ibn Uneif sang: ‚Wenn das Unheil ihnen die Zähne zeigt, so bieten sie ihm Trutz, gleichviel ob verbündet oder allein'." Die schlauen Züge des Scheichs verzogen sich einen Augenblick, aber da das Gespräch sich jetzt gefährlichem Grund näherte, erhob er sich kurz darauf und verabschiedete sich. Bald wurde sein Platz durch Neuankömmlinge ausgefüllt (Milhems Kaffeetöpfe müssen vom Morgengrauen bis spät in die Nacht hinein kochen), und endlich trat einer ein, zu dessen Begrüßung sich alle erhoben. Es war ein kurdischer Agha, ein schöner alter Mann mit weißem Schnurrbart und glattrasiertem Kinn, der von Zeit zu Zeit in seinen eigenen Angelegenheiten von Damaskus herabkam. Da Milhem aus Damaskus stammt, wollte er allerlei wissen; die Unterhaltung verließ deshalb die Wüstenfragen und wandte sich den Städtern und ihren Gebräuchen und Ansichten zu.

„Sehen Sie, Exzellenz", sagte ein Mann, der Kaffee über einem Kohlenbecken bereitete, „in der Stadt haben sie nicht so viel Religion wie in den kleinen Landorten."

„Ja", fiel Milhem ein.

„Gott lasse das Ja über dein Haupt kommen!", rief der Kurde aus. „Lohn dir's Gott, o Agha! In der großen Moschee von Damaskus kann man zum Freitagsgebet Leute genug finden, vielleicht auch einige in Jerusalem, in Smyrna aber und Beirut sind die Kirchen leer und die Moscheen leer. Sie haben keinen Glauben mehr."

„Meine Freunde", nahm der Agha das Wort, „ich will euch den Grund sagen. Auf dem Lande sind die Leute arm und brauchen viel. Von wem sollen sie es fordern, wenn nicht von Gott? Wer hat Mitgefühl für die Armen, als Er allein? Aber in der Stadt sind sie reich und haben alles, was sie brauchen; warum sollten sie zu Gott beten, wenn sie nicht zu bitten haben? Die Dame lacht – ist es bei ihrem Volke nicht ebenso?"

Ich gab zu, daß in dieser Hinsicht sehr wenig Unterschied zwischen Europa und Asien sei, und überließ dann die Gesellschaft ihrem Kaffee und ihrer weiteren Unterhaltung.

Spät in der Nacht klopfte jemand an mein Zelt, und eine Frauenstimme rief: „Meine Dame, meine Dame, sind nicht die Engländer gütig?

Möge das Herz einer Mutter den Kummer eines Mutterherzens hören und diesen Brief meinem Sohne bringen!"

Ich fragte die unsichtbare Bittstellerin, wo sich ihr Sohn befände. „In Tripoli, in Tripoli, weit im Westen. Er ist ein gefangener Soldat und kam nach dem Kriege nicht mit den anderen zurück. Nehmen Sie diesen Brief mit und schicken Sie ihn durch einen sicheren Boten von Damaskus ab; die Post von Salchad ist mir zu unsicher."

Während ich das Zelt öffnete und den Brief entgegennahm, fuhr sie fort: „Nasibs Frau hat mir gesagt, Sie seien gütig. Das Herz einer Mutter, Sie wissen – ein trauerndes Mutterherz."

Weinend entfernte sie sich, und ich habe den geheimnisvollen Brief von Beirut mit der Post abgesandt, aber ob er Tripoli im weiten Westen und den gefangenen Drusen erreicht hat, werden wir nicht erfahren.

Der Kaimakam kam am andern Morgen vor unsrer Abreise und versorgte uns mit einem drusischen Zaptieh, der uns den Weg nach Saleh zeigen sollte. Es blies ein schneidend kalter Wind, und weiter oben im Gebirge lag der Schnee hoch; wir wählten deshalb den tiefer gelegenen Weg über Orman, ein Dorf, das als Schauplatz des Ausbruchs des letzten Krieges bekannt ist. Milhem hatte meinen Führer Jusef mit der Post betraut, die eben in Salchad eingetroffen war; sie bestand aus einem einzigen Brief an einen Christen in Orman, dem wir außerhalb des Dorfes begegneten. Der Brief kam aus Massachusetts von einem seiner drei Söhne, die alle drei nach Amerika ausgewandert waren. Es ging ihnen allen gut, Gott sei Dank! Im vergangenen Jahre hatten sie dem Vater zusammen 30 Lira geschickt. Das und mehr sprudelte er in freudigem Stolze heraus, als wir ihm den Brief mit den frischen Nachrichten aushändigten. In Orman wandte sich der Weg bergauf – ich benenne ihn weiter mit dem stolzen Namen Weg, da ich keine Benennung weiß, die schlecht genug ist. Es gehört zu den drusischen Verteidigungsmaßregeln, keinen in das Gebirge führenden Weg so breit zu machen, daß zwei Personen nebeneinander gehen können, noch so eben, daß eine andere Gangart als ein mühseliges Stolpern darauf möglich wäre. Und sie haben dieses System auch wirklich sehr erfolgreich

Bosra Eski Scham

durchgeführt. Bald befanden wir uns in halb schmelzendem, halb gefrorenem Schnee, der die Löcher im Pfade wohl verbarg, aber keine genügend feste Decke bildete, um die Tiere vor dem Einbrechen zu schützen. Oft kamen wir auch an tiefe Wehen, in welche die Kamele mit dem größten Vertrauen hineinsteuerten, aber nur, um in der Mitte zu fallen und unser Gepäck zu verstreuen, während die Pferde hineinstampften und sich bäumten, daß wir Gefahr liefen, abgeworfen zu werden. Michaïl, der nicht beritten war, küßte den Schneebrei des öfteren. Die Zeichner der Karte von Palästina haben am Ostabhange des Djebel Druz ihrer Phantasie weitesten Spielraum gelassen. Hügel sind meilenweit fortgehüpft, Dörfer haben Schluchten übersprungen und sich auf der gegenüberliegenden Seite niedergelassen. So findet man zum Beispiel Abu Zreik, das auf dem linken Ufer des Wadi Radjil liegt, auf dem rechten eingezeichnet.

Besonders an diesem Tage schien sich alles gegen uns zu verschwören, und unser Elend erreichte seinen Gipfelpunkt, als wir ein endloses Schneefeld betraten, über das ein furchtbarer Sturm nadelscharfer Graupeln dahinfegte. In nebelhafter, schier unerreichbar scheinender Ferne sahen wir durch das Graupelwetter die Hänge schimmern, auf denen Saleh steht. Meile um Meile quälten wir uns mühsam vorwärts (es war unmöglich, auf den stolpernden Tieren zu reiten, auch viel zu kalt dazu) und plätscherten und wateten am Spätnachmittag, nachdem wir sieben Stunden auf eine vierstündige Entfernung verwendet hatten, durch die Wassertümpel und schmelzenden Schneehügel, die die Stelle von Straßen in Saleh vertraten. Im ganzen Dorfe war kein trockenes Fleckchen, und der Schnee fiel dicht; mir blieb keine andere Möglichkeit, als an die Tür Mohammed Nassars zu klopfen, dem der Ruf großer Gastlichkeit vorausging. Mit Mühe nur stieg ich die eisüberzogenen Stufen zu seinem Mak'ad hinan.

Wenn die Vorsehung uns irgendeine Entschädigung für die Mühsalen des heutigen Tages schuldete, so hat sie uns, wenigstens mich, mit einem reichen, ja übervollen Maße bezahlt durch den schönen Abend, den ich im Hause des Scheichs verbringen durfte. Mohammed Nassar ist ein Mann reich an Alter und Weisheit, der eine große Schar Söhne und Neffen um sich hat heranwachsen sehen, deren gute Geistesgaben er durch das vortreffliche Beispiel seiner eignen Ritterlichkeit und Liebenswürdigkeit herangebildet hat. Jeder Druse ist ein geborner Gentleman; aber das Haus des Scheichs von Saleh konnte hinsichtlich guter Manieren, natürlicher sowohl als auch anerzogener, nicht von den Edelsten der sogenannten aristokratischen Nationen, der Perser, Radjputs oder irgendeines anderen sich auszeichnenden Volkes, übertroffen werden. Milhems Empfehlungsbrief war ganz unnötig, um mir einen Willkomm zu sichern: ich fror, war hungrig und war Engländerin – das genügte. Das Feuer im eisernen Ofen wurde angezündet und ich meiner feuchten Oberkleider entledigt; unter des Scheichs eigner Leitung belegte man die Diwane mit Teppichen und Kissen, und schließlich stellte sich die ganze Schar der männlichen Familienmitglieder und der Seitenverwandten ein, um zur Belebung des Abends beizutragen. Es ließ sich gut an. Ich wußte, daß Oppenheim auf seine Reise in die Safa Begleiter aus Saleh mitgenommen hatte, und führte zufällig auch sein Buch mit mir. Wie oft hatte ich schon bedauert, daß kein weiser Instinkt mich bestimmt, Dussauds zwei prächtige Bände anstelle von Oppenheims gewichtigem Werke zu wählen, das eine Menge mir für die jetzige Reise ganz unnützer Belehrungen enthielt. Die Stärke des Buches liegt in den Illustrationen, und glücklicherweise befand sich unter denselben eine Abbildung Mohammed Nassars mit seinen beiden jüngsten Kindern. Nachdem ich Kieperts Karten ausgerissen, war ich großmütig genug, den Band einem Familienmitglied zu schenken, das den gelehrten Reisenden auf seiner Expedition begleitet hatte. Er ist in Saleh verblieben, den Scheichs zur Ehre und Freude. Sie schauen die Bilder an, ohne sich mit dem Text herumzustreiten, und die Lücke in meinen Bücherreihen wird durch die Erinnerung an die Freude der Drusen reichlich ausgefüllt.

Wir erzählten den ganzen Abend ununterbrochen, eine kurze Pause entstand nur, als das vortreffliche Essen gebracht wurde. Der alte Scheich, Jusef, der Zaptieh und ich nahmen zusammen daran teil; die reichlichen Überreste wurden von den ältesten Neffen und Vettern aufgezehrt. Das Thema, dem man in Saleh das meiste Interesse entgegenbrachte, war der japanische

Drusischer Mak'ad, Habran

Krieg[21] – ja im ganzen Gebirge drehte sich die Unterhaltung fast ausschließlich um diesen Stoff, da die Drusen meinen, mit den Japanern zu ein und demselben Volksstamm zu gehören. Die Gedankenreihe, die diese erstaunliche Schlußfolgerung gezeitigt hat, ist einfach genug. Ihre geheimen Glaubenslehren weisen auf die Hoffnung hin, daß eines Tages ein drusisches Heer von den fernsten Grenzen Asiens hervorbrechen und die Welt unterjochen wird. Nun haben die Japaner unbesiegbaren Mut gezeigt – auch die Drusen sind tapfer; die Japaner haben gesiegt, die Drusen der Prophezeiung werden unbesiegbar sein: also sind die beiden eins. Die Sympathie von ganz Syrien und Kleinasien ist auf Seiten der Japaner; eine Ausnahme bilden nur die Glieder der griechisch-katholischen Kirche, die in Rußland ihren Schirmherrn sehen. Es erscheint sehr begreiflich, daß die türkische Regierung sich über die Niederlage ihres alten Erbfeindes freut, schwieriger aber ist es, einen Grund für das Vergnügen der Araber, Drusen (abgesehen von den oben erwähnten geheimen Hoffnungen der Drusen) und Kurden zu finden, denn zwischen ihnen und den Türken ist doch wahrlich keine Liebe verloren. Diese Völkerschaften pflegen sich sonst nicht am Unglück der Feinde des Sultans zu erfreuen, da sie selbst zumeist dazu gehören. Jedenfalls liegt der Grund in einer gewissen Schadenfreude und dem natürlichen Bestreben, auf Seiten des kleinen Mannes gegen den großen Unterdrücker zu stehen, vor allem aber mag jenes große Band mitsprechen, das wir mit dem Namen „Erdteil" bezeichnen, und der Krieg wendet sich an das Gefühl der Asiaten, weil er gegen die Europäer geht. Mag man sich auch noch so sehr dagegen sträuben, Rußland als einen Teil der europäischen Zivilisation anzuerkennen, mag man auch noch so überzeugt sein, daß die Japaner ebensowenig Gemeinsames mit den Türken oder Drusen haben wie mit den Südseeinsulanern oder Eskimos – der Osten wendet sich an den Osten, und seine Stimme hallt wider vom Gelben bis zum Mittelmeer.

Wir sprachen von den Türken. Mohammed war einer der vielen Scheichs gewesen, die nach dem drusischen Kriege in die Verbannung geschickt wurden; er hatte Konstantinopel besucht und kannte auch Kleinasien, so daß man ihm wohl ein maßgebendes Urteil über den türkischen Charakter zusprechen konnte. Ganz unbeabsichtigt von den Türken hatte diese Massenwegführung der drusischen Scheichs und ihr zwei- bis dreijähriger Aufenthalt in entfernten Städten des Reiches einen Erfolg gezeitigt, den selbst die umsichtigste Staatskunst nur schwer erreicht haben dürfte. Männer, die unter anderen Verhältnissen nicht 50 Meilen über ihr Dorf hinausgekommen wären, haben gezwungenerweise ein Stück Welt kennengelernt und sind zurückgekehrt, um sich dann ebenso großer Unabhängigkeit zu erfreuen wie früher. Aber sie haben doch einen tiefen Eindruck von der Größe des türkischen Reiches und von der unendlichen Zahl der Hilfsquellen des Sultans mitgebracht und haben einsehen gelernt, wie unwichtig ein drusischer Aufstand in einem Reiche ist, das noch besteht, obwohl es jede Art des Bürgerkrieges durchgemacht hat. Mohammed hatte diese Welt jenseits der Grenzen des Gebirges so schätzen gelernt, daß er zwei von seinen sechs Söhnen hineinzuversetzen versuchte, indem er sie in einem Regierungsbüro von Damaskus unterbrachte. Der Versuch war mißlungen, weil die Knaben, obgleich in seinen Grundsätzen erzogen, zu eigenwillig waren. Eine knabenhafte Pflichtvergessenheit, ein strenger Verweis des Vorgesetzten hatte sie eiligst in ihr Dorf zurückgetrieben, wo sie als unabhängige Scheichs ein träges und doch geachtetes Dasein führen konnten. Mohammed hatte eine in Damaskus erscheinende Wochenzeitschrift abonniert, und er und seine Söhne verfolgten mit dem größten Interesse alle politischen Neuigkeiten des Auslandes, besonders Englands, die dem Stifte der Zensur entgangen waren. Oftmals übersahen sie auch eine wichtige Nachricht – oder war es der Herausgeber? So fragte mich mein Wirt zum Beispiel nach Lord Salisbury und war sehr betrübt zu hören, daß er schon seit einigen Jahren tot sei. Außer Lord Cromer, der immer und überall bekannt ist, kannten sie auch Mr. Chamberlain, und es entspann sich in dem Mak'ad von Saleh eine belebte Unterhaltung über fiskalische Fragen, die ich meinerseits mit Beispielen aus dem türkischen *Gumruk*, dem Zollhaus, reichlich illustrieren konnte.

Nur ein einziger Punkt wurde an diesem Abend nicht zur allgemeinen Befriedigung erledigt, das war meine Reise in die Safa. Ich hege den leisen Argwohn, daß Milhems Brief, den er mir versiegelt aushändigte, so daß ich ihn nicht lesen konnte, dem ähnelte, den Praetus Bellerophon aushändigte, als er ihn zum König von Lydien sandte. Wurde nun Mohammed zwar nicht aufgefordert, die Überbringerin bei ihrer Ankunft hinzurichten, so war er doch sicher dringlich gebeten worden, ihren Plänen entgegenzuarbeiten. Jedenfalls meinte Mohammed, daß die Expedition nicht ohne Begleitung von wenigstens 20 Drusen unternommen werden könnte, und da mich das zu viel Vorbereitungen und Ausgaben gekostet hätte, sah ich mich genötigt, das Projekt fallen zu lassen.

Um zehn Uhr fragte man mich, welche Zeit ich zu schlafen wünschte. Zum augenscheinlichen Verdruß aller der Anwesenden, die nicht den ganzen Tag durch den Schnee geritten waren, erwiderte ich, daß die Zeit gekommen sei. Die Söhne und Neffen empfahlen sich, es wurden wattierte Decken gebracht und auf den drei Seiten des Diwans zu je einem Bette aufgetürmt. Der Scheich, Jusef und ich wickelten uns hinein, und ich wußte von nichts mehr, bis ich im scharfen Frost der Dämmerung erwachte. Schnell stand ich auf und ging an die frische Luft. Saleh lag noch fest schlafend im Schnee; selbst das kleine Bächlein, das ein Wasserbassin inmitten des Dorfes speiste, schlummerte unter seinem dicken Eispelz. In dem klaren, kalten Schweigen beobachtete ich, wie der Osthimmel sich rötete und wieder erblich und wie die Sonne einen ersten langen Lichtstrahl über das Schneefeld entsandte, das wir gestern mit so vieler Mühe bezwungen. Nachdem ein kurzes Dankgebet für schönes Wetter meinem Herzen entstiegen war, weckte ich die Maultiertreiber und die Tiere in ihrem gewöhnlichen Ruheplatz unter den Wölbungen der Karawanserei, genoß das von Mohammed en Nassar gebotene Frühstück und sagte meinem Wirt und seiner Familie ein langausgedehntes, dankbares Lebewohl. Kein Wanderer durch Berg und Tal kann sich einer angenehmeren Gesellschaft und einer erquickenderen Nachtruhe erfreuen, als mir in Saleh zuteil wurden.

VI

*Ritt nach Umm Ruweik * Höhlendörfer* Auf verbotenen Pfaden * Die Steinwüste Safa * Im Lager der Ghiath * Wegzeichen im Steinmeer * Felsinschriften * Am Ende des Lavastromes * Die gelbe Ebene der Rubeh * Die Weiße Burg * Rückkehr ins Ghiatlager * Eine ungemütliche Nacht Drusische Sitten * Abschied vom Drusenland * Dreitägiger Ritt nach Damaskus **

Das Ziel dieses Tages war das Dorf Umm Ruweik am Osthange des Drusengebirges. Da ich die Ungenauigkeit der Karte kannte, nahm ich einen von Mohammeds Neffen als Führer mit; er hieß Faiz und war ein Bruder Gischgaschs, des Scheichs von Umm Ruweik. Ich hatte ihn mir am Abend vorher als das angenehmste Mitglied des ganzen angenehmen Kreises im Mak'ad auserkoren, und während unsrer viertägigen Bekanntschaft ereignete sich auch nicht der geringste Zwischenfall, der mich meine Wahl hätte bereuen lassen. Er war ein Mensch mit gänzlich verzeichnetem Gesicht: die Nase war schief, der Mund war schief, und niemand konnte ihm geradgestellte Augen nachsagen, aber sein Wesen war außerordentlich sanft und liebenswürdig, seine Unterhaltung klug, er war voll guter Ratschläge und wußte überall Abhilfe. Wir ritten am Abhang der Hügel dahin, und unablässig ruhte mein Auge sehnsüchtig auf der sich nach Osten hin ausbreitenden Steppe, wie auf einem verheißenen Lande, das mein Fuß nicht betreten sollte. Noch waren wir nicht weit gekommen, als Faiz mir einen Plan entwickelte, wie wir unsere Tiere und Zelte in Umm Ruweik zurücklassen und einen Abstecher über die Safa nach der Ruhbeh zu der großen Ruine machen wollten, von der ich so viel Wunderbares gehört hatte, daß meine Phantasie gereizt war. In einem Augenblick hatte die Welt ein anderes Aussehen gewonnen, alles verhieß Erfolg: der blaue Himmel über mir und die goldenen Nebelschleier über der Ebene dort unten, die nicht länger unerreichbar vor mir lag.

Unser Weg führte schnell bergab; bereits nach einer halben Stunde waren wir aus dem Bereich von Schnee und Eis, die uns während der letzten 24 Stunden zur Plage geworden waren, und als wir nach einer weiteren halben Stunde den Wadi Busan erreichten, dessen flinkes Wasser ein Mühlrad drehte, hatten wir den Winter ganz hinter uns gelassen. Saneh, ein blühendes Dorf am Nordufer des Wadi Busan, enthielt einige schöne Proben hauranischer Architektur. So erinnere ich mich zum Beispiel eines prächtigen Architravs, in den zwei Ranken, aus Trauben und Weinblättern bestehend, eingemeißelt waren, die zu beiden Seiten einer in der Mitte des Steines stehenden Vase herabfielen. Mit Saneh hatten wir zugleich den äußersten Rand des Hochplateaus erreicht und sahen nun die Safa wie ein weites Meer unmittelbar unter uns liegen. Sonderbar mutete es uns an, daß ihre Oberfläche kohlschwarz wie ein schwarzes Zeltdach aussah, eine Eigentümlichkeit, die diese Steppe den Lavaschichten und vulkanischen Steinen verdankt, mit denen sie bedeckt ist. Hier und da bemerkte ich auch helle Flecke. Es waren dies, wie ich später entdeckte, Stellen, an denen die Tuffsteine zufällig fehlten, so daß die Erde zutage lag. Von den Arabern werden solche Stellen *Beida*, das Weiße Land, genannt, im Gegensatz zu *Harra*, dem aus Lava und erratischen Steinen gebildeten Schwarzen Land. In der Safa ist sowohl das Weiße als auch das Schwarze Land unfruchtbar, obgleich *Beida* oft im Sinne von Kulturland gebraucht wird.

Die Safa erstreckte sich bis zu einer dunklen Masse kleiner Vulkane, die fast direkt nach Norden und Süden lagen, deren Höhe uns aber kaum bewußt wurde, da wir so hoch über ihnen standen. Jenseits derselben erblickten wir eine weite Beidafläche, die Ruhbehsteppe. Nach Osten und Süden hin aber zeigten sich am unermeßlich fernen Horizont einige niedrige Vulkankegel, die letzten Ausläufer des Haurangebirges und der Anfang der großen Hamad, der wasserlosen Wüste, die sich bis Bagdad ausdehnt. Nach Norden zu liegen die Hügel von Dmer und noch weiter nördlich ein zweiter Höhenzug, der das zehn Meilen breite, nach Palmyra führende Tal säumt, jenseits aber bis an den Antilibanon heranreicht, dessen schneebedeckte Häupter über der Wüstenstraße nach Homs sich am Himmel abzeichneten. Wir wandten uns ostwärts nach Schibbekeh, einem merkwürdigen Ort, der am Rande eines Tales erbaut war, dessen ganzer Nordhang wabenartig mit Höhlen durchsetzt ist, und dann nordwärts nach Scheikhly und Rameh. Beide Orte liegen am Südrande des eine tiefe Schlucht bildenden Wadi esch Scham; an demselben Flusse finden wir weiter abwärts die östlichsten aller bewohnten Dörfer, Fedhameh und Edj Djeida. Alle Niederlassungen auf dieser Seite des Gebirges tragen das Gepräge außerordentlich hohen Alters. Die Höhlendörfer müssen schon lange vor der nabathäischen Zeit bestanden haben; möglicherweise datieren sie sogar zurück bis in die graue, vorgeschichtliche Zeit des König Og oder des Volkes, das hinter seinem Namen steht, wo ganze Städte in die Felsen hineingehauen – das berühmteste Beispiel ist Dera'a in der Hauransteppe, südlich von Mezerib. Muschennef ließen wir westlich liegen, nicht ohne Bedauern meinerseits, denn in der großen Dorfzisterne spiegelt sich der schönste Tempel im Djebel Druz, der selbst von den prächtigen Baudenkmälern in Kanawat nicht an Schönheit übertroffen wird. Das nördlich vom Wadi esch Scham liegende El Adjlad ist auf dem Gipfel eines so hohen Tells[22] erbaut, daß es die Februarschneegrenze erreicht. Von hier aus führt ein zweites Tal hinab in die Safa, an dessen unterem Ende eine Ruine mit einer Inschrift liegen soll, aber ich konnte sie nicht besuchen. Gegen vier Uhr nachmittags kamen wir in Umm Ruweik an, und wir errichteten unsre Zelte am Rande der Hochebene, so daß ich durch meine offene Zelttür die Safa in ihrer ganzen Ausdehnung überblicken konnte.

Scheich Gischgasch war ganz Liebenswürdigkeit. Sicherlich konnte ich in die Steppe Ruhbeh hinüberreiten, wenn ich mich nur von ihm, seinem Sohne Ahmed und Faiz begleiten lassen wollte. Den Vorschlag, eine größere Eskorte mitzunehmen, wies er voll Hohn von sich. Beim Himmel, die Ghiath waren seine Diener, seine Leibeignen, und würden uns aufnehmen, wie es den Edlen gebührt, und uns das prächtigste Unterkommen anweisen. Ich speiste mit Gischgasch, der keine Weigerung gelten ließ, und lernte ihn als einen gutmütigen, ruhmredigen, beschränkten und gesprächigen Menschen kennen, dessen ganzes Geschwätz nicht so viel wert war wie ein einziger Satz von Faiz. Der letztere war ziemlich schweigsam, auch Ahmed sprach nicht viel, aber das wenige war verständig und hörenswert. Gischgasch erzählte Wunderdinge von der Safa und von dem, was sie enthielt. Außer den bereits bekannten Ruinen war nichts darin zu finden, wie er sagte, aber wenn man eine Tagesreise ostwärts von der Ruhbeh ritt, würde man an einen Steinbruch und ein verfallenes Kastell kommen, das der Weißen Ruine von Ruhbeh, unserem jetzigen Ziele, ganz ähnlich, nur kleiner und weniger gut erhalten war. Darüber hinaus aber erstreckte sich die Hamad, ganz ohne Wohnungen und Ruinen, die große Wüste, die selbst die tapfersten Araber im Sommer wegen gänzlichen Wassermangels verlassen mußten. Mein Herz verlangte nach der geheimnisvollen Ruine östlich von der Ruhbeh, die wahrscheinlich noch keines Reisenden Auge erblickt hatte, aber die Reise war zu weit, als daß man sie ohne Vorbereitungen, nur auf die Eingebung eines Augenblicks hin, hätte unternehmen können. „Wenn Sie das nächste Mal wiederkommen, meine Dame …" Ja, wenn ich wiederkomme. Aber bei einer zweiten Gelegenheit werde ich mich nicht wieder auf die üppige Verpflegung der Ghiath verlassen.

Nach einer Beratung beschloß ich, Michaïl und Habib mitzunehmen, den letzten auf seine ausdrückliche Bitte. Er wollte sein bestes Maultier reiten, versicherte er, das mit jedem Pferd Schritt halten und außerdem noch die Decken und die fünf Hühner tragen würde, die wir als Ergänzung der Gastfreundschaft der Ghiaths mitnahmen. Ich hatte einen Pelzmantel hinter meinem Sattel aufgeschnallt, und die Satteltaschen bargen wie gewöhnlich eine Kamera und ein Notizbuch. Ungefähr eine Stunde lang ritten wir steile Abhänge hinab. Unterwegs gesellten sich drei weitere Drusen zu Pferde zu uns. Ich bemerkte wohl, daß die Scheichs sie der von ihnen selbst vorgeschlagenen Eskorte noch zugefügt hatten, machte aber keine Bemerkung. Einer der drei war ein Verwandter von Gischgasch mit Namen Chittab; er war mit Oppenheim gereist und erwies sich als ein angenehmer Gesellschafter. Wir ritten durch das zu Gischgaschs Dorf gehörige Ackerland und dann fast ganz kahle Hänge hinab, die trotzdem den von Arabern gehüteten Herden noch genug Weide boten, und betraten am Fuße des Berges ein flaches steiniges Tal, in dem sich eine kleine Niederlassung und noch weitere Schafherden befanden, die ihre armselige Nahrung zwischen dem Geröll suchten. Eine Stunde lang wand sich das Tal zwischen vulkanischen Felsen dahin, dann betraten wir die große Einöde der Safa. Sie ist fast ganz eben. Die Oberfläche zeigt flache, sanft gebogene Wellen, gerade tief genug, um dem in der Senkung befindlichen Reiter den Ausblick auf die Landschaft zu verwehren. So kann eine Stunde oder mehr vergehen, ohne daß er mehr sieht als rechts und links, wenige Fuß über seinem Haupte, die einen schmalen Himmelsstrich begrenzende schwarze Steinlinie. Die Wellen sind planmäßig angeordnet; sie bilden fortlaufende wasserlose Täler, deren jedes dem Araber mit Namen bekannt ist. Wellental sowie Wellenberg sind mit vulkanischen Steinen bedeckt, die an Größe von sechs Zoll bis zu einem Meter Durchmesser und mehr variieren. Wo sie Lücken lassen, sieht man den harten, gelben Boden durchschimmern, auf dem sie liegen, der an Farbe dem Seesande gleicht. Ganz spärlich drängt sich eine kümmerliche Flora durch die Steine, *Hamad* und *Schih* und *Hadscheineh*, hier und da auch ein winziges Geranium, Tulpenblätter oder die Sternchen des Knoblauchs; im allgemeinen aber liegen die Steine so eng aneinander, daß auch das schlankste Pflänzchen nicht Platz dazwischen findet. Schwarz, glatt und eckenlos sind diese Steine, als wären sie in einem Wasserlauf abgeschliffen worden; wenn die Sonne scheint, flimmert die Luft über der Steppe wie über einer Fläche geschmolzenen Metalls, und im Sommer läßt sich dieser Vergleich noch weiter ziehen, denn die erbarmungslose Glut soll fast unerträglich sein. Ganz unmöglich wäre es, über die Safa zu kommen, wenn sie nicht von zahllosen kleinen Pfaden durchkreuzt würde. Sie sind so schmal und undeutlich, daß der Reiter sie zunächst gar nicht bemerkt, bald aber wundert er sich, warum vor ihm und seinem Tier gerade noch Platz genug zum Weiterschreiten ist, und sieht ein, daß er einen Weg verfolgt. Die wandernden Füße zahlloser Generationen haben die Tuffsteine ganz allmählich zur Seite geschoben und es möglich gemacht, durch dieses Steinmeer zu reisen.

Wir folgten der Bodensenkung Ghadir el Gharz und trafen nach zwei Stunden auf einen zerlumpten Menschen, der den Namen Gottesherz führte. Er war außerordentlich erfreut, uns zu sehen, dieser Gottesherz, denn er war ein langjähriger Freund der Familie (wenigstens 80 Jahre, sollte ich meinen), und groß war sein Staunen, als er mich in der Kavalkade[23] entdeckte. Damit hörte seine Verwunderung aber auch schon auf, denn daß ich Engländerin sei, wie sie ihm sagten, machte keinen Eindruck auf ihn, da sein Gemüt mit den Namen und der Geschichte fremder Völker gänzlich unbelastet war. Wir erfuhren von ihm, daß wir Wasser ganz in der Nähe und arabische Zelte in einer Entfernung von höchstens zwei Stunden finden würden, dann wünschte er Gischgasch Gottes Frieden, und möge auch die Fremde bei ihm in Frieden ziehen. Was die Zelte anbetraf, so hatte er gelogen, dieser Gottesherz, oder wir hatten ihn falsch verstanden, aber das Wasser fanden wir in Gestalt eines schlammigen Tümpels, an dem wir in Gesellschaft einer Kamelherde frühstückten. Europäischen Anforderungen entsprechendes Trinkwasser gibt es in der Safa ebensowenig wie im Djebel Druz. Gebirgsquellen im letzteren sind unbekannt, der Wasservorrat wird in offenen Löchern gesammelt, und der Reisende kann sich glücklich preisen, wenn ihm nicht eine Flüssigkeit zum Trinken geboten wird, in der er eben Kamele und Maultiere sich hat wälzen sehen. Im besten Falle ist das Wasser wenigstens stark mit Fremdstoffen versetzt, die selbst das Kochen nicht entfernt, wenn es sie auch verhältnismäßig unschädlich macht. Tee, der mit dieser Flüssigkeit bereitet worden, ist dick und von eigenem Geschmack; er sieht aus wie trüber Kaffee und hinterläßt einen Bodensatz in der Tasse. Michaïl führte für mich einen irdenen Krug mit gekochtem Wasser von Quartier zu Quartier mit, und da ich mich konsequent weigerte, unterwegs aus etwaigen Tümpeln und Wasserlöchern zu trinken, zwang ich ihn, diese Vorsichtsmaßregel auch während meiner Reise durch die Safa fortzusetzen. Er und die Drusen und die Maultiertreiber tranken, gleichviel ob in der Wüste oder im Gebirge, alles, was ihnen vor Augen kam, und schienen keine üblen Folgen davon zu verspüren. Wahrscheinlich waren die Keime, die die Männer bei ihrem leichtsinnigen Trinken hinabschluckten, so zahlreich und tatkräftig, daß sie genug zu tun hatten, einander umzubringen.

Weiter und weiter ritten wir, über alle Steine der Welt. Selbst

Gischgasch verfiel in Schweigen oder sprach nur, um seine Verwunderung auszudrücken, daß wir die Zelte der Ghiath noch immer nicht erreichten. Chittab war der Meinung, daß wir sie schon sehen würden, wenn wir den Kantarah, den Bogen erreichten, und ich spitzte die Ohren bei der Erwähnung eines Namens, der auf irgendein Bauwerk schließen ließ. Aber der Kantarah war nichts anderes als eine nur wenig über ihre Umgebung hervorragende Erhöhung, die ebenso steinig war wie alles übrige. Solcher Hügel gibt es viele, meist führt ein Pfad zur Spitze, den die Araber auf dem Bauche liegend hinaufrutschen, um nach Feinden Umschau zu halten. Sie selbst sind dabei durch den kleinen schwarzen Steinhaufen verdeckt, der als bleibende Bastion auf dem Gipfel errichtet worden ist. Im Sommer wimmelt die Safa von Räubern. Große Stämme, wie die 'Anazeh, durchstreifen sie, führen bald im Norden, bald im Süden einen plötzlichen Streich gegen irgendeinen Feind und quälen die Ghiath im Vorbeigehen. Da es in der unvergleichlichen Glut der Steinwüste nur sehr wenig Wasserplätze gibt, sind sowohl die Räuber als auch diejenigen Ghiatharaber, die noch in der Safa zurückgeblieben sind, gezwungen, in der Dämmerung die gleichen schlammigen Löcher aufzusuchen: kein Wunder, daß die Tage und Nächte der Ghiath durch beständige Furcht vergällt werden, bis endlich die großen Stämme wieder ostwärts in die Hamad ziehen. Auch von dem Kantarah aus erblickten wir keine Spur von Zelten, und es begann immer wahrscheinlicher zu werden, daß wir mitten in den Steinen unter dem frostklaren Himmel eine wasserlose Nacht würden verbringen müssen, als ungefähr eine Stunde vor Sonnenuntergang Chittab plötzlich nach Nordwesten hin Rauch von Lagerfeuern entdeckte. Wir ritten ein gut Stück zurück, so daß der von uns zurückgelegte Weg schließlich einen Halbkreis bildete, und erreichten die Zelte gerade nach Einbruch der Nacht nach einer neunstündigen Tagesreise. Mit den Ziegen und Kamelen, die eben von ihrer mühseligen Tagesweide heimkehrten, stolperten wir über die Steine mitten in das kleine Lager hinein, das so ärmlich aussah und so sehnsüchtig von uns herbeigewünscht worden war. Ein paar Hundert Pfund würden ein schöner Preis für alle irdischen Güter der Ghiath sein, sie besitzen nichts als die

Basilika, Kanawat

schwarzen Zelte, ein paar Kamele und ihre Kaffeetöpfe, und hätten sie mehr, es würde ihnen bei einem sommerlichen Raubzug genommen werden. Sie leben ausschließlich von Brot – *Schirak*, den dünnen, braunem Packpapier ähnelnden Kuchen – und wandern während ihres ganzen Lebens in beständiger Todesangst zwischen den Steinen umher; verhältnismäßig sicher sind sie nur in den wenigen Monaten, die sie auf den Weiden des Djebel Druz verbringen.

Da wir eine große Gesellschaft waren, zerstreuten wir uns; Gischgasch, meine Diener und ich begaben uns in das Haus des Scheichs, der den Namen „Weisheit" führte. Seine zwei Söhne, Mohammed und Hamdan, zündeten ein Feuer aus Reisig und Kameldünger an, das ganz abscheulich rauchte. Mohammed, als der Älteste, machte die Honneurs. Mit großem Geschick ließ er die Mörserkeule singen und schlug lustige Wirbel auf der Mörserwand. Er hatte ein schmales, dunkles Gesicht, und seine weißen Zähne blitzten, wenn er lächelte; seine höchst luftige Kleidung bestand aus schmutzigen, weißen Baumwollgewändern, ein baumwollenes Tuch fiel von der Kamelhaarschnur auf seinem Kopf bis auf die nackte Brust hernieder, und er sprach in harten, nur schwer verständlichen Gutturaltönen. Unsre Mahlzeit bestand aus *Schirak* und *Dibs*; die Ghiath sind zu arm, um ein Schaf für ihren Gast zu schlachten, und wäre er selbst eine so wichtige Persönlichkeit wie Gischgasch. Der letztere war in seinem Element und benahm sich wie ein echter Narr. Er brüstete und blähte sich vor Stolz, kämmte seinen langen Bart vor den bewundernden Blicken seiner Wirtsleute und sprach unaufhörlich bis in die Nacht hinein – dummes Geschwätz, schien es mir, die ich mich sehnte, schlafen zu können. Mit meinem Sattel als Kopfkissen und einem Plaid als Zudecke lag ich in einer Ecke an der *Sahah*, der Wand, die das Frauengemach abtrennt, und lauschte bald dem nicht besonders erbaulichen Gespräch, bald verwünschte ich den scharfen, beißenden Rauch. Um die Mitte der Nacht weckte mich der Mond, der mit frostigem Glanz in das Zelt schien. Das Feuer war niedergebrannt, der Rauch hatte sich verzogen, die Araber und Drusen lagen schlafend um den kalten Herd; friedlich standen einige Pferde an der Zeltstange und schauten mit klugen Augen auf ihre Herren, während weiter draußen ein Kamel wiederkäuend zwischen den Steinen lag. Die fremdartige schweigende Schönheit einer Szenerie, die so alt ist wie die Welt selbst, machte einen wunderbaren Eindruck auf mich und hielt meine Phantasie gefesselt, als ich schon wieder in Schlaf gesunken war.

Noch vor Tagesanbruch war es Michaïl gelungen, mir über dem launischen Reisigfeuer eine Tasse Tee zu bereiten, und als die Sonne aufging, stiegen wir in den Sattel, denn wir hatten einen weiten Weg vor uns. „Gottes gütige, unerforschliche Vorsehung" hatte die Steppe in wunderbare Schönheit gekleidet; die aufgehende Sonne, der wir entgegenritten, umgab jeden Stein mit einem goldenen Schein, in klaren, scharfgeschnittenen Linien zeichnete sich die ostwärts liegende Vulkanreihe vom wolkenlosen Himmel ab, und im Nordwesten erglänzten die Schneegipfel des Antilibanon und Hermon in blendendem Weiß und bildeten einen scharfen Kontrast zu dem funkelnden Schwarz des Vordergrundes. Einer der Araber hatte sich uns als Führer zugesellt; 'Awad war sein Name. Er ritt ein Kamel und unterhielt sich von diesem erhabenen Standpunkt aus durch ein lautes Schreien mit uns, als wolle er damit den unendlichen Abstand zwischen *Rakib* und *Faris*, Kamelreiter und zu Pferde Sitzenden, überbrücken. Wir zitterten alle vor Frost, als wir durch den kühlen Morgen dahinzogen, 'Awad aber machte einen Scherz aus diesem Übel, indem er von seinem Tier herunterrief: „Meine Dame, meine Dame, wissen Sie, warum ich so friere? Weil ich zu Hause vier Frauen habe!" Die anderen lachten, denn er stand im Rufe, ein wenig Don Juan zu sein, und die Kapitalien, die ihm zu Gebote standen, kamen seinem Harem mehr als seinem Kleiderschrank zugute.

Schnell erreichten wir wieder den Ghadir el Gharz. Nach einem zweistündigen Ritt kreuzten wir eine Erhebung südwestlich der Tulul es Safa, der Vulkanlinie, und sprengten über eine beträchtliche Strecke steinlosen, gelben Sandes *Beida*, bis wir das Südende des Lavastromes erreichten. Die Lava lag zu unsrer Linken wie ein schrecklicher, gespenstischer See, der nicht sowohl gefroren als vielmehr plötzlich erstarrt schien, als hätte ihn irgendein großer Schreck mitten im Laufe aufgehalten und den Ausdruck der zurückschreckenden Furcht auf seiner Oberfläche versteinert. Aber das war lange, lange her, daß eine mächtige Hand den Wogen des Tulul es Safa das Gorgonenhaupt vorhielt. Sonne, Frost und Jahrtausende hatten das ursprüngliche Aussehen der Vulkane inzwischen verändert, hatten die Lavaströme zerrissen, die Abgründe zugeschüttet und die charakteristischen Züge der Hügel verwischt. Ein oder zwei Terpentinbäumchen hatten sich in den Spalten angesiedelt, aber als wir vorüberritten, waren sie noch kahl und grau und trugen nicht dazu bei, den allgemeinen Eindruck der Öde und Leblosigkeit zu beheben.

Während wir diese Grenzen des Todes umritten, wurde ich gewahr, daß wir einen Pfad verfolgten, der fast ebenso alt sein mußte wie die Berge selbst; ein kleiner Zeuge der Weltgeschichte führte uns mitten durch dieses verödete Stück Land. 'Awad sprach wiederholt von einem Stein, den er El 'Abla nannte, ein Wort, das einen weithin sichtbaren, weißen Felsen bezeichnet, aber ich war so sehr an Namen gewöhnt, deren Bedeutung nicht zutraf, daß ich 'Awads Worten keine Aufmerksamkeit schenkte, bis er plötzlich sein Kamel anhielt und ausrief: „O meine Dame, das ist er! Bei Gottes Angesicht, das ist El 'Abla!"

Es war nicht mehr und nicht weniger als ein Brunnenstein. Wo das Seil gelaufen war, befand sich ein mehrere Zoll tiefer Einschnitt, ein Beweis, daß der Brunnen lange Zeit gedient haben mußte, denn dieser schwarze Stein ist sehr hart. Dicht daneben stand ein großer Steinhaufen und noch zwei weitere, und so zwei bis drei in jeder Viertelmeile Wegs. Näheres Hinschauen überzeugte mich, daß sie erbaut, nicht aufeinandergehäuft waren. Schätzesuchende Araber hatten einige geöffnet; nach Entfernung der oberen Steinschichten zeigte sich ein flacher, viereckiger, aus halb zugehauenen Steinen erbauter Raum. 'Awad sagte, daß man seines Wissens nie etwas darin gefunden und daß ihm unbekannt, was sie früher enthielten. Vermutlich waren die Steinhaufen als Wegzeichen der alten, durch dieses Steinmeer führenden Wüstenstraße errichtet worden. Einige Hundert Meter weiter hielt 'Awad wieder an einigen, kaum über die Oberfläche hervorragenden schwarzen Felsen. Sie glichen den offenen Seiten eines

Buches, in das alle vorüberziehenden Nationalitäten ihre Namen eingetragen, sei es in der griechischen, kufischen, arabischen oder auch in jener seltsamen Sprache, die die Gelehrten Safaitisch[24] nennen. Als die letzten hatten auch die ungelehrten Beduinen ihre Namenszeichen eingekritzelt.

,Schureik, Sohn des Naghafat, Sohn des Nafis, Sohn des Numan', lautete die eine Inschrift, und eine andere: ‚Buchalih, Sohn des Thann, Sohn des An'am, Sohn des Rawak, Sohn des Buhhalih. Er fand die Inschrift seines Onkels und sehnte sich, ihn zu sehen.' Eine weitere auf einer Deckplatte befindliche habe ich nicht genau genug kopiert, um ihre Bedeutung mit Sicherheit angeben zu können. Sie enthält wahrscheinlich zwei durch ibn verbundene Namen, ‚Sohn des'. Über den Namen befinden sich sieben gerade Linien, die nach Dussauds geistreicher Auslegung die sieben Planeten darstellen sollen.* Die griechischen Schriftzeichen ergaben das Wort Hanelos, das heißt Johannes; es ist ein semitischer Name, den sein Inhaber wahrscheinlich deshalb in dieser fremden Sprache eingezeichnet, weil er sie während seines Dienstes unter den römischen Adlern erlernt hatte. Die kufischen Worte sind fromme Wünsche, die den Segen des Himmels auf den Reisenden herabflehen, der hier innegehalten, um sie einzugraben. So hat jeder einen seiner Art entsprechenden Bericht hinterlassen, um dann im grauen Nebel der Zeit zu verschwinden, und außer diesen wenigen Strichen auf den schwarzen Felsen wissen wir nichts von seinem Volk und seiner Lebensgeschichte, nichts von dem Vorhaben, das ihn in das unwirtliche Ghadir el Gharz geführt hat. Die Sätze, die ich niederschrieb, kamen mir vor wie feine Stimmen aus einer längst vergessenen Vergangenheit; selbst Orpheus mit seiner Laute hätte den Steinen kein deutlicheres Zeugnis über die toten Generationen entlocken können. In der ganzen Safa raunt und flüstert es; geisterartig flattern diese Namen in der flimmernden Luft über den Steinen und rufen in den verschiedensten Zungen ihren Gott an.

---

*   *Dussaud*, wissenschaftliche Mission, S. 64. Die Übersetzungen der Inschriften verdanke ich Dr. *Littmann,* der meine ersten Kopien der Originale in seinem Werk „Semitische Schriften" veröffentlichen wird.

In Eile nur konnte ich die Inschriften niederschreiben, denn wir hatten an dem Tage keine Zeit zu verlieren. Ungeduldig umstanden mich die Drusen, und 'Awad rief: „Jallah, jallah! Ya sitt!", was so viel heißt wie: „Mach' schnell!" Weiter zogen wir bis an die Ostgrenze der Safa, umritten das Ende des Lavastromes und sahen die weite, gelbe Ebene der Ruhbeh vor uns. Vom Djebel Druz aus hatte ich gesehen, daß diese Steppe sich sehr weit nach Osten hin erstreckt, jetzt aber erschien sie uns nicht mehr als ungefähr eine Meile breit und wurde von einem herrlichen blauen, in duftigem Nebel liegenden See begrenzt. Inseln gleich erhoben sich die fernen kleinen Vulkane aus dem Wasser, in dem ihr Spiegelbild zitterte; je mehr wir uns aber dieser lockenden Hut inmitten der Wüste näherten, um so mehr wichen ihre Gestade zurück, denn es war ein visionäres Meer, dem wir zueilten, indem höchstens die visionären Besucher der Wüste ihren Durst löschen können. Endlich erblickten wir am Fuße der Lavahügel einen grauen Turm, und in der Ebene davor einen weißen, mit einer Kuppel versehenen Tempel, die Chirbet (Ruine) el Beida und den Mazar (Tempel) des Scheich Serak. Der letztere hat sein Amt als Hüter der Ruhbeh von Zeus Saphatenos geerbt, der seinerzeit der direkte Nachfolger des Gottes El, der ersten Gottheit der Safa, war. Er hat über die Saaten zu wachen, die die Araber in guten Jahren um die Wohnung seiner Seele säen; er wird von den Moslems so wie auch von den Drusen angebetet, die ihm zu Ehren ein wohlbesuchtes jährliches Fest veranstalten, das ungefähr 14 Tage vor meiner Ankunft abgehalten worden war. Der Tempel selbst ist ein Gebäude im hauranischen Stil, sein Steindach wird von Querbalken getragen. Über dem Tor befindet sich ein mit Steinmeißeleien verzierter Querpfosten aus den Ruinen der Weißen Burg.

Kaum vermochte ich so lange an dem Tempel zu verweilen, bis alle meine Leute zusammengekommen waren, so sehr zog es mich nach der Kal'at el Beida hin. Chirbet oder Kal'at, Ruine oder Burg, beide Namen werden ohne Unterschied von den Arabern gebraucht. Ich verließ die Drusen – mochten sie dem Zeus Saphatenos, oder wer es sonst war, die ihm gebührende Verehrung bezeigen – und sprengte hinüber nach dem Rande der Lavafläche. Ein tiefer Graben trennte mich von ihr, der so tief mit

Wasser gefüllt war, daß ich nur mit Hilfe einer leichten Bretterbrücke hinüber konnte; ich vertraute mein Pferd Habib an, der hier sein Maultier tränkte, dieses wunderbare Maultier, das es an Schnelligkeit den Pferden gleichtat, und eilte über die rissige Lava in den Festungshof. Einige Araber schlenderten darin umher, schenkten mir aber ebensowenig Beachtung wie ich ihnen. Das war es also, das berühmte Kastell, das ein erstorbenes Land vor einem unbevölkerten schützt, die Safa vor der Hamad. Wie der gespenstische Zufluchtsort einer ganzen Welt von Geistern erschienen mir diese Mauern aus sorgfältig behauenen Steinen, die sich grauweiß schimmernd auf der weißen Plattform erhoben. Wessen Hand sie errichtete, wessen Kunst die Arabeskengewinde auf den Türpfosten und Querbalken bildete, wessen Auge wachehaltend vom Turm herabblickte, kann noch nicht mit Gewißheit festgestellt werden. Hanelos und Schuraik und Buchalih haben vielleicht nach dem Kastell ausgeschaut, als sie aus dem Wadi el Gharz heraustraten; vielleicht hat Gott El es unter seinen Schutz genommen, vielleicht sind die Gebete des Wächters auf dem Turme irgendeinem fernen Tempel zugeeilt und bei den Göttern der Griechen oder Römer dargebracht worden. Tausend unbeantwortete, unbeantwortbare Fragen fliegen dir beim Überschreiten der Schwelle blitzartig durch den Sinn.

De Vogüé sowohl als auch Oppenheim und Dussaud haben die Ruine el Beida beschrieben, und wen es interessiert, der mag wissen, daß sie aus einer rechtwinkeligen Umfriedung besteht, die in jeder Ecke einen runden Turm trägt. Zwischen den Türmen befindet sich eine runde Bastion und ein viereckiges inneres Gefängnisgebäude an der Südmauer. In die Türpfosten sind prächtige Muster in Schlangenlinien eingemeißelt: Arabesken, Blumen und Blätter mit schreitenden Tieren dazwischen. Die obengenannten Forscher halten die Ruine für eine Grenzfestung der Römer, die aus der Zeit vom 2. bis 4. Jahrhundert stammt. Mit absoluter Sicherheit aber können wir nichts über die Entstehung behaupten, ebensowenig wie über die unweit davon liegenden Ruinen im Djebel Ses, oder über Mschitta oder über irgendein Gebäude der westlichen Wüste. Sie alle ähneln einander und zeigen doch wieder bedeutende Unterschiede, wie ja auch die Kal'at el Beida und die Architektur des Hauran Gemeinsames haben. Welcher Bildhauer des Gebirges aber würde seine Phantasie so von allen klassischen Regeln haben abweichen lassen, wie der Mann, der Abbildungen von Wüstentieren über die Tore der Weißen Burg setzte? Ein Etwas, das der benachbarten Kunst fremd ist, geht durch diese Architektur, ein wilderer, freierer Zug, der weniger geschult, roher, wahrscheinlich auch älter ist als der Geist, der die Steinmeißelungen von Mschitta schuf. Vorläufig sind alles Vermutungen; mag auch die Wüste uns ihre Geheimnisse ausliefern, mag man auch die Geschichte der Safa und der Ruhbeh aus den beschriebenen Felsen zusammensetzen, noch müssen viele Reisen, noch viele Ausgrabungen an den syrischen Grenzen, vielleicht auch in Hiran oder Jemen vorgenommen werden. Nur bemerken will ich noch, daß die Gebäude der Kal'at el Beida, so wie sie jetzt sind, unmöglich ein und derselben Periode angehören können. Das Gefängnis ist sicher jüngeren Datums als die Zwischenwände im Kastell. Während zu den letzteren Mörtel verwendet worden ist, wie zu dem römischen Fort in Kastal und der Festung in Muwaggar, besteht das Gefängnis aus trockenem Mauerwerk, wie es im Hauran üblich ist, und zeigt bildergeschmückte Steine eingefügt, die sicherlich nicht für den Zweck, dem sie jetzt dienen, hergestellt wurden. Selbst die Verzierungen an dem Haupttore des Gefängnisses bestehen aus entliehenen Steinen; die beiden übereinanderliegenden Steine des oberen Querbalkens passen weder zueinander noch zu dem Türrahmen. Jedoch wage ich daraus keinen weiteren Schluß zu ziehen, als daß beide Vermutungen der Archäologen über den Ursprung der Ruine richtig sein können, daß sie ein römisches Lager und zugleich eine Ghassanidenfestung gewesen ist.

Der Rand des Lavaplateaus ragt einige Fuß über die Ebene hinaus. Längs dieser natürlichen Schanze befinden sich noch andere Gebäude, aber keins kommt an architektonischem Interesse der Weißen Burg gleich. Ihre Mauern bestehen aus sorglos aufgerichteten, viereckigen Lavablöcken ohne Mörtel, während die Burg aus einem grauweißen Gestein hergestellt wurde, das teilweise mit Mörtel verbunden ist. Das einzige bedeutendere Gebäude, das ich besichtigte, lag etwas nördlich; sein Dach hatte nach hauranischer Art aus Steinplatten bestanden, die auf querlaufenden Bogen ruhten. In Zwischenräumen standen längs der Lava auch kleine Türme wie Schilderhäuschen, die den Zugang zu der Burg schützten und ebenfalls aus trockenem Mauerwerk bestanden, das heißt, ohne Mörtel geschichtet waren.

Eine Rast von wenigen Stunden war alles, was wir uns gestatten konnten, denn wollten wir die Nacht nicht in der offenen Safa verbringen, mußte uns vor Einbruch der Dämmerung unser Ghiathlager wieder in Sicht sein. Rasch verzehrten wir die Reste der fünf von Umm Ruweik mitgebrachten Hühner – sie waren mit den Röhren der gelben Zwiebel gewürzt, die ’Awad in der Lava gefunden hatte – und traten dann den Heimweg an. Wir legten die vierdreiviertelstündige Wegstrecke gerade in der richtigen Zeit zurück, das heißt, wir sahen den Rauch der Lagerfeuer, noch ehe es dunkelte, und richteten uns danach. Über eine Anzahl freier Plätze gelangten wir schließlich zu den Zelten. Diese gesäuberten Stellen in der Wüste sind die *Marah* (frühere Lagerplätze) der ’Anazeh, die ihre Zelte in der Safa aufzuschlagen pflegten, ehe die Drusen sich vor mehr als hundert Jahren im Gebirge niederließen. Wenigstens ein Jahrhundert lang sind also diese *Marah* sichtbar geblieben und werden es noch viele Jahrhunderte lang sein. Es blies ein kalter Wind an diesem Abend, und obgleich die Hauptwand des Zeltes so gedreht war, daß sie uns schützte, verbrachten wir doch eine recht ungemütliche Nacht. Mehrere Male weckte mich die Kälte und brachte mich dadurch zum Bewußtsein eines Gefühles, als hätte ich mich auf einen Ameisenhaufen schlafen gelegt. Wie es die Araber ermöglichen, in ihren Habseligkeiten so viele Flöhe zu beherbergen, ist mir ein unlösbares Rätsel. Außer den Zeltwänden bleibt den Tierchen wirklich kein passender Zufluchtsort, und wenn diese Wände herabgenommen werden, so müssen sie tatsächlich eine weit über die gewöhnliche Flohgeschicklichkeit und -behendigkeit hinausgehende Kunstfertigkeit zeigen, um sich mit zusammenpacken und an den nächsten Lagerplatz bringen zu lassen, aber daß sie dieser Aufgabe gewachsen sind, weiß jeder, der eine Nacht in solchem Haarhause zugebracht hat. Nach den zwei Nächten bei den Ghiath erschienen unsre Zelte, die wir am nächsten Nachmittag wieder erreichten, ein wahres Paradies von Luxus und ein Bad der Gipfel eines sybaritischen[25] Lebens, selbst wenn man es bei einer Temperatur von mehreren Graden unter dem Gefrierpunkt nehmen mußte.

Auf unsrer Heimreise ereignete sich ein Zwischenfall, der des Erzählens wert ist, da er die drusischen Sitten charakterisiert. Dieses Volk wird, wie schon früher erwähnt, in Eingeweihte und Uneingeweihte eingeteilt. Für den Fremden besteht der Hauptunterschied zwischen beiden darin, daß die Eingeweihten sich des Tabakgenusses enthalten; so hatte ich an dem in Saleh verbrachten Abend bemerkt, daß kein Mitglied von Mohammed en Nassars Familie rauchte. Ich war daher nicht wenig erstaunt, als Faiz, sobald er sich mit Michaïl und mir allein befand, den ersteren um eine Zigarette bat. Auf meine Entschuldigung, ihm nicht schon früher eine angeboten zu haben, weil ich geglaubt, daß ihm das Rauchen verboten sei, blinzelte Faiz mit seinen schiefen Augen und erwiderte, daß es wohl an dem sei, und daß er auch in Gegenwart eines anderen Drusen keine Zigarette annehmen würde, da aber keiner seiner Religionsgenossen anwesend, fühle er sich frei zu tun, was ihm beliebe. Er bat mich jedoch, seinem Bruder gegenüber dieses seines Sprunges vom Pfade der Tugend nicht zu erwähnen.

In dieser Nacht schmiedete ich im Mak'ad von Umm Ruweik mit den drei Scheichs noch manchen Plan zur weiteren Erforschung der Safa; wir setzten die Zahl der mitzunehmenden Kamele fest, ja bestimmten sogar die Geschenke, mit denen ich am Ende meiner Reise meine Begleiter belohnen sollte. Wenn mir die Wahl bleibt, sollen Faiz, 'Ahmed und Chittab jedenfalls an der Expedition teilnehmen.

Am nächsten Tag, früh um halb neun, begannen wir unsern dreitägigen Ritt nach Damaskus.

Von Umm Ruweik habe ich nur noch hinzuzufügen, daß gerade vier Tage dazu nötig waren, bei den Einwohnern Geld genug zum Wechseln eines Goldstückes zusammenzubringen. Wir hatten zwar einen Sack voll Silber und Kupfermünzen aus Jerusalem mitgebracht, aber als dieser Vorrat erschöpft war, bereitete uns das Bezahlen unsrer Schulden die größte Schwierigkeit – es ist dies ebenfalls einer der „Winke für Reisende", die Michaïl mich bat, meinem Buche einzuverleiben. Wir ritten an den herrlichen Hängen hin, die überall da, wo kein Schnee mehr lag, mit der himmelblauen Iris Histrio bedeckt waren, und verbrachten dann einige Stunden in Schakka, dem Hauptzentrum von de Vogüés archäologischer Arbeit. Die Basilika, die er in seinem Werk noch als vollständig erhalten hinstellt, ist inzwischen gänzlich verfallen, nur die Fassade ist verblieben; aber die Kaisarieh steht noch, ebenso das Kloster, welches er für eins der ältesten noch existierenden Klostergebäude hält. Wir kamen über Hit, ein interessantes Dorf mit einem schönen vorarabischen Hause, in dem der Scheich wohnt, und übernachteten in Bathaniyyeh bei so starkem Frost, daß ich zitternd ins Bett kroch. Um einige von meiner früheren Reise her gebliebenen Lücken auszufüllen und zu sehen, was für Gebäude an der Nordabdachung des Gebirges zu finden sind, machte ich am nächsten Tage einen Umweg nach Hayat, dessen schöne Kalybeh (Ruine) von de Vogüé beschrieben worden ist. Die altertümlichen Dörfer bevölkern sich jetzt schnell, und in wenigen Jahren wird keine Spur ihrer Baudenkmäler mehr vorhanden sein. Allmählich gelangten wir in die Ebene und stießen bei Lahîteh auf die von Schaba nach Damaskus führende Ledschastraße, der wir bis nach Brak, dem letzten Dorfe des Hauran, folgten. Hier befindet sich ein aus ungefähr 20 Soldaten bestehender Militärposten. Knapp vor dem Ort kauerte ein kleines Drusenmädchen am Wege und weinte bei unserm Anblick vor Furcht. „Ich bin ein Mädchen!" rief sie, „ich bin ein Mädchen!" Ihre Worte warfen einen bedenklichen Schatten auf das türkische Regiment, unter dem wir uns wieder befanden. In der Nähe des Forts begegneten wir zwei aus Damaskus zurückkehrenden Drusen. Sie grüßten freundlich, und ich fragte: „Geht's dem Gebirge zu?"

Sie erwiderten: „Bei Gott! Gott schütze dich!"

Darauf fügte ich noch hinzu: „Ich komme von dort – grüßt es von mir!"

Worauf sie antworteten: „Gott grüße dich! Gehe in Frieden!"

Nie wird der Reisende das Drusenland ohne ein Gefühl des Schmerzes verlassen, nie auch ohne das ernste Gelübde, sobald als möglich dorthin zurückzukehren.

Haus des Scheichs, Hayat

Nachdem wir unter dem schützenden Auge des Sultans vorübergezogen waren, stellte es sich heraus, daß mir für den nächsten Tag ein Weg durch ein recht gefährliches Stück Land bevorstand. Die Zirkassier und Türken von Brak (die Türken waren liebenswürdige Leute aus dem nördlichen Kleinasien) rieten mir ernstlich ab, den kürzeren Weg über die Berge nach Damaskus zu wählen, so ernstlich, daß ich den Gedanken beinahe aufgegeben hätte. Die Hügel sollten von Räubern wimmeln, in der jetzigen Jahreszeit aber von arabischen Lagern gänzlich verlassen sein, so daß die Wegelagerer schalten und walten konnten, wie sie wollten. Glücklicherweise hörten wir am anderen Morgen, daß eine Kompanie Soldaten über die Berge nach Damaskus reiten würde, und dieses Gerücht ermutigte uns, in ihrem Schutz desselben Wegs zu ziehen. Sie kamen uns nicht zu Gesicht; ich glaube auch gar nicht an ihr wirkliches Vorhandensein. Dagegen sahen wir gerade auf dem schlimmsten Stück des Weges ein paar schwarze Zelte zum Trost, die Räuber aber müssen anderweitig beschäftigt gewesen sein, denn sie erschienen nicht.

Zweierlei war mir interessant zu beobachten, erstens nämlich, daß das Wüstenleben sich bis auf wenige Meilen vor Damaskus erstreckt, eine Tatsache, die mir früher, als ich auf der Hauptstraße reiste, entgangen war, und zweitens, daß der Friede des Sultans, wenn man es überhaupt Friede nennen kann, fast an den Mauern der syrischen Hauptstadt aufhört. Wir kreuzten den Nahr el 'Awadj, den alten Pharpar, und erreichten kurz nach Mittag das zirkassische Dorf Nedja. Hier machte ich halt, um mein Frühstück unter einigen Pappeln einzunehmen, der ersten Baumgruppe, die ich seit meiner Abreise von Salt gesehen.

Wie man nach Damaskus kommt, ob auf einem Richtweg oder auf der Chaussee, ob vom Hauran oder von Palmyra – immer scheint die Entfernung weiter als nach irgendeinem anderen bekannten Ort. Vielleicht liegt es daran, daß der Reisende so begierig ist, die große, prächtige Araberstadt zu erreichen, die in einen Kranz von Obstbäumen eingebettet liegt und von dem Geriesel rinnenden Wassers erfüllt ist. Aber bei Geduld nimmt auch der längste Weg endlich ein Ende, und so erreichten auch wir endlich die Aprikosengärten und das Bawabet Ullah, die Tore Gottes, und schritten hinein in das Meidan, das große Viertel voll Läden und Karawansereien, das sich wie der Stiel eines großen Löffels bis in die Schüssel hinein erstreckt, in der die Minarette und Kuppeln der vornehmen Stadtteile liegen. Um vier Uhr war ich im Hotel Viktoria einquartiert und hielt die Briefe und Zeitungen eines ganzen Monats in Händen.

VII.

*Die Hauptstadt der Wüste * Einladung des Vali von Damaskus * Türkische Politik * Die Familie Nazim Paschas * Die Gesellschaft von Damaskus * Ein Meister der Feder * Orientalische Freunde * Nachmittagsgebet in der Großen Moschee * Abendgesellschaft bei Schekib el Arslan * Letzter Tag in Damaskus * Zwei vornehme Besucher * Scheich Hassans Harem *

Als ich Damaskus vor fünf Jahren besuchte, war Lütticke, Chef des Bankhauses gleichen Namens und deutscher Honorarkonsul, mein Ratgeber und bester Freund, ein Freund, dessen Tod gewiß von manchem Besucher Syriens beklagt wird. Durch eine ganz zufällige Bemerkung klärte er mich darüber auf, welche Rolle die Stadt in der arabischen Geschichte gespielt hat und noch spielt. „Ich bin überzeugt", sagte er, „daß Sie in und um Damaskus die edelste arabische Bevölkerung finden, die es überhaupt gibt. Es sind dies die Nachkommen der ursprünglichen Einwanderer, die bei der Eroberung des Landes von der ersten großen Kriegswoge hierhergeschwemmt wurden und die ihr Blut fast ganz rein erhalten haben."

Mehr als alle anderen großen Städte muß Damaskus die Hauptstadt der Wüste genannt werden. Bis an die Tore erstreckt sich die Wüste, jeder Windstoß trägt ihren Atem über die Mauern, mit jedem Kameltreiber dringt ihr Geist durch die östlichen Tore herein. In Damaskus haben die Scheichs der reicheren Stämme ihre Stadtwohnungen. Sie können Mohammed von den Haseneh oder Bassan von den Beni Raschid sehen, wie er an einem schönen Freitag im goldgestickten Mantel in den Bazaren hinabstolziert. Die purpur- und silberfarbenen Tücher, die seine Stirn schmücken, sind mit golddurchflochtenen Kamelhaarschnüren umwunden. Sie tragen ihre Häupter hoch, diese Herren der Wildnis, wenn sie durch die festtägliche Menge schreiten, die sich öffnet, um ihnen Raum zu geben, als wäre ganz Damaskus ihr eigen. Und das ist es ja eigentlich auch, denn es war die erste Hauptstadt aller der außerhalb der Provinz Hedschas wohnen-

Blick auf die Große Moschee in Damaskus und die Dächer vom Fort aus

den Beduinenkalifen und ist der Schauplatz und die Bewahrerin der heiligsten Traditionen Arabiens. Als eine der ersten der weltbekannten Städte fiel Damaskus der unwiderstehlichen Tapferkeit der Wüste zum Opfer, die Mohammed zu den Waffen gerufen, der er ein Ziel gesteckt und einen Schlachtruf gegeben hatte, und es war die einzige, die unter der Herrschaft des Islam ebenso bedeutend blieb, wie sie während des römischen Kaiserreichs gewesen. Mu'awiyah machte es zu seiner Hauptstadt, und es verblieb in dieser Würde, bis etwa neunzig Jahre später das Haus Ummayah gestürzt wurde. Es war die letzte mohammedanische Hauptstadt, die in Übereinstimmung mit den Traditionen der Wüste herrschte. Persische Generäle setzten die Beni Abbas auf ihren Thron in Mesopotamien, persischer und türkischer Einfluß begann in Bagdad vorzuherrschen, und mit ihm schlich sich der so verhängnisvolle Luxus ein, den die Wüste nie gekannt und dem auch die früheren Kalifen nicht gehuldigt haben, die ihre Ziegen noch selbst melkten und ihre Siegesbeute unter die Gläubigen verteilten. Schien doch selbst der Boden von Mesopotamien eine Luft auszuströmen, die keine Mannhaftigkeit aufkommen ließ. Die alten Geister der babylonischen und assyrischen Palastintrige entstiegen ihren schmutzigen Gräbern wieder und versuchten, mächtig im Bösen, den Soldatenkalifen zu stürzen, ihn seiner Rüstung zu entkleiden und ihm Hände und Füße mit Fesseln von Gold und Seide zu binden. Damaskus, das von dem frischen, reinigenden Wüstenwind durchfegte, kannte das alles nicht, es hatte das Reich des Propheten mit dem an spartanische Strenge gemahnenden Geist der frühesten Tage regiert. Kein Parvenü, wie die Hauptstädte am Tigris, hatte es Könige und Kaiser in seinen Mauern gesehen, den Unterschied zwischen Kraft und Schwäche kennengelernt und erprobt, welcher Weg zur Herrschaft und welcher zur Sklaverei führt.

Bei meiner Ankunft wurde ich mit der Nachricht begrüßt, daß Seine Exzellenz, Nazim Pascha, der Generalgouverneur von Syrien, sich in großer Erregung über meine Reise in den Hauran befinde, ja gerüchteweise verlautete sogar, daß der vielbeschäftigte und sich in schwieriger Stellung befindende Herr über mein plötzliches Erscheinen in Salchad ungewöhnlich ärgerlich gewesen und sich ins Bett verfügt habe, sobald ich den Bereich von Jusef Effendis wachsamen Auge verlassen. Andere freilich vermuteten den wahren Grund von Seiner Exzellenz plötzlichem Unwohlsein in dem Wunsch, nicht an der Trauerfeier für den Großfürsten Sergius teilnehmen zu müssen. Sei dem, wie ihm wolle, am Tage meiner Ankunft schickte mir der Vali einen sehr höflichen Brief, in dem er die Hoffnung ausdrückte, daß ich ihm das Vergnügen meiner Bekanntschaft zuteil werden lasse.

Ich muß gestehen, daß es hauptsächlich ein Gefühl der Reue war, mit dem ich das große, neue Haus betrat, das Seine Exzellenz sich draußen vor der Vorstadt Salahijjeh erbaut hat, die sich am Fuße der nördlich von Damaskus liegenden kahlen Hügel ausbreitet. Ich hegte den großen Wunsch, mich zu entschuldigen oder wenigstens zu zeigen, daß ich nicht als vorsätzlicher Feind zu betrachten sei, und dieser Wunsch wurde nur noch verstärkt durch die Freundlichkeit, mit der ich empfangen wurde, und durch die Achtung, die der Vali jedem einflößt, der ihn kennenlernt. Er ist ein ziemlich nervöser Mann, der immer auf die Schwierigkeiten gefaßt ist, mit denen seine Provinz ihn reichlich genug versieht, dabei gewissenhaft und auch aufrichtig, wie ich glaube, und stets

Kornmarkt

ängstlich bemüht, Interessen zu vereinigen, die oft so schwer zu verschmelzen sind wie Essig und Öl. Ein Winkel seines Auges aber bleibt unablässig auf seinen königlichen Herrn geheftet, der wohl darauf bedacht ist, eine so hervorragende Persönlichkeit wie Nazim Pascha in gehöriger Entfernung vom Bosporus zu halten. Obgleich die gewöhnliche Amtsdauer nur fünf Jahre beträgt, befindet sich der Generalgouverneur bereits acht Jahre in Damaskus und hat augenscheinlich die Absicht, hier zu bleiben, wenn kein Unfall dazwischenkommt, denn er hat sich ein großes Haus gebaut und plant einen schönen Garten, dessen Anlage ihn hoffentlich von den ihn beschäftigenden Angelegenheiten abzieht, die nur selten erfreulicher Natur sein dürften. Der beste Schutz für ihn ist sein lebhaftes Interesse am Bau der Heddjasbahn[26], an der auch der Sultan großen Anteil nimmt. Solange sie nicht vollendet oder aufgegeben worden ist, wird es der Sultan für nützlich erachten, den Vali an seinem Platz zu belassen.*

Trotz des Widerstandes des Emirs von Mekka und seiner ganzen Sippe, die dem Sultan noch immer kein gesetzmäßiges Anrecht auf das Kalifat des Islam zugestehen wollen und die ihn gern von jeder näheren Berührung mit ihren heiligen Städten fernhalten wollen, glaubt der Bazar, das ist die öffentliche Meinung, nicht, daß man das Bahnprojekt fallenlassen wird. Der Bazar gewährt dem Sultan Rückhalt gegen den Emir und alle seine anderen Gegner, seien es geistliche oder weltliche. Die Mühlen des Türken mahlen langsam und stehen oft still, besonders wenn arabische Stämme das Mahlkorn sind, die durch ihre privaten Zänkereien, Verdächtigungen und Anmaßungen schon morsch geworden. Die türkische Politik ähnelt der, von der Ibn Kulthum singt:

„Wenn unsre Mühle in einem Volke aufgestellt ist, so ist es wie Mehl schon vor unserem Kommen.

Unser Mahltuch ist ostwärts von Nedj ausgebreitet, und unser Korn ist der ganze Stamm Kuda'a.

Wie Gäste seid ihr vor unsrer Tür abgestiegen, und wir haben euch

---

* Seit ich diese Zeilen schrieb, ist der Vali durch eine Drehung des politischen Rades nach unten gekommen und hat jetzt eine Stellung auf der Insel Rhodos inne ...

Gastlichkeit gewährt, daß ihr euch nicht gegen uns kehrtet. Wir haben euch Willkomm geboten, schnellen Willkomm: ja, vor Tag, und unsre Mühlen mahlen fein."

Nazim Pascha spricht nicht Arabisch, obgleich er acht Jahre in Syrien gelebt hat. Wir in Europa sprechen von der Türkei als einem geschlossenen Ganzen, begehen aber damit denselben Fehler, als wenn wir in den Namen England Indien, die Schanstaaten[27], Hongkong und Uganda mit einbegreifen wollten. Versteht man unter der Türkei ein Land, das hauptsächlich von Türken bewohnt ist, so gibt es keine Türkei. Der Teil des Landes, in denen der Türke die Majorität ist, sind wenige; im allgemeinen nimmt er die Stellung eines Widersachers ein, der mit einer Handvoll Soldaten und einer leeren Börse ein zusammengewürfeltes Gemisch von Untertanen regiert, die nicht nur ihm, sondern auch einander feindlich gesinnt sind. Er kennt ihre Sprache nicht, und es ist widersinnig, von ihm besondere Sympathie für ihre politischen und religiösen Wünsche zu erwarten, die ihm noch dazu gewöhnlich unter Musketengeknatter bekanntgegeben werden. Richten sich, wie es nicht selten geschieht, die Kugeln der einen aufsässigen, ungebärdigen Partei gegen eine andere ebenso aufsässige und ungebärdige, so wird die Regierung wohl nicht viel Bedauern über den daraus folgenden Verlust an Menschenleben empfinden. Wenn dem Türken freier Lauf gelassen wird, so zeigt er großen Sinn für die Segnungen des Gesetzes und der Ordnung. Man beobachte nur die inneren Einrichtungen in einem türkischen Dorf und man wird sehen, daß der Türke versteht, Verhaltensmaßregeln zu geben und sie zu befolgen. Ich glaube, daß die besten unserer einheimischen Lokalbeamten in Ägypten Türken sind, welche unter dem neuen Regime ihren gesunden Verstand und ihre natürlichen Gaben zum Regieren, die unter der alten Herrschaft brachliegen mußten, erst recht zur Geltung gebracht haben. In den oberen Ämtern hat sich die Hierarchie der ottomanischen Regierung sehr mangelhaft bewiesen. Und wer hält diese oberen Ämter besetzt? Griechen, Armenier, Syrer und Personen anderer Nationalitäten, die im Osten allgemein (und nicht ohne Grund) als nicht vertrauenswürdig gelten. Und in der Tatsache, daß solche Männer bis auf die oberste Stufe der Leiter steigen, liegt der Grund zu den Mißerfolgen des Türken. Er kann wohl eine Dorfgemeinde organisieren, aber im großen Maßstabe herrschen – das kann er nicht. Vor allem versteht er nicht, in moderner Weise zu regieren, und wird doch unglücklicherweise mehr und mehr mit fremden Nationen in Berührung gebracht. Sind doch seine eigenen Untertanen bereits vom Fortschritt angesteckt worden! Die Griechen und Armenier sind Kaufleute und Bankiers geworden, die Syrer Kaufleute und Grundbesitzer; nun aber sehen sie sich an allen Ecken und Enden durch eine Regierung gehemmt, die nicht begreifen kann, daß eine Nation nur reich wird, wenn sie reiche Untertanen ihr eigen nennt. Und doch weiß man trotz aller ihrer Fehler niemand, der wirklich geeignet wäre, die Türken zu ersetzen. Ich spreche hier nur von Syrien, der Provinz, mit der ich am besten vertraut bin. Welchen Wert haben die großen arabischen Bündnisse und die begeisterten Schriften, die sie in ausländischen Druckereien herstellen lassen? Die Antwort ist sehr leicht: sie haben gar keinen Wert. Denn es gibt überhaupt keine arabische Nation; ein weiterer Abgrund trennt den syrischen Kaufmann vom Beduinen als vom Osmanen, und das syrische Land ist von allerlei arabisch sprechenden Völkerschaften bewohnt, die am liebsten einander an den Hals springen würden, wenn sie nicht an der Ausführung dieser ihrer natürlichen Instinkte durch die zerlumpten, halb verhungerten Soldaten gehindert würden, die nur in langen Pausen des Sultans Sold in Empfang nehmen. Und diese Soldaten, mögen sie nun Kurden, Zirkassier oder Araber aus Damaskus sein, sind viel mehr wert als der Lohn, der ihnen zuteil wird. Andere Armeen mögen meutern, die türkische steht stets treu zu ihrem Kalifen; mögen andere vor Leiden, Seuchen und Entbehrungen die Waffen strecken, der türkische Soldat geht vorwärts, solange er sich aufrecht halten kann, er kämpft, solange ihm Waffen zu Gebote stehen, und siegt, solange er Führer hat. Es gibt nichts Bewundernswerteres und Mitleiderregenderes als ein türkisches Regiment auf dem Marsche: Graubärte neben halbflüggen Knaben, schlecht gekleidet, oft barfuß, geknechtet, abgemattet – und unbesiegbar. Siehst du sie vorüberziehen, so rufe ihnen zu: Ihr seid von dem

Stoff, aus dem in den Tagen, da der Krieg noch mehr eine Kunst als eine Wissenschaft war, die Weltbezwinger gemacht waren.

Aber ich habe den Generalgouverneur von Syrien viel zu lange warten lassen. Da er die französische Sprache, in der wir uns unterhielten, nur unvollkommen beherrschte, half ihm von Zeit zu Zeit ein syrischer Herr über die Steine des Anstoßes hinweg. Dieser Syrer war ein reicher Grundbesitzer aus dem Libanon und stand in großer Gunst im Hause des Gouverneurs, obgleich er erst kürzlich ein Jahr im Gefängnis gesessen hatte. Er begleitete mich auf meinem Besuche und wurde vom Vali zu meinem Cicerone in Damaskus ernannt; Selim Beg war sein Name. Wir sprachen hauptsächlich von Archäologie. Ich betonte ganz nachdrücklich mein weitaus größeres Interesse für dieses Gebiet als für die Politik des Gebirges und der Wüste, welch letzteres Thema wir nicht mehr als flüchtig streiften. Der Vali war die Liebenswürdigkeit selbst. Er überreichte mir mehrere Photographien der unschätzbaren Manuskripte der dem Publikum nun für alle Zeiten verschlossenen Kubbet el Chazneh in der Großen Moschee und versprach mir die übrigen der ganzen Serie. Zu diesem Zweck schrieb eine sich verbeugende Persönlichkeit meine Adresse in England mit der größten Sorgfalt in ein Notizbuch, und das war – ich brauche es wohl kaum zu erwähnen – das Letzte, was von dieser Angelegenheit je gehört wurde. Darauf bemerkte der Vali, daß Madame Pascha und die Kinder meinen Besuch erwarteten, weshalb ich ihm treppauf in ein sonniges Zimmer folgte, dessen Balkon einen Ausblick auf ganz Damaskus mit seinen Gärten und auf die jenseitigen Hügel bot. Augenblicklich gibt es nur eine Madame Pascha, eine hübsche Zirkassierin mit ausgeprägten Zügen, eine weitere (die bevorzugtere, wie man sagt) ist vor einem Jahr gestorben. Die Kinder waren von sehr einnehmendem Wesen. Sie sagten französische Gedichte auf, wobei ihre hellen Augen jeden Blick der Billigung oder der Heiterkeit auffingen und beantworteten. Die Rattenschwänzchen über ihren Samtrücken hinabhängend, saßen sie kerzengerade auf dem Musikschemel und spielten muntere Polkas. Der Pascha lehnte strahlenden Gesichts am Fenster, die Zirkassierin rauchte Zigaretten und verbeugte sich, sobald mein Auge dem ihren begegnete, an der Tür stand ein schwarzer Sklavenjunge und grinste von einem Ohr bis zum anderen, während seine kleinen Herren und Herrinnen, die zugleich seine Spielgefährten und Schulkameraden waren, ihre Künste zeigten. Es war ein sehr guter Eindruck, den ich mit fortnahm, ich hatte angenehme, gewinnende Manieren und lebhaften Geist kennengelernt und bezeugte dem Pascha meine Freude darüber, als wir hinabstiegen.

„Ach", sagte er höflich, „könnte ich sie nur Englisch lernen lassen! Aber was hilft der Wunsch? Wir können keine Engländerin bekommen, die sich an das Leben hier gewöhnt. Wir haben nur die Griechin, welche Sie oben sahen, die lehrt Französisch."

Ich hatte sie wohl bemerkt, die kleine ungebildete Person, deren Verhalten in der ganzen anmutigen Gesellschaft oben nicht unbemerkt bleiben konnte, aber – möge mir der Himmel verzeihen – ich zögerte nicht, mich in Lobsprüchen über die Vortrefflichkeit ihres Französisch zu ergehen. Der Pascha schüttelte den Kopf.

„Könnte ich nur eine Engländerin bekommen", sprach er. Unglücklicherweise konnte ich niemand für die Stelle vorschlagen; wahrscheinlich wäre ihm ein Vorschlag auch gar nicht willkommen gewesen.

Ehe ich mich verabschiedete, kamen zwei angesehene Persönlichkeiten zur Audienz zum Vali. Die eine, der Amir 'Abdullah Pascha, der Sohn von 'Abd ul Kadir, dem großen Algerier,[28] und einer Negersklavin, hatte fast den Teint eines Negers, sonst aber den unverkennbaren Rassetypus und einen durchdringenden, lebhaften Blick. Der zweite Herr war Hassan Nakschibendi, ein erbliches Oberhaupt (beinahe hätte ich Pope gesagt) einer in Damaskus berühmten, orthodoxen Sekte des Islam. Dort befindet sich auch ihr Hauptsitz, die Tekyah. (Diese ist ein religiöses Stift für bettelnde Derwische und andere heilige Leute. Könnte beinahe ein Kloster genannt werden, nur daß für seine Brüder das Gelübde der Keuschheit nicht gilt, da sie außerhalb des Stiftes beliebig viele Frauen haben dürfen. Scheich Hassan hatte in der Tat die Vollzahl vier.) Die schlauen Züge des würdigen Kirchenmannes strahlten seine ganze Verschlagenheit wider. Ob sein Verstand besonders hervorragend war, weiß ich nicht, aber wenn sein Lächeln nicht trog, muß seine Skrupellosigkeit all seine Defekte wettgemacht haben.

Meine Begegnung mit diesen beiden Herren hatte meine Einführung in die Gesellschaft von Damaskus zur Folge. Beide luden mich ein, sie in ihren Häusern, in der Tekyah oder sonstwo zu besuchen, ich nahm auch alles an, ging aber zuerst zu dem Amir 'Abdullah.

Oder vielmehr in das Haus des Amir 'Ali Pascha, seines ältesten Bruders, und zwar weil 'Abd ul Kadir dort gewohnt und in den trüben Tagen des Blutbades von 1860 tausend Christen daselbst beherbergt hat. Ein Schimmer von Mut und Vaterlandsliebe verherrlicht seinen Namen, und außerdem verleiht sein Reichtum dem bejahrten weisen Manne Ansehen und Macht, besitzt doch die Familie 'Abd ul Kadir das ganze Viertel, das sie bewohnt, als ihr eigen. Das Haus macht, wie alle großen Häuser in Damaskus, äußerlich nichts von sich. Aus einer kleinen krummen Straße traten wir durch eine Tür in einen dunklen Gang, bogen um etliche Ecken und sahen uns in einem rings mit Orangenbäumen bepflanzten Marmorhof, in dessen Mitte sich ein Springbrunnen befand. Auf diesen Hof mündeten alle größeren Räume; nachdem sämtliche Türen weit für mich geöffnet worden waren, präsentierte ein Diener Kaffee und Konfekt. Ich bewunderte die Verzierungen der Mauern und das in die Marmorbecken plätschernde Wasser, das durch Marmorrinnen abfloß. Wie bei allen Palästen in Damaskus, so war auch hier jede Fensterbrüstung mit einem gurgelnden Wässerchen versehen, sodaß die in den Raum eindringende Luft immer feuchte Kühle mit sich führt. Der Amir 'Ali war zwar nicht anwesend, aber sein Haushofmeister – er trug ganz den Typus eines hochherrschaftlichen Dieners und befleißigte sich jener ehrerbietigen Vertraulichkeit, die der untergebene Orientale sich so leicht aneignet – zeigte uns die Schätze seines Herrn. Da war der juwelenbesetzte Säbel, den Napoleon III. dem alten Amir überreicht hatte, dann 'Abd ul Kadirs Flinten und einige schwere, silberbeschlagene Schwerter von 'Abd ul 'Aziz ibn er Raschid aus dem letzten Jahre. Wie ich hörte, verbindet eine alte Freundschaft die algerische Familie mit den Lords von Hail. Ferner zeigte er uns verschiedene Gemälde

Tekyah des Nakschibendi

von 'Abd ul Kadir: wie er seine Reiterei anführt, wie er in Versailles mit Napoleon die Stufen des Palastes hinunterschreitet in der Haltung eines Mannes, der gewinnt und nicht verliert, und endlich Amir als Greis in Damaskus; überall trägt er die weiße, algerische Tracht, die er überhaupt nie ablegt, immer zeigt er auch dieselben ernsten und würdevollen Züge. Und nun wurde ich über eine kleine Brücke geführt, die hinter dem großen Hofe einen Bach überspannte, und wir gelangten aus einem Garten voll Veilchen in die Ställe. So luftig, hell und trocken waren sie, wie nur die besten europäischen Ställe sein könnten. Hier standen zwei prächtige Araberstuten aus dem Gestüt von Ruwalla, und, fast ebenso wertvoll wie sie, ein gut zugerittenes Maultier. Auf unserem Rundgang begleitete uns ein Mann, der scheinbar nicht zum Haushalt gehörte. Er blickte so melancholisch drein, daß er mir auffiel und ich Selim Beg nach ihm fragte. „Ein Christ", erklärte dieser, „er entstammt einer reichen Familie, die ihre Religion zu wechseln gezwungen war und bei Amir 'Ali Zuflucht suchte." Weiter hörte ich nichts von ihm, aber er paßte in das Bild, das 'Abd ul Kadirs Haus mir hinterließ: eine Wohnstätte edler Leute, die von einer gut geschulten Dienerschaft geleitet wird und die, mit allen Annehmlichkeiten des Lebens versehen, auch den Bedrängten Schutz gewährt.

Am nächsten Morgen besuchte ich den Amir 'Abdullah, der direkt neben seinem Bruder wohnt. Ich fand da den Amir Tahir, den Neffen 'Abdullahs, als Sohn des dritten Bruders vor. Meine Ankunft erregte nun umsomehr Freude, als zufällig ein vornehmer Gast anwesend war, ein gewisser Scheich Tahir ul Djezairi, der wegen seiner Gelehrsamkeit und seiner ungestümen, revolutionären politischen Tätigkeit wohlbekannt war. Er wurde schleunigst in das mit Diwan und Teppichen ausgeschmückte Oberzimmer, in dem wir saßen, gebeten, kam wie ein Wirbelwind herein und, sich neben mich setzend, ergötzte er sowohl meine als alle Ohren in der Nähe (er sprach sehr laut) mit Klagen darüber, daß ihm der Vali nicht erlaubte, nach Gutdünken mit begabten Ausländern, wie mit Archäologen oder auch mit mir, zu verkehren. „Oh, behüte Gott!" protestierte ich bescheiden. Und noch manchen anderen Kummer hatte er. Als das Thema ziemlich abgelaufen war, ließ er den Amir Tahir einige von ihm selbst verfaßte Schriftstücke holen und verehrte sie mir. Sie handelten von der arabischen und ihr verwandter Sprachen, der nabathäischen, safaitischen und phönizischen. Die Lettern des Alphabetes waren höchst peinlich zu vergleichenden Tabellen zusammengestellt, und doch verstand der gute Mann keine einzige dieser Sprachen außer seiner eigenen. Scheich Tahir repräsentiert wirklich ein seltsames und typisches Beispiel orientalischer Gelehrsamkeit, aber nach seiner Unterhaltung zu urteilen, bin ich doch zweifelhaft, ob die Sympathien von Ordnung und Frieden liebenden Leuten sich nicht eher dem Vali zuneigen. Jetzt trat noch ein andrer Edelmann, Mustafa Pascha el Barazi, ein Glied einer der vier ersten Familien von Hama, ein. Der ganze Kreis wandte sich inneren Angelegenheiten zu, der Politik Syriens und dergleichen, ich aber lauschte, schaute dabei durch das Fenster in Amirs Garten und auf den angrenzenden Fluß hin und wunderte mich über mein Glück, an einer Morgenvisite in Damaskus teilnehmen zu können. Schließlich führten mich der Amir 'Abdullah und sein Neffe abseits, um über ein großes Projekt zu beraten, das ich ihnen vorgelegt hatte, hier aber nicht erörtern will. Als der Besuch beendet war, ging ich mit Selim und Mustafa nach dem griechischen Bazar, um in einem vortrefflichen heimischen Restaurant zu frühstücken. Da saß ich denn Schulter an Schulter neben einem Beduinen der Wüste, und wir drei genossen, für den Betrag von 1,50 Mark gemeinschaftlich, die auserlesensten Speisen und als Dessert delikate Rahmtörtchen. Der Preis umschloß auch den Kaffee und ein reichliches Trinkgeld.

Noch ein andrer, nicht weniger angenehmer Morgen erwartete mich, als ich mit dem treuen Selim einem prächtigen alten Mann, dem berühmtesten Künstler der Feder, Mustafa el Asba'i, meine Aufwartung machen ging. Sein Haus war in dem vor etwa zwei Jahrhunderten herrschenden trefflichen Geschmack dekoriert: bunte Marmortäfelung und Gipsstuck, ganz in dem Muster des Titelblattes von einem berühmten persischen Manuskript; in der Malerei, die in sanften, satten Farben ausgeführt war, herrschten Gold und Goldigbraun vor. Aus dem Empfangsraum wurden wir in ein kleines oberes Zimmer geführt, wo Mustafa jene Verzierungen zu entwerfen pflegte, die im mohammedanischen Orient die Bilder ersetzen. Rings an den Wänden hingen antike und moderne Proben von der Hand berühmter Künstler, auch mein Freund, Mohammed Ali, war vertreten, der Sohn des persischen Propheten Beha Ulla. Meiner Ansicht nach ist er der geschickteste Meister der Feder, obgleich die Orientalen Muschkin Kalam, einem anderen Propheten derselben Sekte, den Vorzug geben. Auch ihn zähle ich zu meinen Freunden. Während wir, auf Kissen sitzend, unsern Kaffee tranken, blätterten wir in kostbaren Manuskripten verschiedenster Perioden und Länder, von denen etliche auf Gold oder Silber, andere auf Brokat oder geschmeidiges Pergament geschrieben waren. (Unter den letzte-

Muschkin Kalam

ren befanden sich einige Seiten kufischer Schriften, die man dem Kubbet el Chazneh entnommen hatte, bevor derselbe geschlossen worden war.)

Als wir uns verabschiedeten, überreichte mir Mustafa drei Proben seiner eignen Kunst, die ich hocherfreut annahm.

Am späteren Nachmittage fuhren Selim und ich nach dem Tale des Barada, um einem dritten Sohn 'Abd ul Kadirs einen Besuch abzustatten. Die in lateinischen Lettern gehaltene Visitenkarte meldete „Amir Omar, princ d'Abd ul Kadir". Er ist der Landedelmann der Familie. 'Ali ist durch seine Ehe mit einer Schwester 'Isset Paschas (ein mächtiger Schatten hinter dem Throne von Konstantinopel) in einflußreichere Sphären gelenkt, 'Abdullah wird immer durch tausenderlei Geschäfte an die Stadt gefesselt, aber 'Umar jagt, schießt, pflegt seinen Garten und fühlt sich in diesem einfachen Leben glücklich. Eben promenierte er, mit Rauchkäppchen, Schlafrock und Hausschuhen angetan, durch die Wege seines Gartens. Er nahm uns in sein Haus, das, wie alle Häuser seiner Familie, voller Blumen war, und von da nach dem Lusthäuschen auf dem Dach, wohin uns auch sein Hühnerhund mit wohlwollender, kameradschaftlicher Miene folgte. Zwischen blühenden Hyazinthen- und Tulpenpflanzen hindurch beobachteten wir die Sonne hinter den schneeigen Hügeln verschwinden und sprachen von Wild und Sport der Wüste.

Aber lassen Sie mich über so hochstehende Persönlichkeiten auch nicht meine bescheideneren Freunde vergessen: den Afghanen mit den schwarzen Locken um die Schläfe, der mir, sooft wir uns begegneten, seinen Segen spendete (der Amir von Afghanistan hat einen Beamten in Damaskus, um seinen Untertanen auf ihrer Pilgerfahrt beizustehen), den am Eingang zur Großen Moschee sitzenden Zuckerwarenhändler, der mich wiederholt durch das Labyrinth der Bazare geleitet und mir, sooft ich an ihm vorüberkam, zurief: „Benötigen Eure Exzellenz heute keinen Dragoman?" Auch der Derwische aus Scheich Hassans Tekyah gedenke ich, von denen ich zu einem Freitagsgebet geladen wurde, und nicht minder gern des rotbärtigen Persers, der ein Teelädchen am Kornmarkt besitzt und zur Sekte der Beha'i gehört, von welcher viele Mitglieder zu meinen Bekannten zählen.

Als ich einst an seinem Tische köstlichen persischen Tee nippte, trank ich ihm in seiner eignen Sprache zu und flüsterte: „Ich bin von der Heiligen Familie in Acre hochgeehrt worden", worauf er lächelte und, mit dem Kopfe nickend, antwortete: „Eure Exzellenz sind unter uns wohlbekannt." Wenn ich ihn beim Fortgehen aber nach seinem Guthaben fragte, sagte er: „Für Sie gibt es nie etwas zu bezahlen." Es gibt in der Tat nichts, das dem Herzen so wohltut, wie in den geheimen Kreis orientalischen Wohlwollens aufgenommen zu werden. Auch fast nichts Selteneres.

An einem sonnigen Nachmittage machte ich mich von den vielen Personen frei, die immer bereit waren, mir dieses oder jenes zu zeigen, und bahnte meinen Weg allein durch die Bazare, jenen bezauberndsten Ort, um Mußestunden zu verbringen, und begab mich nach den Toren der Großen Moschee. Es war die Stunde des Nachmittagsgebetes. Meine Schuhe in der Hut eines gelähmten Negers am Eingänge zurücklassend, wandelte ich nach dem großen Säulengang, der sich an der ganzen Westseite der Moschee hinzieht. Zwar hat das Gebäude vor zehn Jahren durch eine Feuersbrunst und die dadurch notwendigen Reparaturen viel von seiner Schönheit eingebüßt, es ist jedoch immer noch von großem Interesse für den Archäologen, der sich über allerhand an Mauern und Toren befindliche Zeichen und Gott weiß, was sonst noch, den Kopf zerbricht. In den Hof teilte sich die Sonne bereits mit den Schatten des Nachmittags, und kleine Knaben mit grünen Weidenzweigen in den Händen rannten, geräuschlos spielend, hin und her, während die ankommenden Gläubigen am Eingang zur Moschee auf die Knie fielen. Ich folgte und sah, wie sie sich in Schiff und Seitenflügel in westlicher Richtung zu langen Reihen gruppierten. Da standen sie Schulter an Schulter ohne Unterschied des Ranges, der gelehrte Doktor im Gewande von Seide und pelzgefüttertem Mantel neben dem zerlumpten Kameltreiber aus der Wüste; erkennt doch der Islam, dieser einzige religiöse Freistaat der Welt, weder Reichtum noch Stand als Unterschied an. Jetzt war die Zahl zu drei- oder vierhundert angewachsen, und der Imam begann seinen Gesang. „Gott!" rief er, worauf die Versammelten wie ein einziger Mann niederfielen und eine Minute lang in stiller Anbetung verharrten, bis der Hochgesang von neuem ertönte: „Der Schöpfer dieser Welt und der zukünftigen, Er, der den Gerechten auf den rechten Weg leitet und den Gottlosen zum Verderben: Gott!" Und als des Allmächtigen Name in dem Säulengang widerhallte, wie er es nahe an die 2000 Jahre getan, da warfen sich die Andächtigen abermals nieder, und das Heiligtum lag einen Moment in tiefem Schweigen.

Denselben Abend begab ich mich zu einer Abendgesellschaft auf die Einladung von Schekib el Arslan hin, eines Drusen aus wohlbekannter Familie im Libanon. Auch Poet war er – hat er mir nicht ein Exemplar seiner neusten Ode verehrt? Die Gesellschaft fand im Meidan statt, im Haus von Getreidehändlern, die im Auftrage der Hauran-Drusen Getreide verkauften und die in den politischen Angelegenheiten des Berglandes wohlbewandert sind. Wir waren 12 bis 14 Personen, Schekib, ich und die Kaufleute, die nach Art Wohlhabender blauseidene Gewänder und bestickte gelbe Turbane trugen; außerdem noch einige, deren ich mich nicht weiter erinnere. Der Raum war lediglich mit Teppichen, Diwan und Kohlebecken ausgestattet, was wirklich bemerkenswert war, denn selbst den Häusern von 'Abd ul Kadir

Hof der Großen Moschee

werden weder die blau und roten Glasvasen erspart noch auch jene befransten Matten, die sich wie ein häßlicher Ausschlag inmitten der Marmortäfelung und auf den Fächern der Gipsetageren ausnehmen. Schekib war ein gebildeter und wohlerfahrener Mann – war er doch einst bis nach London gekommen. Er sprach Französisch, bis einer unsrer Wirte ihn unterbrach: „O Schekib! Sie können Arabisch, und die Dame hier auch. Reden Sie also, daß wir es ebenfalls verstehen."

Seine Ansichten über türkische Politik waren hörenswert. „Meine Freunde", sagte er, „die fremden Nationen sind an dem Mißgeschick schuld, unter dem wir leiden, sie wollen das türkische Reich sich nicht frei bewegen lassen. Führt es Krieg, so nehmen sie ihm die Früchte seines Sieges weg, wie es im Kriege gegen die Griechen geschah. Was nützt es uns, die aufsässigen Albaner zu besiegen? Nur die Bulgaren würden Vorteil davon haben, und die Nachfolger unseres Propheten (dabei war er ein Druse!) könnten ebensowenig unter dem Zepter der Bulgaren leben, wie sie unter dem der Griechen auf Kreta leben möchten. Denn sehen Sie, die Muselmänner von Kreta wohnen bekanntlich jetzt in Salahijjeh, und Kreta hat unter ihrem Weggang gelitten." Darin lag so viel Wahres, daß ich wünschte, die Feinde der Türkei hätten es hören können und würden den Standpunkt intelligenter und gut unterrichteter Untertanen des Ottomanenreiches wohl in Erwägung ziehen.

Mein letzter Tag in Damaskus war ein Freitag. Nun ist Damaskus an einem schönen Freitag ein Anblick, der auch einer weiten Reise wert ist. Die gesamte männliche Bevölkerung paradiert in den besten Gewändern durch die Straßen, die Geschäfte in Zukkerwaren und die in getragenen Kleidern florieren, den fertig vorgerichteten Speisen in den Eßwarenläden entströmen wahrhaft verlockende Gerüche, und prächtig aufgezäumte Rosse galoppieren den Weg am Flusse Abana entlang. Am zeitigen Nachmittag bekam ich vornehmen Besuch, als ersten Mohammed Pascha, den Scheich von Djerud, letzteres eine Oase auf halbem Weg nach Palmyra. Djerudi ist der zweitgrößte Brigant[29] im ganzen Lande, der größte aber (niemand wird ihm den Rang streitig machen) ist Fayyad Agha von Karyatein, einer anderen Oase an der Straße nach

Palmyra. Fayyad mag wohl ein schlimmer Bösewicht sein, wenn er mich auch höflich genug behandelte, als ich seinen Weg kreuzte, Djerudis Schurkerei aber ist ganz anderer Art. Dieser große kräftige Mann mit dem Glasauge war seinerzeit ein tüchtiger Reiter und Räuber, denn in seinen Adern fließt arabisches Blut, und sein Großvater entstammte dem stolzen Geschlecht der 'Anazeh. Aber nun ist er alt, schwerfällig und gichtisch geworden und wünscht weiter nichts als Frieden, den er jedoch mit Rücksicht auf sein Vorleben und die Lage von Djerud, die diese Oase zu einem günstigen Zufluchtsort für alle unruhigen Geister der Wüste macht, schwerlich erlangen wird. Er muß sich sowohl mit seinen arabischen Stammesbrüdern als auch mit der Regierung gut stellen; während jede dieser Parteien seinen Einfluß auf die andere auszunützen sucht, muß er selbst von beiden Nutzen zu ziehen suchen, sein Glasauge auf die Forderungen des Gesetzes, das gesunde auf seinen eigenen Vorteil richten. So wenigstens verstehe ich ihn. In gerechtfertigtem Unwillen hat mancher Konsul schon vom Vali seine sofortige Hinrichtung verlangt, aber zu einem solchen Schritt kann sich der Vali nicht entschließen, wenn er auch nicht selten eine besondere Greueltat durch Verhängung von Kerkerhaft geahndet hat. Wie er sagt, hat die Regierung in Djerudi gelegentlich einen nützlichen Mann gesehen, und – der Vali muß es ja am besten wissen. Zu seinem großen Kummer hat Mohammed Pascha keine Söhne als Erben seines immensen Reichtums, und die Grünspechte, in Gestalt spekulierender Neffen, sind eine Plage seiner alten Tage. Neuerdings hat er eine Tochter aus Fayyads Haus, ein fünfzehnjähriges Mädchen, geheiratet, aber sie hat ihm kein Kind geboren.

Übrigens kursiert in Damaskus eine hübsche Geschichte von ihm, auf die jedoch in seinem Beisein nicht angespielt wird. Bei Ausbruch des letzten Drusenkrieges wurde Djerudi, der zufälligerweise gerade mit der Regierung auf gutem Fuße stand und sich im Gebirge wohl auskannte, mit 30 oder 40 Mann ausgeschickt, um zu rekognoszieren[30] und Bericht zu erstatten. Das Heer folgte ihm auf dem Fuße. Als er durch ein Dörfchen nahe bei Orman zog, lud ihn der Scheich, sein alter Bekannter, zu Tische. Während er noch im Mak'ad des Mahles harrte, hörte er die Drusen draußen beraten, ob es nicht geraten sei, ihn bei dieser Gelegenheit als Beauftragten der türkischen Armee zu töten. Er wünschte sehnlichst, den Ort zu verlassen, aber die Regeln des guten Tones forderten, daß er das Mahl auch verzehrte, welches eben bereitet wurde. Als es endlich erschien, beförderte er es in größter Hast, denn die Lebhaftigkeit der Beratung draußen erfüllte ihn mit ernster Besorgnis, bestieg alsdann sein Pferd und ritt davon, ehe noch die Drusen zu einem Entschluß gekommen waren. Aber plötzlich befand er sich zwischen zwei Feuern, denn das türkische Heer war eingetroffen, und das erste Gefecht war im Gange. Djerudi und seine Genossen suchten in ihrer Verwirrung hinter einigen Felsen Schutz, und schließlich schlich einer nach dem anderen zu dem türkischen Nachtrab zurück. Die Drusen haben den Vorfall in einem Liede verewigt; es beginnt:

„Djerudis goldne Rosse sind berühmt,
und schön die Reiter auf der wirren Flucht!
Mohammed Pascha, sage deinem Herrn,
wo sind die Mannen, wo die Waffen?

Das Lied wird nicht oft vor ihm gesungen.

Mein nächster Gast war Scheich Hassan Nakschibendi, der mit dem glatten und schlauen Frömmlergesicht. Er wußte sogar die zehn Minuten gut auszunützen, die er im Gastzimmer des Wirtshauses verbrachte. Denn als er einen prunkvollen Ring an Selim Begs Finger erspähte, wünschte er ihn zu sehen und fand so großen Gefallen daran, daß er ihn in die Tasche steckte und bemerkte, Selim würde gewiß seiner *Khanum* (jüngsten Frau), die er vor ein oder zwei Jahren geheiratet, ein Geschenk damit machen. Selim schlug darauf vor, sofort nach seinem Hause in Salahijjeh zu fahren, um das Präsent zu überbringen, und da Scheich Hassan und Mohammed Pascha ihre Landauer an der Tür hatten, stiegen wir ein und fuhren durch die freundlichen, festtägigen Straßen nach Salahijjeh. Vor der Tür des Hauses meinte Selim, ich möchte mich erst vom Vali, der ganz nahe wohnte, verabschieden, und er borgte Djerudis Wagen, „des Pompes halber". Dann sagte Selim zu Mohammed Pascha: „Ihr kommt nicht mit uns?" Eine sarkastische Frage, denn er wußte gar wohl, daß Djerudi gerade in Ungnade und eben erst aus wohlverdienter Haft entlassen worden war.

Tekyah des Nakschibendi

Djerudi schüttelte den Kopf, kam dann ganz nahe heran an uns, die wir im Landauer saßen, und flüsterte: „Sagt etwas zu meinem Guten beim Pascha!"

Wir versprachen das lachend. Im Fortfahren vertraute mir Selim an, daß auch kein einziger Mann zu ihm selbst gehalten hätte, als er in Ungnade war („nur Intrigen meiner Feinde waren daran schuld"), kein einziger hätte ihm helfen wollen; jetzt aber, wo er in Gunst stand, würde er von allen Seiten um seine Vermittlung gebeten. Und, die Rockschöße um sich breitend, lehnte er sich in stolzem Selbstbewußtsein in Djerudis Wagen zurück.

Nazim Pascha stand auf der Türschwelle und verabschiedete sich eben vom Oberbefehlshaber. Er stieg die Stufen herunter und lud uns mit der größten Freundlichkeit in sein Haus. Und dieser zweite Besuch bei ihm (er hatte mich inzwischen aufgesucht) war weit weniger förmlich als der erste. Wir unterhielten uns über den Krieg in Japan, einen Stoff, der meinen jungen und alten Partnern im Gespräch überhaupt nie fern lag, und ich erkühnte mich, ihn um seine Ansicht zu befragen.

„Offiziell bin ich neutral", lautete die Antwort.

„Aber unter Freunden?"

„Natürlich bin ich auf Seiten der Japaner. Die Engländer haben durch ihren Sieg gewonnen", fügte er noch hinzu.

Worauf ich: „Und werden Sie nicht auch gewinnen?"

„Bis jetzt haben wir noch nicht gewonnen", erwiderte er düster, „in Mazedonien noch gar nicht."

Dann erkundigte er sich, wie mir mein Aufenthalt in Damaskus gefallen hätte. Da fuhr Selim hastig dazwischen: „Heute hat sie eine große Enttäuschung erfahren."

Der Vali sah betroffen drein.

„Ja", fuhr Selim fort, „sie hoffte einen Räuberhauptmann zu sehen und fand nur einen friedlichen Untertan, Eure Exzellenz."

„Und der wäre?" forschte Nazim.

„Mohammed Pascha Djerudi", sagte Selim. Damit war das gute Wort sehr geschickt angebracht.

In Scheich Hassans Haus zurückgekehrt, teilten wir diesen Teil der Unterhaltung dem Gegenstand derselben mit. Djerudi zog ein schiefes Gesicht, erklärte sich aber zufrieden. Dann führte mich Hassan zu seiner Frau – seiner fünften, die er geheiratet hatte, nachdem er sich von seiner gesetzmäßigen vierten hatte scheiden lassen. Er ist so diskret, jeder einzelnen ihren besonderen Hausstand zu halten, und ohne Frage wird ihm dafür auch durch Frieden in seinen Häuslichkeiten gelohnt. Drei Frauen befanden sich im inneren Gemach, außer der Gattin noch eine andere, die offenbar nicht zum Haushalt gehörte, denn bei Scheich Hassans Eintritt verbarg sie das Gesicht in den Betten, und eine Christin, die sich um die Bedürfnisse der männlichen Gäste verdient machte (außer Djerudi und Selim waren noch andere anwesend) und die in den Bazaren, wo sie sich freier bewegen kann als ihre mohammedanischen Schwestern, die Einkäufe besorgt. Im Harem sah es entsetzlich wüst aus. Wofern die Frauen nicht Besuch erwarten und sich darauf vorbereitet haben, herrscht in der Tat überall eine unvergleichliche Unordnung. Es läßt sich dieselbe teilweise dadurch erklären, daß weder Schubladen noch Schränke vorhanden sind und alle Habseligkeiten in großen grünen oder vergoldeten Kästen aufbewahrt werden, die man auspacken muß, sooft auch nur ein Taschentuch gebraucht wird, und die häufig auch ausgepackt bleiben. Scheich Hassans Frau war jung

Vor den Toren von Damaskus

und hübsch; freilich hing ihr das Haar in Strähnen um Gesicht und Hals, und ein schmutziger Morgenrock umkleidete eine Gestalt, die leider schon verfallen war.

Die Aussicht von Nakschibendis Balkon ist mir unvergeßlich. Zu unseren Füßen die große, prächtige Stadt Damaskus mit ihren Gärten, Kuppeln und Minaretten, und weiter hin die Wüste, die fast bis an ihre Tore heranreicht. Und das ist der Kernpunkt der ganzen Sache.

Dies meine Erlebnisse in Damaskus. Was die Kirchen und Kastelle betrifft, diese können die Herrschaften selbst besehen.

VIII.

*Über den Antilibanon nach Ba'albek * Die Sekte der Metawileh * Eine Portugiesenfamilie * Tempel von Ba'albek * Ritt durch das Orontestal * Eskorte des Kaimakam * Turm von Hurmul * Die Sekte der Nosairijjeh * Niederlassungen der Hethiter * Noahs Arche * Einzug in Homs * Neugierde der Bewohner * Eigentümlichkeiten der Architektur * Hassan Begs Harem * Mußestunden der Orientalen * Bei 'Abd ul Hamed Pascha ˟*

Als ich dem Vali auf seine Fragen, wohin ich von Damaskus aus zu reisen gedächte, Ba'albek als Ziel nannte, äußerte er die Absicht, eine Schar Bewaffneter zum Schutze einer so vornehmen Dame mitzuschicken. Um dieses Thema abzubrechen, erwiderte ich kurzerhand, ich würde die Bahn benutzen. Da ich aber im Ernste nicht die geringste Lust zu diesem Beförderungsmittel verspürte, blieb mir, wollte ich allein reisen, nur ein möglichst früher Aufbruch übrig. Es war ein freundlicher, sonniger Morgen, als wir durch die bereits von einer Schar fröhlicher Menschen belebten Straßen ritten; unsre Pferde zerrten ungeduldig am Zaumzeug nach ihrer achttägigen Ruhe. An Amir Omars Haus in der Wadi Barada vorüberkommend, erblickten wir diesen Herren in der Morgensonne auf seinem Dach sich gütlich tun. Er rief mir zu, doch heraufzukommen, aber ich erklärte, daß Geschäfte vorlägen, und er mich ziehen lassen müßte.

„So zieht in Frieden!" gab er zurück, „so Gott will, reiten wir eines Tages zusammen."

„So Gott will!" sagte ich und „Gott mit euch!"

Als sich nach ein oder zwei Meilen der Weg teilte, schlug ich die direkte Richtung nach dem Antilibanon ein, denn mir lag daran, der Aufmerksamkeit behördlicher Personen zu entgehen, die angewiesen worden waren, mir ihre Achtung zu bezeigen. Wir kamen durch das schöne, mit Aprikosenbäumen bestandene Tal des Barada (noch war die Zeit der Blüte nicht gekommen), kreuzten den Fluß oberhalb der prächtigen Schlucht Suk Wadi Barada und ritten über eine zwischen schneebedeckten Bergen liegende

Suk Wadi Barada

Ebene nach dem durch seine Äpfel berühmten Zebdany. Hier schlugen wir auf einer grünen Wiese neben einem Brunnen unser Lager auf; nach Süden zu begrenzten die schneeigen Flanken des Hermon das Bild, nach Norden lagen die Dorfhäuser verstreut auf den Hügelwellen; kein einziger aus Zebdany bekümmerte sich um die kleinen Zelte. Am nächsten Tage passierten wir im Sturmgeheul den Antilibanon. Eine weite Tour war es von achteinviertel Meilen, aber reizvoll und unterhaltend. Wir mußten auf der großen Römerstraße von Damaskus nach Ba'albek sein; das ganze Tal entlang sah man ab und zu lateinische Inschriften an den Felswänden. Ganz durchnäßt, denn die letzten Meilen wurden durch kahle Gegend in strömendem Regen zurückgelegt, gelangten wir endlich in Ba'albek an. Es war fast zu stürmisch, um ein Lager aufzuschlagen, und doch lehnte sich alles in mir gegen den Gedanken an ein Hotel auf. Aber Michaïl wußte Rat. Er kannte eine anständige, christliche Frau, die am Eingang des Dorfes wohnte, die würde uns sicherlich Obdach geben. Und so geschah es auch. Die Frau war hocherfreut, uns zu sehen, und richtete sofort einen sauberen leeren Raum für mein Zeltzubehör ein, während Michaïl sich mit seinen Kochutensilien in einem anderen niederließ. Mochte nun der Regen wütend gegen die Fenster schlagen – wir waren geborgen.

Meine Wirtin, Kurunfuleh, die Nelke, mit Namen, hatte zum Gatten einen gewissen Jusef el 'Awais, der gerade in Amerika sein Glück suchte, wohin sie ihm zu folgen gedachte. Ich verbrachte einige Stunden in ihrer Gesellschaft; auch ihr Sohn und ihre Tochter waren da und ein paar Verwandte, die ihre Lauten mitgebracht hatten. Man plauderte und musizierte. Wie sie sagten, macht ihnen die Zukunft viel Sorge, denn die Bevölkerung von Ba'albek und der Umgebung gehört größtenteils zu den Metawileh, einer freisinnigen und wegen ihres Fanatismus und ihrer Unwissenheit berüchtigten Sekte des Islam. Sooft die Japaner siegreich waren, pflegten diese Leute zu kommen, ballten ihre Fäuste drohend gegen die Christennachbarn und riefen: „Die Christen sind geschlagen worden! Hütet euch, wir werden euch auch bald davonjagen und eure Habe nehmen." „Und ganz so geht es in Jerusalem her", fiel Michaïl ein (ob seine Worte auf

Wahrheit beruhten, weiß ich nicht), „dort haben die Muselmänner dem Mufti durch eine Deputation sagen lassen: ‚Die Zeit ist für uns gekommen, die Christen zu verjagen.' Aber der Mufti versetzte: ‚Wenn ihr Unruhen heraufbeschwört, werden die europäischen Mächte sich einmischen, denn Jerusalem ist ihr Augapfel; sie werden das ganze Land einnehmen, und wir werden schlimmer dran sein als zuvor.'"

Ich suchte Kurunfuleh zu trösten, indem ich sagte, es sei undenkbar, daß die Christen in Syrien verfolgt werden könnten, da das Land so wohlbekannt und von Touristen viel besucht sei, die sicherlich entrüstet sein würden. Der alljährlich wiederkehrende Strom von Touristen bietet in der Tat eine der besten Garantien für die Aufrechterhaltung der Ordnung. Aber warum kehrte denn Kurunfuleh nicht in den Libanon, in ihre Heimat, zurück, wo sie unter dem direkten Schutz der Mächte stand und keine Gefahr zu befürchten brauchte? Sie antwortete:

„O meine Dame, das Haus hier ist auf meines Gatten Namen eingetragen, es darf vor seiner Rückkehr nicht verkauft werden noch unbewohnt bleiben, und außerdem lebt es sich in der Ebene so ganz anders als im Libanon; ich könnte es nicht wieder ertragen, dort zu wohnen. Dort tun die Leute weiter nichts als ihre Nachbarn beobachten, und zieht man einen neuen Rock an, so stecken sie die Köpfe zusammen und spotten: ‚Hast du die feine Dame gesehen?' Und lassen Sie sich auch nur sagen, wie man im Libanon lebt: ich esse in Ba'albek jeden Tag Fleisch, die im Libanon aber nur einmal in der Woche. Sie teilen eine Zwiebel in drei Teile und würzen drei Abende hintereinander ihren *Burghul* (geschroteten Weizen) damit; ich aber werfe Abend für Abend eine ganze Handvoll Zwiebel in den Kochtopf. Ja, es geht karg her im Libanon."

Sie hatte recht. Es geht so karg dort her, daß jeder, der nur irgendwie das Reisegeld erschwingen kann, nach den Vereinigten Staaten auswandert, so daß es in den Kulturen von Getreide, Wein und Maulbeerbäumen entsetzlich an Arbeitskräften mangelt. „Es ist kein Vorwärtskommen", wie der Syrer sagt. Die Provinz ist eine Sackgasse ohne eigenen Hafen, ohne Handel. Du brauchst dort nicht gerade zu verhungern, aber was hast du von deinem Leben, das dir nicht mehr als den dritten Teil einer Zwiebel zum Abendbrot bietet? Die Hohe Pforte ist den Mächten einmal wieder übergewesen. Sie hat alles bewilligt, was von ihr gefordert worden ist, o ja, auch mit Freuden, aber die Zugeständnisse, welche die Türen zum Wohlstand anscheinend erschlossen, haben in Wirklichkeit den Pfad denen versperrt, die Nutzen daraus ziehen sollten.

Am nächsten Tage hatte der Regen noch nicht nachgelassen. Ich empfing den Polizeikommissar, der mich hergeleitet hatte, und stattete dann in dem meiner Wohnung nahegelegenen Hotel einer vielköpfigen Portugiesenfamilie einen Besuch ab. Monsieur Luiz de Sommar war mit Gattin, Töchtern und Neffen über den Djebel Druz von Jerusalem nach Damaskus gereist. In Salchad hatte ich von ihrer Ankunft in Sueda gehört und mich gewundert, wie sie sich Zulaß verschafft haben mochten. Ich hörte eine seltsame Geschichte, die sehr zugunsten Sommars spricht, gleichzeitig aber auch dartut, wie ängstlich die Regierung das Bergland vor den spionierenden Augen der Touristen zu hüten bestrebt ist. Die Portugiesen hatten Mr. Mark Sykes in 'Amman getroffen, der ihnen riet, ihre Tour lieber über Kanawat im Djebel Druz zu nehmen, da sie keinerlei Schwierigkeit haben würden, die Erlaubnis dazu zu erhalten. Monsieur Sommar war denn auch guten Mutes vorwärtsmarschiert, aber in Sueda, dem Hauptsitz der Regierung, angekommen, hatte ihn der Kaimakam angehalten und zwar höflich, aber fest angedeutet, daß er auf demselben Wege, den er gekommen, wieder zurückreisen müsse. Der Herr verweigerte das in ebenso bestimmter Weise und sandte Telegramme an seinen Konsul in Damaskus und seinen Minister in Konstantinopel. Und nun erfolgte ein erregter Depeschenaustausch mit dem Endergebnis, daß Monsieur Sommar nach Kanawat Weiterreisen dürfte, falb er hundert Zaptiehs mitnehmen würde. „Denn", sagte der Kaimakam, „das Land ist über die Maßen gefährlich." (Ein Land, durch welches, wie ich weiß, eine Frau in der alleinigen Begleitung eines Drusenjungen, ja, ganz allein reiten kann, selbst wenn ihre Satteltaschen mit Gold angefüllt sind!) Aber Monsieur de Sommar war ein kluger Mann. Er erwiderte, daß er die hundert Zaptiehs schon mitnehmen wolle, aber keinen Piaster würden sie von ihm bekommen. Man feilschte, der Kaimakam änderte seinen Beschluß und setzte die Eskorte auf zwanzig fest, unter welchem Schutz die Sommars glücklich in Kanawat landeten. Ich beglückwünschte sie zu diesem Abenteuer und mich selber, die ich meinen Passierschein von Fellah ul 'Isa und nicht vom syrischen Vali erwirkt hatte.

Trotz des Regens war der Tag in Ba'albek nicht verloren. Die Deutschen hatten seit meinem letzten Besuch den Tempel der Sonne ausgegraben und Altäre, Fontänen, Teile von Dekorationen sowie Grundmauern von Kirchen bloßgelegt, die von höchstem Interesse waren. Und außerdem erweckt die große Gruppe von Tempeln mit den sie umschließenden Mauern, die zwischen dem Doppelgebirge des Libanon und Antilibanon liegt, einen Eindruck, der nur von der Tempelgruppe der athenischen Akropolis übertroffen wird, die ja wirklich ihresgleichen sucht. Die Ausführungen im einzelnen sind weniger gut als die athenischen. Das unendlich Würde- und Maßvolle in dieser Krone unter den Schöpfungen der Architekten kann nicht erreicht werden, wie auch die prachtvolle, das blaue Meer und den Golf von Salamis beherrschende Lage einzig in ihrer Art ist. Aber im großen und ganzen kommt Ba'albek der Akropolis näher als irgendein anderer Gebäudekomplex, und der Gelehrte findet reichlich Material zu Betrachtungen über die griechisch-asiatische Kunst, die Ba'albek erbaut und seine Pfosten, Architrave und Kapitäle mit Ornamenten versehen hat, die ebenso abwechslungsreiche Entwürfe zeigen, wie sie herrlich ausgeführt sind. Der Archäologe kennt weder rein noch unrein. Jedes Werk der menschlichen Phantasie nimmt bei ihm den ihm bestimmten Platz in der Geschichte der Kunst ein, leitet und erweitert sein eigenes Verständnis. Befriedigt das Ergebnis sein Auge, so freut er sich, in jedem Falle aber liefert es ihm ein neues und unerwartetes Band zwischen dieser und jener Kunst und führt ihn eine Stufe weiter empor auf der Leiter der Geschichte. Das macht ihn fähig, mit allem zufrieden zu sein, was er sieht, und sicher wird er nicht sagen: „O weh – o weh! Diese Dummköpfe von Syrern ... Phidias würde das so und so gemacht haben!" Denn ihm gewährt es Befriedigung, einen neuen Versuch auf

Säulen des Sonnentempels,
Ba'albek

dem Pfade des künstlerischen Schaffens zu entdecken, einen frischen Hauch, der die Akanthusblätter und Weinranken an den Kapitälen bewegt.

Unsere Abreise von Ba'albek wurde durch ein sehr betrübliches Vorkommnis gekennzeichnet: mein Hund Kurt war in der Nacht verschwunden. Im Gegensatz zu den meisten syrischen Pariahunden offenbarte er ein höchst anschmiegsames Wesen, war auch (und darin unterschied er sich wiederum nicht von seinen halbverhungerten Stammesgenossen) unersättlich gefräßig, weshalb die Wahrscheinlichkeit nahelag, daß er mit einem Knochen weggelockt und eingesperrt worden war, bis wir glücklich aus dem Wege sein würden. Während Habib nach der einen Richtung hin das Dorf durchstreifte und Michaïl nach der anderen, erschien der Polizeikommissar auf dem Schauplatz und suchte Balsam in die Wunde meines Schmerzes zu träufeln. Nach einiger Zeit erschien Habib wieder, hinter ihm Kurt, schweifwedelnd und an einer Kette befestigt. Wie jener atemlos berichtete, hatte er das Tier, an ebendiese Kette gefesselt, bei jemand entdeckt, der es hatte stehlen wollen.

„Und als Kurt meine Stimme hörte, bellte er; ich ging in den Hof und sah ihn. Und der Herr der Kette verlangte sie von mir, aber bei Gott! ich gab sie ihm nicht, sondern schlug ihn zu Boden damit. Gottes Zorn über den diebischen Metawileh!"

Und so habe ich das Vergnügen zu berichten, daß die Metawileh eine ganz so unehrliche Gesellschaft sind, wie das Gerücht von ihnen geht, daß ihre Anschläge aber von umsichtigen Christen vereitelt werden können.

Wir ritten das weite und öde Tal zwischen Libanon und Antilibanon dahin. Ich hätte ja mit der Bahn nach Homs und weiter bis Hama reisen können, aber ich zog es vor, je nach Laune von einer Seite des Tales nach der anderen zu kreuzen, um alle interessanten Stätten der Gegend aufzusuchen, und das war mir nur zu Pferde möglich. Das nördlich von Ba'albek gelegene Syrien war mir unbekannt, es war auch insofern ein Abschnitt, als hier die Karte von Palästina aufhörte. Ich mußte nun meine Zuflucht zu Kieperts kleiner, aber vortrefflicher Karte nehmen, die ich aus dem in Saleh verbliebenen Werk Oppenheims entfernt hatte. Es gibt keine andere genügende Karte, bis etliche dreißig Meilen südlich von Aleppo Kieperts großer kleinasiatischer Atlas im Maßstabe von 1:400.000 einsetzt; diesem Übelstand wird hoffentlich abgeholfen sein, sobald die amerikanische Princeton-Expedition ihr Werk herausgibt. Nach viereinhalb Stunden erreichten wir Lebweh, wo der Hauptquell des Orontes in einer Menge kleiner Brünnchen dem Boden entspringt – ein entzückender Anblick. Hier war es, wo wir von zwei Soldaten eingeholt wurden, die der Kaimakam uns mit der höflichen Frage nachgeschickt hatte, ob mir eine Eskorte erwünscht wäre. Ich schickte den einen Mann zurück, behielt aber den anderen, um den Kaimakam nicht zu verletzen. Unser neuer Begleiter nannte sich Derwisch und erwies sich als sehr nützlich und angenehm, wie in der Tat die ganze lange Reihe seiner Nachfolger, die uns eskortierten, bis ich den Zug in Konia bestieg. Einige von ihnen trugen viel dazu bei, die Reise unterhaltend zu gestalten: während wir Stunde um Stunde nebeneinander dahinritten, erzählten sie mir vielerlei von ihren Erfahrungen und Abenteuern. Diese Unterbrechung des Garnisonslebens behagte ihnen nicht wenig; gar wohl gefiel ihnen auch der *Medschideh* (etwa vier Mark) täglich, der ihnen viel sicherer war als der Sold des Sultans. Nach Ablauf ihrer Dienstzeit beschenkte ich sie überdies noch mit einem kleinen Trinkgeld, und sie erhielten sich und ihre Pferde mit den Nahrungsmitteln und dem Futter, die sie, wie ich starken Verdacht hege, dem Bauernvolk gewaltsam abnahmen – eine Art offizieller Erpressung, gegen die einzuschreiten der Reisende keine Macht hat.

In Lebweh befinden sich die Ruinen eines Tempels, der in derselben massigen Bauweise wie Ba'albek errichtet war. Ein aus vier Steinlagen bestehendes Podium, das von einem einfachen Sims, lediglich einer krummgezogenen Fläche, überragt wird, ist alles, was davon übriggeblieben. Das Dorf gehört Asad Beg, einem reichen Metawileh, dem Bruder des in ganz Nordsyrien wohlbekannten Dr. Haida. Er ist in der Tat überall zu finden. Komme ich doch nie nach Damaskus, ohne ihn zu treffen, und immer gewährt es mir Befriedigung, denn er ist außerordentlich intelligent und in der Literatur Arabiens gut zu Hause. Neuerdings ist er zu irgendeinem Posten an der Bahn von Mekka berufen worden; meines Wissens ist er der einzige Mann seines Stammes, der eine gute Erziehung genossen und sich hervorgetan hat.

Wir schlugen unser Lager in Ras Ba'albek, eineinhalb Stunden von Lebweh entfernt, auf, wo sich eine vortreffliche Quelle in einer Schlucht der östlichen Hügel befindet. Der beißende Frost hatte eines Morgens aufgehört – dem Himmel sei Dank –, aber noch war es kalt. Die Graupeln schlugen an die Zeltwand, als wir in der Morgendämmerung aufstanden, und den ganzen Tag ritten wir in einem teuflischen Wetter dahin. Und dies war der 8. März! Ja, der Frühling reist gemächlich in das nördliche Syrien! Ich ließ mein Lagergerät auf dem direkten Wege gehen, um mit Derwisch ein Denkmal aufzusuchen, welches sich auf einer kleinen Anhöhe inmitten des Orontes-Tales erhebt und auf dieser trostlosen Fläche von jeder Seite her auf eine Tagesreise weit sichtbar ist. Es ist ein hoher Turm aus massivem Steingemäuer mit einer Pyramide auf der Spitze; viereckige Wandpfeiler und ein grober Fries mit Kriegstrophäen und Jagdszenen in Basrelief bilden die Dekoration. Die Syrer nennen es nach einem nahegelegenen Dorfe Kamu'a Hurmul (Turm von Hurmul), und die Gelehrten vermuten, daß es zum Gedächtnis an irgend eine große Schlacht der Römer errichtet wurde. Ob sie recht haben oder nicht, läßt sich durch keinerlei Inschrift nachweisen. Es liegt zwei Wegstunden westlich von Ras Ba'albek. Von dem fürchterlichen Wind gepeitscht, ritten wir noch eineinhalb Stunden weiter bis zu einer Reihe kleinerer Erdwälle, welche die Luftlöcher eines unterirdischen Kanals deckten. In Persien nennt man es einen Kanat, und ich glaube, so heißt es auch auf Arabisch. Zweieinhalb weitere Stunden brachten uns nach Kseir; und als eine Viertelstunde später auch die Maultiere eingetroffen waren, schlugen wir unser Lager dicht an der Begräbnisstätte außerhalb der häßlichen, aus Lehm erbauten Stadt auf. Nach Sonnenuntergang legte sich der Wind, und Friede, sowohl physischer als auch moralischer, zog ins Lager ein. Hatte doch sogar Michaïls gute Laune unter der Wut der Elemente gelitten, während Habib heiter wie gewöhnlich hereingekommen war, und ich mich – ich freue mich, das konstatieren zu können – in philosophisches Schweigen gehüllt hatte, sobald ich fühlte, daß der Orkan sich mit meinem Humor entfernen wollte. Mohammed der Druse war nicht mehr bei uns; wir hatten ihn in Damaskus zurückgelassen. Mochte es seine eigene Schuld sein, oder hatten sich die anderen gegen ihn zusammengetan – jedenfalls nahmen die Verdrießlichkeiten und der Streit kein Ende, und es war besser, ein Glied des Stabes zu opfern, um die Karawane in Einigkeit zu erhalten. In Damaskus, wo unser Vertrag endete, schieden wir als die besten Freunde, und eine Reihe von Mietlingen[31], die sich – in meinen Augen wenigstens – durch nichts voneinander unterschieden, nahm seinen Platz ein.

Das Tal des Orontes war früher arabischer Lagerplatz; noch jetzt lassen sich in trockenen Zeiten einige Scheichs der Haseneh und der 'Anazeh dort nieder, aus dem letzteren Stamme hauptsächlich die Ruwalla; aber die große Masse der Beduinen ist von der Zivilisation verdrängt worden. Der Kamu'a Hurmul wahrt ihr Gedächtnis in Gestalt alter Stammeszeichen. Seltsam mutete es an, daß wir uns in den Niederlassungen der alten Hethiter (wer sie auch gewesen sein mögen) befanden; die berühmten Proben ihrer noch bis jetzt nicht entzifferten Schrift, die in Hama aufgefunden wurden, sind jetzt in dem Museum von Konstantinopel untergebracht und spotten den Bemühungen der Gelehrten. Die jetzigen Einwohner von Kseir bestehen teilweise aus Christen und aus Mitgliedern einer die „Nosairijjeh" genannten Sekte.[32] Der Islam erkennt sie zwar nicht als Rechtgläubige an, aber sie geben sich, wie all die kleineren Sekten, die größte Mühe, den äußeren Unterschied zwischen sich und dem herrschenden Glauben zu verwischen. Sie halten ihre Glaubenslehren möglichst geheim, aber Dussaud hat ihnen gründlich nachgespürt und manche Anklänge an den alten Phönizierglauben entdeckt. Abgeschlossen in ihren Bergfesten lebend, haben die Nosairijjeh ihren alten semitischen Kultus beibehalten und nehmen als direkte Abkömmlinge des Heidentums eine hohe Stellung in den Augen der Syriologen ein, während sie selbst über ihre Abstammung völlig im dunklen sind. Im Lande sprach man Übles von ihrer Religion, wie man ja überhaupt immer über Dinge, die man nicht versteht, Böses zu flüstern pflegt, und als sichtbaren Beweis sagte man mir, daß das Leben dieser Sekte alles zu wünschen übrig lasse. Aber Dussaud hat den Fleck weggewaschen, der auf ihrem Glauben lag, und ich meinerseits beobachte, nach meinen Erfahrungen über ihr Verhalten Fremden gegenüber, eine wohlwollende Neutralität. Habe ich doch fünf Tage in dem Bergland westlich von Homs verlebt und eine Woche in der Nähe Antiochiens, in welch beiden Distrikten sie besonders vertreten sind, und habe keinen Grund zur Klage gehabt. Weniger war mein Hund Kurt mit der Gesellschaft zufrieden, die er in Kseir antraf. Er bellte die ganze Nacht hindurch unaufhörlich, fast hätte ich ihn in den Hof des Metawileh zurückgewünscht.

Der folgende Tag brachte herrliches Wetter. Ich machte mit Michaïl einen weiten Umweg, um den Tell Nebi Mendu aufzusuchen, wo Kadesch am Orontes, die südliche Hauptstadt der Hethiter, lag. Kadesch muß seinerzeit eine schöne Stadt gewesen sein. Der Hügel, auf dem es erbaut wurde, erhebt sich aus einer großen Getreideebene. Nach Süden zu zieht sich zwischen den Zwillingsketten des Libanon das breite Orontestal dahin, im Westen wird es durch den Djebel Nosairijeh gegen das Meer hin geschützt, und der Libanon umschließt mit den Nosairijjehbergen ein blühendes Flachland, durch welches die Kaufleute mit ihren Waren an das Meer gelangen können. Nach dem nördlichen Horizont erstrecken sich die Ebenen von Zölesyrien, und die Steppen der palmyrischen Wüste begrenzen den Blick nach Osten. Der Fuß des Tell wird von dem kleinen, aber reißenden Orontes (der „Rebell" bedeutet sein arabischer Name) bespült, ganz im Vordergrund aber liegt der sechs Meilen lange See Homs. Man nähert sich dem Hügel Kadesch auf grasbewachsenen Flächen; zwischen Weidengebüsch dreht sich ein Mühlrad lustig in dem rauschenden Strom. Die Gegend muß seit den Zeiten der Hethiter beinahe ununterbrochen bewohnt gewesen sein, denn die Geschichte erwähnt eine Seleukidenstadt[33] Laodicea ad Orontem, auch finden sich Spuren einer christlichen Stadt. Jede nachfolgende Generation hat auf dem Staube derer gebaut, die vor ihr gewesen. So ist der Berg höher und höher geworden und sicher auch reicher und reicher an Spuren von denjenigen, die darauf wohnten. Aber er kann nicht gänzlich durchgraben werden wegen der armseligen Lehmhütten, die den Ruhm von Laodicea und Kadesch geerbt haben. Und da ist ja auch der kleine Kirchhof am Nordende des Dorfes, der, so will es der Islam, ungestört bleiben muß, bis die Posaune Gabriels die Schläfer weckt. Ich sah wohl Fragmente von Säulen und recht rohen Kapitälen umherliegen, aber als ich so auf dem Berge stand, war meine Phantasie zu lebhaft beschäftigt, ein Bild von der Schlacht bei Kadesch zu weben, wo der König der Hethiter seinerzeit gegen den Pharao kämpfte,[34] und von der uns eine wundervolle Reihe Hieroglyphen in Ägypten erzählt. Ein viertelstündiger Ritt führte von Tell Nebi Mendu an eine seltsame Erdarbeit, die von den Arabern für Sefinet Nuh (Noahs Arche), von den Archäologen dagegen für eine assyrische Befestigung erklärt wird; jede der beiden Auslegungen über den ursprünglichen Zweck kann mit derselben Berechtigung für richtig gelten. Es ist ein quadratischer Erdhaufen mit genau nach den Punkten des Kompasses gerichteten Seiten; er erhebt sich 40 bis 50 Fuß über die Ebene und wird von einem Graben umgeben, dessen Ecken noch scharf sind.

Wir ritten auf die Spitze und fanden, daß es eine ungefähr eine Achtelmeile[35] im Geviert messende Plattform war; die vier ein wenig erhabenen Ecken mochten wohl Türme getragen haben, und Turm sowohl als Wall und Plattform waren mit aufsprießendem Getreide bedeckt. Der Schöpfer – ob Patriarch oder Assyrer – mag eine mühevolle Arbeit gehabt haben, aber solange man nicht mit Nachgrabungen begonnen hat, muß es dahingestellt bleiben, welchem Ziel sein Schaffen diente.

Wir ritten an den See hinunter, um bei dem Lecken der plätschernden Wellen auf einer Bank aus sauberen Muscheln zu frühstücken. In der Nähe der Ufer befanden sich noch zwei weitere Erhöhungen, und eine dritte etwa eine Meile vor Homs, während die Burg Homs selbst auf einer vierten errichtet worden war. Sie scheinen alle von Menschenhand geschaffen und bergen mutmaßlich Überreste von Schwesternstädten Kadeschs. Die fruchtbare Ebene östlich vom Orontes muß von jeher imstande gewesen sein, eine große Bevölkerung zu ernähren; vielleicht war dieselbe zu der Hethiter Zeit größer als in unseren Tagen. Diesen Tag hatte unser Ritt von halb neun bis zwei Uhr gedauert mit einer dreiviertelstündigen Rast bei Tell Nebi Mendu und einer halbstündigen am See.

Wir zogen in Homs durch den Friedhof ein. Daß sich schon vor demselben auf eine Viertelmeile hin Gräber befanden, ist nicht etwa lediglich eine Eigentümlichkeit von Homs, sondern den Städten des Orients überhaupt eigen. Jede Stadt wird durch Bataillone Toter bewacht, und durch ein Regiment beturbanter Grabsteine flutet das Leben der Stadt hin und her. Nun war es gerade Donnerstag, als wir in Homs eintrafen, der allwöchentliche Allerseelentag in der mohammedanischen Welt. Gruppen verschleierter Frauen legten Blumen auf die Gräber oder saßen munter plaudernd auf den Hügeln – sind doch die Grabstätten für die Frauen des Orients ein Vergnügungsort, ein Spielplatz für die Kinder, und die düstere Bestimmung des Ortes vermag den Besuchern den Frohsinn nicht zu rauben.

Mein Lager wurde außerhalb der Stadt auf einer Rasenfläche zwischen den Ruinen der Garnison aufgeschlagen, die von Ibrahim Pascha erbaut und von den Syrern sofort nach seinem Tode zerstört worden war. Jede Spur seiner verhaßten Besetzung des Landes sollte vernichtet werden. Alles war bereit für mich; schon kochte das Wasser zum Tee, und der Kaimakam hatte einen Boten geschickt, um versichern zu lassen, daß jeder meiner Wünsche auf der Stelle beachtet werden würde. Trotzdem gefiel mir die Stadt Homs nicht, und freiwillig werde ich nie wieder dort kampieren. An diesem Entschluß war das Betragen der Einwohner schuld, von dem ich jetzt reden will. Dem Benehmen des Kaimakam, den ich nach der Teestunde besuchte, kann ich das beste Lob sprechen; er erwies sich als ein angenehmer Türke, der, ein wenig der arabischen Sprache mächtig, mir sehr freundlich entgegenkam. Es waren noch verschiedene andere Leute anwesend, beturbante Muftis und ernste Senatoren, und wir unterhielten uns beim Kaffee höchst angenehm. Als ich mich Abschied nehmend erhob, erbot sich der Kaimakam, mir einen Soldaten zum Schutze durch die Stadt mitzugeben; ich lehnte jedoch mit der Bemerkung ab, daß ich der arabischen Sprache mächtig sei und daher nichts zu fürchten brauche. Aber da hatte ich mich getäuscht: keinerlei Kenntnis der Sprache könnte den Fremdling in Homs befähigen, den Leuten seine Meinung klarzumachen. Die Verfolgung begann schon, ehe ich den Fuß nur in den Bazar gesetzt hatte. Ich hätte der Rattenfänger von

Hameln sein können, so heftete sich eine Schar kleiner Knaben an meine Fersen. Ein Weilchen ließ ich mir ihre Neugierde gefallen, dann begann ich zu schelten und nahm schließlich meine Zuflucht zu den Geschäftsleuten im Bazar. Das wirkte eine Weile; aber als ich wagte, eine Moschee zu betreten, drängten sich nicht nur die kleinen Burschen nach, sondern (so erschien es wenigstens meiner erregten Phantasie), überhaupt jedes männliche Individuum aus Homs. Nicht etwa, daß sie ärgerlich gewesen wären, mich hätten zurückhalten wollen, sie wünschten im Gegenteil sehnlichst mein langes Bleiben, um mich desto länger beobachten zu können. Das war mehr, als ich ertragen konnte, und ich floh zu den Zelten zurück, wobei mir etwa zweihundert Paar neugieriger Augen das Geleit gaben, und ließ einen Zaptieh holen, den ich, nun klüger geworden, anderen Tages gleich zu Anfang mitnahm.

Wir erklommen die Spitze des Burgberges, um einen Überblick über die Stadt zu gewinnen. Homs hat zwar nichts von großer architektonischer Schönheit aufzuweisen, trägt aber dafür ein ganz spezielles Gepräge. Es ist aus Tuffstein erbaut; die großen Häuser umschließen Höfe, deren schwarze Mauern mit einfachen, aber schönen Mustern in weißem Kalkstein geziert sind. Hier und da sieht man den weißen Stein, mit dem schwarzen abwechselnd, in geraden Linien gelegt, wie die Fassade der Kathedrale zu Siena. Auch durch die Minarette fühlt man sich nach Italien versetzt, diese schlanken, viereckigen Türme, die so völlig denen in San Gimignano gleichen, nur daß sie in Homs so hübsch und wirkungsvoll durch eine weiße Kuppel gekrönt sind. Die Überreste des Kastells waren arabischen Ursprungs, wie auch die Befestigungswerke um die Stadt herum, nur an einer Stelle, im Osten, schien der arabische Bau auf älteren Fundamenten zu ruhen. Ich sah nur ein einziges Bauwerk aus der vormohammedanischen Zeit, nämlich eine Ziegelruine vor dem Tripolitor; sie war unzweifelhaft römisch, die einzige Reliquie der Römerstadt Emesa. Auch der Burgwall befindet sich außerhalb der Stadt. Als ich meine Überschau beendet hatte, traten wir durch das Westtor ein, um uns umzusehen. Diese Tätigkeit erfordert Zeit; alle Augenblicke wird man durch die dringliche Einladung unterbrochen, hereinzukommen und Kaffee zu trinken. Wir kamen am

Turkman Djami'a vorüber, wo sich ein paar griechische Inschriften in das Minarett eingebaut finden und ein als Brunnen dienender Sarkophag mit eingemeißelten Stierköpfen und Girlanden. Da der Zaptieh dafür war, daß ich unter allen Umständen dem Bischof der griechisch-katholischen Kirche meine Aufwartung machen sollte, begab ich mich nach seinem Palast, kam jedoch zu früh, um Seine Herrlichkeit zu sehen. Indes wurde ich mit Marmelade, Wasser und Kaffee bewirtet und durfte den Klageliedern zuhören, die des Bischofs Sekretär den Siegen der Japaner widmete. Sooft die Nachricht von einer Niederlage der Russen eintraf, hielt die griechisch-katholische Kirche einen Trauergottesdienst, und eben jetzt flehten sie andächtig zum Allmächtigen, die Feinde des Christentums zu strafen. Der Sekretär beauftragte einen Diener, mir die kleine Kirche Mar Elias und einen interessanten Marmorsarkophag darin zu zeigen, auf dessen Boden ich lateinische Kreuze eingemeißelt fand, während der Deckel griechische aufwies; ich halte dafür, daß es spätere Ergänzungen eines aus klassischer Zeit stammenden Grabmals sind. Vor der Kirche traf ich einen gewissen 'Abd ul Wahhab Beg, den ich bei einem Besuch beim Kaimakam in Seraya getroffen. Er lud mich in sein Haus. Ich fand darin die Homs eigene Innenarchitektur schön vertreten: den Hof des Harems in reizenden Mustern aus Kalkstein und Basalt dekoriert.

Inzwischen war der Zaptieh dahintergekommen, was ich eigentlich zu sehen wünschte, und er verkündete mir, daß er mich in das Haus eines gewissen Hassan Beg Na'i führen würde, es sei das älteste in Homs. Als wir durch die engen, aber auffallend reinlichen Straßen dem Ziele zuwanderten, bemerkte ich fast in jedem Hause einen Webstuhl, an dem ein Mann geschäftig jenen gestreiften Seidenstoff webte, für den Homs berühmt ist. In den meisten Gassen war auch Seidengarn ausgespannt. Der Zaptieh erzählte, die Leute würden nach dem Stück bezahlt und verdienten täglich 7 bis 12 Piaster (etwa 1 bis 2 Mark) – ein hübscher Verdienst im Osten. Der Lebensunterhalt wäre billig, fügte mein Cicerone hinzu, für 100 Piaster könnte ein armer Mann ein Haus – das heißt, ein einziges Zimmer – mieten, um eine Familie zu ernähren, genügten 30 bis 40 Piaster, ja noch weniger, wenn keine Kinder vorhanden wären.

Hassan Beg Na'i war ein rothaariger und rotbärtiger Mann mit den harten Zügen des schottischen Hochländertypus. Er war freilich gar nicht entzückt, mich zu sehen, aber auf die Bitten des Zaptieh kroch er doch aus seiner Klause hervor, wo er mit seinen Freunden den Freitagsmorgenkaffee trank, führte mich über die Straße in seinen Harem und überließ mich den Frauen, die ebenso freundlich waren, wie er sich sauertöpfisch gezeigt hatte. Sie zeigten sich in der Tat höchst erfreut über den Besuch, denn Hassan Beg ist ein gar gestrenger Herr, welcher weder Frau noch Mutter oder irgendeiner anderen Angehörigen erlaubt, die Nase aus der Tür zu stecken; nicht einmal ein Spaziergang am Friedhof oder eine Fahrt am Orontesufer an einem schönen Sommernachmittag ist ihnen gestattet. Der Harem war ehemals ein sehr schönes arabisches Haus nach Art der Häuser in Damaskus. Zimmer und Liwan (Sprechzimmer im Hintergrund des Hofes) waren gewölbt, aber der Stuck blätterte ab, und Fußboden sowie Treppen knirschten unter den Füßen der Dahinschreitenden. In die eine Mauer war eine Marmorsäule mit einem Akanthuskapitäl gebaut, und auf dem Fußboden des Liwan stand ebenfalls ein großes, in seiner Art hübsches, wenn auch einfaches Kapitäl. Es war jetzt in ein Wasserbecken verwandelt worden, mag aber wohl als Taufstein gedient haben, ehe die Araber Emesa einnahmen und nachdem die älteren Gebäude der Römerstadt in Verfall geraten waren und ihr Material zu anderen Zwecken genommen wurde.

Auf meinem Heimweg kam ich an einem schönen Minarett vorbei, das abwechselnd schwarze und weiße Streifen zeigte. Die Moschee oder christliche Kirche, zu welcher der Turm gehört hatte, war eingefallen; wie mein Zaptieh berichtete, soll der Turm für den ältesten der Stadt gelten. Sicherlich war die Moschee am Eingang zum Bazar von nicht geringerem architektonischen Wert.

Da Homs weiter nichts Sehenswertes bot und der Nachmittag schön war, ritt ich nach dem Anger am Orontes hinab, der in Frühlings- und Sommertagen einen beliebten Schauplatz für alle Feiertagsbelustigungen abgibt. Der Orontes läßt Homs eine gute Meile südlich liegen, und die Versorgung mit Wasser ist, nach Beschaffenheit und auch Menge, unbefriedigend, da sie einem Kanal entstammt, der am Nordende des Sees seinen Anfang nimmt. Der Orontesanger, Mardj ul 'Asi, gibt einen guten Begriff von Örtlichkeiten, wo der Orientale, mag er Türke, Syrer oder Perser sein, seine Mußestunden zuzubringen liebt. „Drei Dinge sind es", sagt das arabische Sprichwort, „die das Herz von Kummer befreien: Wasser, grünes Gras und Frauenschönheit." Der hurtige Orontes strömte durch die bereits mit Gänseblumen besternten grünen Flächen, unter Weidenbäumen, die schon der Hauch des Frühlings gestreift hatte, stiegen leicht verschleierte Christendamen von ihren Mauleseln. Das Wasser drehte eine große Na'oura (persisches Rad), sein angenehmes Rauschen erfüllte die Luft. Ein Kaffeekocher hatte an der Straße sein Kohlenbecken aufgestellt, ein Zuckerwarenhändler breitete am Ufer seine Schätze aus, und auf der breiteren Rasenfläche tummelten buntgekleidete Jünglinge ihre Araberstuten. Der Osten hielt in der ihm eigenen, zufriedenen Weise Feiertag, und seine eigene Sonne spendete ihre Wärme dazu.

Der übrige Nachmittag wurde der Geselligkeit und den fruchtlosen Bemühungen gewidmet, der Neugierde der Städter zu entgehen. Es war ein Freitagnachmittag, und wie hätte man ihn besser anwenden können, als sich in einer Schar von vielen Hunderten rings um meine Zelte aufzustellen und jede Bewegung jeder einzelnen Person im Lager zu beobachten? Trieben es die Männer schon schlimm genug, so übertrafen die Frauen sie noch, und die Kinder waren am schlimmsten. Nichts konnte sie zurückschrecken, und die Aufregung erreichte ihren Gipfel, als 'Abd ul Hamed Pascha Druby, der reichste Mann von Homs, vorsprach und den Kadi Mohammed Said ul Chani mitbrachte. Bei dem uns umgebenden Auf- und Abwogen der Menge konnte ich unmöglich der interessanten, geistreichen Unterhaltung die gebührende Aufmerksamkeit widmen; als ich eine Stunde darauf den Besuch in des Paschas schönem neuen Hause am Stadttor erwiderte, war ich von mindestens 300 Personen begleitet. Ich muß einen Seufzer der Erleichterung ausgestoßen haben, als die Tür sich hinter meiner eigenen Begleitung schloß, denn nachdem ich mich in dem kühlen, ruhigen Liwan niedergelassen, sagte 'Abd ul Hamed: „Möge Gott geben, daß das Volk Eure

Exzellenz nicht belästigt, ich werde sonst ein Regiment Soldaten ausschicken."

Ich murmelte eine mir nur halb von Herzen kommende Ablehnung, hätte ich doch mit Befriedigung jene kleinen Burschen von einer ganzen Musketensalve niedergestreckt gesehen. Darauf

Ein Feiertag im Orient

bemerkte der Pascha nachdenklich: „Als der deutsche Kaiser in Damaskus weilte, gab er Befehl, daß niemandem untersagt würde zu kommen und ihn sich anzusehen."

Mit diesem erhabenen Vorbild vor Augen ward mir klar, daß ich die Buße für Größe und fremde Herkunft klaglos auf mich nehmen mußte.

Das Gespräch ging auf religiöses Gebiet über. Ich fragte nach den Nosairijjeh, aber der Kadi verzog den Mund und erwiderte: „Es sind keine angenehmen Leute. Einige geben vor, 'Ali anzubeten, andere verehren die Sonne. Sie glauben, daß, wenn sie sterben, ihre Seele in den Körper von anderen Menschen, ja sogar Tieren übergeht, wie es der Glaube in Indien oder China lehrt."

Worauf ich sagte: „Ich habe von einer Geschichte gehört, die unter ihnen geht. Ein Mann hatte einen Weinberg, und als er starb, hinterließ er ihn seinem Sohn. Der junge Mann arbeitete in dem Weinberg, aber als die Trauben reif waren, kam jeden Abend ein Wolf hinein und fraß die Frucht. Der junge Mann versuchte ihn zu verjagen, aber er kehrte jeden Abend wieder. Und in einer Nacht rief der Wolf laut: ‚Soll ich nicht von den Trauben essen dürfen, ich, der ich den Weinberg pflanzte?' Da staunte der junge Mann und fragte: ‚Wer bist du denn?' Der Wolf antwortete: ‚Ich bin dein Vater.' Und der junge Mann fragte: ‚Wenn du wirklich mein Vater bist, so sprich, wo hast du denn das Gartenmesser hin? Denn ich habe es nicht gesehen, nachdem deine Seele deinen Körper floh?' Da führte ihn der Wolf an den Ort, wo er das Messer hingelegt hatte, und der junge Mann glaubte, ja wußte nun, daß der Wolf sein Vater war."

Der Kadi ließ den Beweis unbeachtet. „Sie sind ohne Zweifel große Lügner", sprach er.

Später fragte ich ihn, ob er mit den Beha'is bekannt wäre.

Er erwiderte: „Wie Eure Exzellenz wissen, hat der Prophet (Gott schenke ihm ewigen Frieden!) gesagt, daß es 72 falsche und nur ein wahres Glaubensbekenntnis gibt; ich aber weiß, daß von diesen 72 wenigstens 50 in unserm Lande zu finden sind. So viel von den Beha'is und ihresgleichen."

Ich erwiderte, daß Propheten allein befähigt wären, echten

Eine Straße in Homs

und falschen Glauben zu unterscheiden, und daß wir in Europa, denen keine solchen zur Seite stehen, es für eine schwere Sache halten.

„Es ist mir gesagt worden", entgegnete der Kadi, „daß in Europa die Gelehrten die Propheten sind."

„Und sie gestehen ein, daß sie nichts wissen", gab ich zur Antwort. „Ihre Augen haben die Sterne erforscht, und doch können sie uns nicht die Bedeutung des Wortes Unendlichkeit erklären."

„Wenn sie damit das unendliche Himmelsgewölbe meinen, so wissen wir, daß es von sieben Himmeln ausgefüllt wird."

„Und was befindet sich jenseits des siebenten Himmels?"

„Wissen Eure Exzellenz nicht, daß die Zahl Eins der Anfang aller Dinge ist? Können Sie mir angeben, was vor der Zahl Eins kommt, so will ich Ihnen sagen, was sich hinter dem siebenten Himmel befindet."

Der Pascha lachte und erkundigte sich, ob der Kadi mit seiner Beweisführung zu Ende sei. Dann fragte er mich, was man in Europa vom Gedankenlesen hielte. „Denn", fuhr er fort, „vor einem Monat wurde ein wertvoller Ring in meinem Haus gestohlen, und ich konnte den Dieb nicht finden. Da kam ein gewisser befreundeter Effendi, der von der Sache gehört hatte, zu mir und sagte: ‚Ich kenne einen Mann im Libanon, der sich auf diese Dinge versteht.' Ich bat, ihn holen zu lassen. Der Mann kam und forschte in Homs nach, bis er eine Frau gefunden hatte, die das zweite Gesicht besaß. Dank seinen Beschwörungsformeln sagte sie endlich aus: ‚Der Dieb heißt so und so; er hat den Ring in seinem Hause.' Wir suchten und fanden das Juwel. Dies sind meine Erfahrungen, denn die Sache hat sich unter meinen Augen zugetragen."

Auf meine Erwiderung, daß die Gedankenleser im Libanon einen besseren Gebrauch von ihrer Gabe zu machen verstünden als die in London, entgegnete der Pascha schließlich: „Vielleicht hatte die Frau irgend etwas gegen den Mann, in dessen Hause wir den Ring gefunden haben – Gott allein weiß es, sein Name sei gelobt!"

Damit verließen wir das Thema.

Bei meiner Rückkehr in mein Zelt fand ich eine Visitenkarte auf dem Tische, die folgenden Namen und Titel trug: „Hanna Chabbaz, Prediger an der protestantischen Kirche in Homs". Darunter stand geschrieben: „Madame, meine Frau und ich sind gern bereit, Ihnen jeden Dienst zu leisten, dessen Sie im Dienste Christi und der Menschlichkeit benötigen. Wir würden Sie gern besuchen, wenn Sie uns annehmen wollen. Ihr gehorsamer Diener." Ich schickte sofort die Botschaft, daß ich mich sehr über ihren Besuch freuen würde, und so kamen sie denn gerade vor Sonnenuntergang, die beiden guten Leute. Dringend boten sie mir ihre Gastfreundschaft an, von der Gebrauch zu machen ich jedoch keine Gelegenheit hatte. Ich bedauerte dies umso weniger, als ich in dem Pascha und dem Kadi so überaus angenehme Gesellschafter für den Nachmittag gefunden hatte, und wenn ich an meinen sehr unruhigen Aufenthalt in Homs zurückdenke, erscheint mir die mit den beiden höflichen, gebildeten Mohammedanern verbrachte Stunde immer wie eine ruhige, geschützte Insel in einem stürmischen, brandenden Meere.

IX.

*Aufbruch von Homs * Zwei gefangene Assassinen * Syrischer Frühling * Zu Gast in der Festung Kal'at el Husn * Erforschung der Burg * Besuch bei der Gattin des Schatzmeisters * Die Lage der syrischen Armen * Umweg nach Safita * Begegnung mit den Nosairijjeh * Die Christen von Safita * Einladung des Kaimakam von Drekisch * Nachtlager beim Tempel Husn es Suleiman * Praktiken der Bewirtung * Masjad ***

Wir brachen am ändern Morgen sehr zeitig auf, aber die Leute in Homs standen früh auf, um uns abreisen zu sehen. Nur der feste Entschluß, ihnen nicht mehr Vergnügungen zu bereiten, als unbedingt nötig war, hielt mich äußerlich ruhig. Eine Viertelstunde später hatten wir das Tripolitor und den römischen Ziegelbau hinter uns und waren damit außerhalb des Gesichtskreises selbst des scharfäugigsten der kleinen Buben angelangt. Die friedliche Schönheit des Morgens beruhigte auch unsre Gemüter, und ich ging nun daran, die Bekanntschaft der Gefährten zu machen, die der Kaimakam mir zugesellt hatte. Es waren ihrer vier; zwei gingen frei, die anderen in Fesseln. Die beiden ersteren waren kurdische Zaptiehs, der eine war beauftragt, mich nach Kal'at el Husn zu geleiten, der andere hatte das zweite Paar meiner Reisegenossen zu bewachen. Dies waren Gefangene, die der Kaimakam schon einige Tage in seinem Gewahrsam hatte, bis ihm eine Reise endlich günstige Gelegenheit bot, sie nach der Festung im Djebel Nosairijjeh zu senden, von wo aus sie dann weiter in das große Gefängnis zu Tripoli befördert wurden. Sie waren in zerlumpte Baumwollgewänder gekleidet und aneinandergefesselt, diese Ärmsten. Wie sie so tapfer durch Schmutz und Schlamm dahintrotteten, äußerte ich ein Wort des Mitgefühls; darauf erwiderten sie, Gott möge mir langes Leben schenken, aber es sei der Wille ihres Herrn, des Sultans, daß sie in Ketten gingen.

Einer der Kurden unterbrach sie mit der Erklärung: „Es sind Deserteure aus dem Heere des Sultans: Gott vergelte ihnen nach ihren Taten! Übrigens sind sie Ismailiten aus Selemijjeh und beten einen fremden Gott an, der im Lande Hind wohnt. Es wird gesagt, dieser Gott sei eine Frau, und daß sie sie aus diesem Grunde anbeten. Jedes Jahr läßt sie durch Abgesandte auch in diesem Lande das ihr gebührende Geld einsammeln, und auch die ärmsten Ismailiten spenden ihr einige Piaster. Trotzdem behaupten sie, Moslems zu sein: Gott allein weiß, was sie glauben. Komm, Chudr, sage uns, was du glaubst!"

Der also aufgeforderte Gefangene erwiderte verstockt: „Wir sind Moslems."

Aber die Worte des Soldaten waren mir ein Fingerzeig gewesen, dem ich folgte, als die beiden Unglücklichen, sich nahe an mein Pferd drängend, mir zuflüsterten: „Meine Dame, meine Dame, sind Sie im Lande Hind gewesen?"

„Ja", sagte ich.

„Gott segne Sie für dieses Ja! Haben Sie auch von dem großen König gehört, den sie König Mohammed nennen?"

Wieder konnte ich bejahend antworten und sogar hinzufügen, daß ich ihn selbst kannte und mit ihm gesprochen habe, denn ihr König Mohammed war niemand anders als mein Mituntertan, der Agha Chan, und die Religion der Gefangenen konnte sich eines ehrwürdigen Alters rühmen, da sie von dem gegründet ist, den wir den „Alten vom Berge" nennen. Die beiden waren demütige Vertreter der vielgefürchteten (und wohl auch vielverleumdeten) Sekte der Assassinen.[36]

Chudr faßte meinen Steigbügel mit der freien Hand und fragte eifrig: „Ist er nicht ein großer König?"

Diesmal antwortete ich vorsichtig. Obzwar Agha Chan wohl im modernen Sinne, das heißt um seines außerordentlichen Reichtums willen, ein großer König genannt werden kann, würde es mir doch sehr schwer geworden sein, seinen Jüngern das Wesen dieses gewandten, wohlunterrichteten Weltmannes genau zu erklären, den ich zuletzt in London bei einem Diner gesehen und der mir den Marlborough-Club als seine Adresse angegeben hatte. Nicht daß ihnen solche Dinge, selbst wenn sie sie verstanden hätten, anstößig erschienen wären; ist doch der Agha Chan sich selbst Gesetz, und sollte er sich auch größeren Ausschweifungen als Diners und dergleichen hingeben, so würde doch jede seiner Handlungen schon dadurch gerechtfertigt sein, daß *er* sie begeht. Sein Vater pflegte seinen Untertanen Empfehlungsbriefe an den Erzengel Gabriel mitzugeben, um ihnen einen guten Platz im Paradies zu sichern, und wenn auch der Sohn, dank seiner englischen Erziehung und seiner Bekanntschaft mit englischer Denkungsart, sich dieses Vorrechtes nicht mehr bedient, so ist er doch in der Meinung seiner Anhänger noch immer der Hüter des Schlüssels zum Himmelreich. Ihr Glaube an ihn findet seinen sehr konkreten Ausdruck in dem Einkommen, das sie durch Subskription für ihn in Asien und Afrika aufbringen und das jährlich in die Zehntausende geht.

Ungefähr eine Stunde ritten wir durch Gärten dahin. Scharen von Arabern der niedersten Klasse begegneten uns. Auf ihren mit Milch und Quark beladenen Eseln trotteten sie zum Markt nach Homs. Endlich gelangten wir in die jenseits des Orontes liegende Ebene, wo diese Araber zu Hause sind. Diese Steppe bot einen vertrauten Anblick: sie ähnelte der Landschaft im Drusengebirge und war gleich dem Hauran mit schwarzem, vulkanischem Gestein bedeckt. Sie ist der Steinlieferant für die Stadt Homs. Alle zum Bauen benötigten Steine werden auf Eseln jenseits vom Flusse hereingebracht. Sie gelten in der Stadt einen *Metallik* (es ist eine so kleine Münze, daß sie kein europäisches Gegenstück besitzt), und ein Mann mit einem guten Gespann kann bis zu 10 Piaster pro Tag verdienen. Im Frühjahr ist Wa'r Homs, die steinige Steppe von Homs, nur von den verachtetsten Arabern bewohnt, die die Stadt mit Lebensmitteln versorgen – wohlgemerkt, kein Beduine würde seinen Lebensunterhalt durch Quarkhandel oder durch irgend etwas anderes als durch Kampf erwerben –, im Sommer aber lassen sich große Stämme, wie zum Beispiel die Haseneh, auf einige Monate hier nieder, und nach der Ernte folgen ihnen gewisse Familien der 'Anazeh, die ihre Kamele die Stoppeln abweiden lassen. Diese großen Völkerschaften sind dem Lachs zu vergleichen, der aus dem offenen Meere in den Forellenbach eindringt und die kleineren Fische in Angst und Schrecken versetzt. Jetzt, im März, stand die Steppe zum Teil unter Wasser, und zwischen den Steinen sproßten Gras und Blumen; als wir aber, weiter westwärts ziehend, ein allmählich ansteigendes Terrain erreichten, bot die Landschaft das Bild eines wahren Blumengartens. Lichtblaue Hyazinthen erhoben ihre dichtgedrängten Glöckchen über die Lavablöcke, Schwertlilien, rote Anemonen, gelbes Habichtskraut und die prächtige purpurfarbene Nieswurz schmückten das Gras – kurz, die ganze Fülle des syrischen Frühlings lag an diesem glücklichen Tage unter unseren Füßen ausgebreitet. Während der ersten fünf Stunden folgten wir der Fahrstraße nach Tripoli, passierten die die letzte Station vor Homs bildende Karawanserei und überschritten die Grenzlinie zwischen Damaskus und Beirut. Dann wandten wir uns zur Rechten und betraten einen Saumpfad, der eine wellige Grasfläche durchschnitt, die zum Teil bebaut war und einen noch reicheren Blumenflor zeigte als die Ränder der Fahrstraße. Anemonen vom lichtesten Weiß bis zum dunkelsten Purpur und kleine blaue Iris säumten den Pfad, gelbe Krokusse drängten sich an den Ufern des Stromes. Für uns aber, die wir vor kurzem Südsyrien durchzogen, bot das Gras eine noch größere Augenweide als die Blumen. Tragen doch selbst die höchsten Gipfel des Djebel Nosairijjeh ein so saftiggrünes Gewand, daß sich sogar die fruchtbarsten Hänge Judäas und Samarias keines solchen rühmen können. Nachdem wir einen niederen Höhenzug überschritten, senkte sich der Pfad nach einem kurdischen Dorfe, dessen Wohnungen teils aus Zelten, teils aus Erdhütten bestanden. Sicher lebten die Einwohner schon lange in Syrien, denn sie hatten ihre heimische Sprache vergessen und konnten nur Arabisch, das sie, ebenso wie unsere beiden Zaptiehs, mit dem abgehackten Akzent der Kurden aussprachen. Über dem Dorfe drüben erstreckte sich eine ungefähr drei Meilen breite Steppe, die Bkei'a, bis an den Fuß des steilen Abfalls des Nosairijjehgebirges, von dessen höchstem Gipfel die große Festung aus der Zeit der Kreuzzüge herniederdräute, die unser nächstes Ziel war. Noch lag sie von der Sonne beschienen da, hinter ihren Türmen aber kroch bereits ein schwarzes Wetter empor; schon hörten wir den Donner in den Bergen grollen, und zackige Blitze durchzuckten den schwarzen Hintergrund der Burg.

Leider war der direkte Weg durch die Bkei'a dem Berittenen unzugänglich dank der schwammigen Sümpfe, die nach Aus-

Kaffee am Wegesrand

sage der Dörfler tief genug waren, um ein Maultier samt seiner Ladung zu verschlingen; wir wandten uns deshalb, zwar widerwillig nur, nach rechts und umritten den Fuß des Gebirges. Noch waren wir nicht weit gekommen, als uns zwei Reiter begegneten, die der Kaimakam von Kal'at el Husn zu unserer Begrüßung ausgeschickt; kaum hatten sie sich uns zugesellt, als das Wetter losbrach und uns in Ströme von Regen hüllte. Durch Pfützen und Schlamm plätschernd, gelangten wir gegen fünf Uhr vom Regen durchweicht an den Fuß des Berges. Hier ließ ich meine Karawane die Hauptstraße weiter verfolgen und erklomm mit einem von des Kaimakams Reitern den Gipfel auf einem steilen, schmalen, gerade hinaufführenden Pfade. Bei Sonnenuntergang erreichten wir den „Schwarzen Turm". Durch ein prächtiges arabisches Tor ritten wir in einen gewölbten Gang, durch den eine Wendeltreppe aufwärts führte. Es war fast Nacht darin; einige Schießscharten gewährten der grauen Dämmerung von draußen Eingang und verbreiteten kaum einen Schimmer von Tageslicht. Hin und wieder ritten wir an Türen vorüber, hinter denen tiefste Finsternis lag. Die Steinstufen waren flach und breit, aber vielfach zerbrochen; unsere Pferde stolperten und klapperten höher und höher hinauf, bogen um eine Ecke nach der anderen, ritten durch Tor um Tor, bis das letzte uns endlich in den inneren Hof der Festung brachte. Mir war, als ritt ich an der Seite eines Ritters aus dem Feenreich, und ich wäre nicht überrascht gewesen, wenn mir wie in Spencers Dichtung von dem Torbogen Worte wie „Sei kühn!" „Sei kühn!" „Sei nicht zu kühn!" entgegengeleuchtet hätten. Es befand sich jedoch kein Zauberer im Inneren der Burg – nichts als eine Schar Dörfler reckte ihre Hälse, um uns zu sehen, und der Kaimakam versicherte mir lächelnd und freundlich, daß er nicht daran denken könnte, mich in dieser nassen, stürmischen Nacht ein Lager aufschlagen zu lassen. Er hatte bereits für ein Nachtquartier in der Burg gesorgt.

Der Kaimakam von Kal'at el Husn ist ein ganz hervorragender Gelehrter. Sein Name ist 'Abd ul Hamid Beg Rafi'a Zadeh; seine Familie stammt aus Ägypten, wo noch jetzt viele Verwandte von ihm leben. Er wohnt im höchsten Turme der Festung, und hier lag auch mein Gastzimmer, bequem ausgestattet mit Teppichen, einem Diwan, einer viersäuligen Bettstelle und einem Mahagonischrank mit Spiegeltüren, deren Glas jedoch während des Transportes von Tripoli auf dem Rücken des Kameles so zersplittert worden war, daß ich auch nicht das kleinste Fleckchen meines Antlitzes darin erblicken konnte. Obgleich ich bis auf die Haut naß war, mußte ich doch den Forderungen des guten Tones nachkommen, und der schrieb vor, daß wir uns zunächst auf den Diwan niederlassen und Höflichkeiten austauschen mußten, während ich mehrere Gläser schwachen Tees zu mir nahm. Mein Wirt schien nachdenklich und augenscheinlich nicht zu lebhafter Konversation aufgelegt – aus einem guten Grund, wie mir später klar wurde –, aber schon bei meiner Antwort auf seine erste Begrüßung löste sich ein Seufzer der Erleichterung aus seiner Brust.

„Gottlob! Eure Exzellenz sprechen Arabisch. Wir fürchteten schon, uns nicht mit Ihnen unterhalten zu können, und ich habe deshalb eine syrische Dame, die der englischen Sprache mächtig ist, gebeten, den Abend hier zu verbringen und als Dolmetscherin zu dienen."

Etwa eine Stunde lang hielten wir eine zusammenhanglose Plauderei aufrecht, während welcher die Nässe meine Kleider immer gründlicher durchdrang. Erst nachdem auch meine Maultiere angekommen und abgeladen worden waren, erhob sich der Kaimakam und entfernte sich, um mich, wie er sagte, der Ruhe zu überlassen. Wir hatten in der Tat eine lange Tagesreise hinter uns, hatten die Maultiertreiber doch elf Stunden zugebracht, um Kal'at el Husn zu erreichen. Kaum aber hatte ich Zeit gehabt, meine feuchten Sachen zu wechseln, als auch schon ein leises Klopfen an der Tür mir die Anwesenheit der Frauen verriet. Ich öffnete sofort und ließ eine Dienerin ein sowie die Frau des Kaimakams und eine nette Dame, die mich in einem Englisch blumenreichster Art begrüßte. Es war Sitt Ferideh, die Frau des Regierungsfeldmessers, der gleich ihr Christ war. Sie war in einer Missionsschule in Tripoli erzogen und ließ mich nicht lange in Unwissenheit der Tatsache, daß sie Schriftstellerin und ihr größtes Werk die Übersetzung der „Letzten Tage von Pompeji" ins Arabische war. Des Kaimakams Frau, ein junges Geschöpf mit Apfelbäckchen, hätte für hübsch gelten können, wenn sie nicht so außergewöhnlich stark gewesen wäre. Sie war die zweite Frau und erst seit wenigen Monaten verheiratet, der Kaimakam hatte sie nach dem Tode seiner ersten Gemahlin, der Mutter seiner Kinder, genommen. Geraume Zeit wagte sie vor Schüchternheit in meiner Gegenwart den Mund kaum zu öffnen; Sitt Ferideh aber war ganz Herrin der Situation, schwatzte bald auf Englisch, bald auf Arabisch munter drauf los und suchte durch ein völlig korrektes Betragen die Tiefe ihres Christentums nachdrücklich zu beweisen. Die Gesellschaft dieser angenehmen und klugen Frau bereitete mir unendlich mehr Vergnügen als die meiner Wirtin. Das erste Wort, das die letztere zu äußern wagte, war mir jedoch ein höchst willkommenes, denn sie fragte mich, wann ich zu speisen wünschte. Voll Eifer erwiderte ich, daß mir keine Stunde zu früh wäre. Darauf begaben wir uns über einen schmutzigen Hof nach einem Gemach, in welchem ein reiches Mahl aufgetragen war. Hier gesellte sich eine alte Dame zu uns, die mir als „eine Freundin, die einen Blick auf Eure Exzellenz werfen möchte", vorgestellt wurde. Dann ließen wir uns zu dem besten Mahle und zu den besten Saucen nieder, die wenigstens von einem Mitglied der Gesellschaft je gegessen worden sind. Eine dickliche Suppe, vier riesige Schüsseln mit Fleisch und Gemüse und ein Reispudding als Krone des Ganzen machten das Diner aus. Nach Beendigung desselben kehrten wir in mein Zimmer zurück, wo wir uns, nachdem ein Becken voll Holzkohlen und Wasserpfeifen für die Damen hereingebracht worden waren, zu einem abendlichen Plauderstündchen niederließen. Die alte Frau weigerte sich, auf dem Diwan zu sitzen, da sie, wie sie sagte, mehr an den Fußboden gewöhnt war; sie ließ sich so nahe als möglich am Kohlenbecken nieder und streckte ihre runzeligen Hände über die Glut. Sie trug ein schwarzes Kleid und über dem Kopf ein dickes, weißes Leinentuch, das die Stirn fest umspannte und auch das Kinn verhüllte, wodurch sie das Aussehen einer alten Priorin irgendeines religiösen Ordens erhielt. Draußen heulte der Wind um das Turmzimmer, der Regen schlug gegen das einzige Fenster, und ganz natürlich kam das Gespräch auf allerlei Schreckenstaten, auf Geschichten von Mord und Totschlag, die eins dem anderen zuraunt und für welche die tiefen Schatten dieses Zimmers gewiß schon seit Jahrhunderten ein fruchtbarer Boden gewesen sein mochten.

Vor zehn Tagen erst hatte den Kaimakam ein schreckliches Unglück in seiner Familie betroffen: sein Sohn war in Tripoli von einem Schulkameraden in kindischem Streit erschossen worden – den Frauen schien es gar nicht so ungewöhnlich vorzukommen, daß eines Knaben schnell aufwallender Zorn von so verhängnisvollen Folgen begleitet war. Eine Depesche hatte den Kaimakam gerufen; qualvolle Furcht im Herzen war er die lange Gebirgsstraße hinabgeritten, nur um seinen Sohn tot zu finden. Fast war der Kummer größer gewesen, als er ertragen konnte. So berichtete Sitt Ferideh.

Die Alte wiegte sich über dem Kohlenbecken hin und her und murmelte: „Mord ist hier so gewöhnlich wie Milchtrinken! Herr, es ist kein anderer Gott als Du!"

Mit frischen Kräften umfegte der Sturm das Gemäuer, als die Christenfrau das Wort nahm: „Diese Frau", begann sie, mit dem Kopf auf die Gestalt an der Glut deutend, „weiß auch, was

Tränen sind. Erst kürzlich fiel ihr Sohn im Gebirge von der Hand eines Räubers, der ihn mit seinem Messer erstach. Sein ausgeplünderter Leichnam wurde am Wegesrand gefunden."

Wieder beugte sich die beraubte Mutter über die Kohlen, deren heller Schein ihr vergrämtes, altes Gesicht überflutete. „Mord ist wie das Ausgießen von Wasser", stöhnte sie, „o Allerbarmer!"

Spät erst verließen mich die Frauen. Eine erbot sich, die Nacht in meinem Zimmer zuzubringen, aber ich lehnte höflich und entschieden ab.

Am nächsten Morgen weckte mich der Donner, und Hagelkörner prasselten gegen meine Läden. Mir blieb nichts übrig, als weitere 24 Stunden bei dem Kaimakam zu verbringen und dankbar zu sein, daß wir ein schützendes Dach über unseren Häuptern hatten. Ich erforschte die Burg von einem Ende zum anderen; glücklicherweise lebt in jedem von uns das ewige Kind, das mehr Vergnügen an den unterirdischen Kerkern und den Befestigungen einer Burg findet als an irgendeinem anderen Zeugen der Vergangenheit. Kal'at el Husn ist so groß, daß die halbe Bevölkerung des Dorfers Wohnung in den gewölbten Unterbauen der Festung gefunden hat, während die Besatzung die oberen Türme innehat. Die Mauern des inneren Festungsbaues erheben sich aus einem hinter dem äußeren Befestigungsgürtel liegenden Graben. Durch diese Befestigungen hatte uns gestern abend der gewölbte Gang geführt.

Am Tor der inneren Mauer wohnte der Burgfleischer, der jeden Morgen ein Schaf auf der Schwelle schlachtete. Wer sie überschritt, watete durch einen Bluttümpel und mußte meinen, irgendein barbarisches Opfer würde alltäglich am Tor vollzogen. Das Hauptgebäude enthielt die jetzt in eine Moschee verwandelte Kapelle und einen Bankettsaal mit gotischen Fenstern, deren Öffnungen man mit Steinen ausgesetzt hatte, um die Inwohner vor der Kälte zu schützen. Der Turm, in den ich einquartiert war, gehörte zu den oberen Befestigungswerken und erhob sich auf den zu drei Stockwerken übereinandergesetzten Gewölben. Von diesem Turme aus führte ein schmaler Gang auf der Mauer hin in einen großen, prachtvollen Raum, unter dem sich ein runder Turm mit einem kreisrunden Gemach befand, dessen Decke aus

Kal'at el Husn, Inneres der Festung

einem vierteiligen Gewölbe bestand und dessen spitze Fenster Rosetten und mit Friesen geschmückte Bogen aufwiesen.

Die Burg wird in den Chroniken der Kreuzzüge „Kerak der Ritter" genannt. Sie gehörte den Hospitalrittern, und der Großmeister des Ordens machte sie zu seiner Residenz. Der ägyptische Sultan Malek ed Daher eroberte sie, stellte sie wieder her und setzte seine prahlerische Inschrift über das Haupttor. Die Burg ist eine der besterhaltenen vielen Festungen, die Zeugnis ablegen von dem wunderlichen Gemisch von edlem Eifer, Fanatismus, Ehrgeiz und Verbrechen, aus denen die Geschichte der Kreuzzüge zusammengesetzt ist – eine Seite ihrer Geschichte, auf welche die christlichen Nationen nicht ohne Erröten blicken und die sie nicht lesen können, ohne so viel vergeblichem Heldenmut ein unwillkürliches Mitleid zu zollen. Denn für eine unwürdige Sache zu sterben ist die schwerste Niederlage.

Kerak lehnt sich eng an die militärische Architektur des südlichen Frankreichs an, wenn es auch Spuren des orientalischen Einflusses aufweist, von dem sich die großen Ritterorden nicht ganz freimachen konnten. Viel mehr als die Hospitalritter unterlagen ihm freilich die Tempelherren. Wie bei den zeitgenössischen arabischen Festungen gewannen auch hier die Mauern nach ihrem Fuße zu immer mehr an Stärke und endeten in schräg abfallenden Bastionen aus solidem Mauerwerk, die den Angriffen der Sappeure[37] Trotz boten; die gerundeten Türme aber, die so weit aus der Mauerlinie vorsprangen, zeigten durchaus französischen Charakter. Der Überlieferung nach haben die Kreuzfahrer bereits eine Burg auf dem Berggipfel vorgefunden und sie den Arabern genommen; ich konnte jedoch keine Spur noch früherer Bauten finden. Wohl aber stammen Teile der jetzt vorhandenen Festung aus einer späteren Zeit, so zum Beispiel ein großes Gebäude am inneren Graben, dessen Mauern erhabene Löwen zeigten, die den seldschukischen Löwen nicht unähnlich waren.

Nach dem Frühstück stieg ich den schlüpfrigen Berg hinab in das Dorf und stattete der Sitt Ferideh und ihrem Manne einen Besuch ab. Ich fand ein zweites christliches Paar dort; der Mann war der Sahib es Sanduk, wohl eine Art Schatzmeister. Die beiden Männer sprachen über die Lage der syrischen Armen. Nach der Meinung des Feldmessers brauchte keiner Hungers zu sterben, wie das von ihm aufgestellte Budget des Durchschnittsbauern bestätigte. Selbst der ärmste Fellahin[38] kann im Jahr 1.000 bis 1.500 Piaster verdienen (140 bis 220 Mark), hat aber außer der Kopfsteuer und der Entschädigungssumme für seinen militärischen Ersatzmann keinen Pfennig Geld auszugeben. Fleisch ist ein unbekannter Luxus; ein Faß *Semen* (ranzige Butter) kostet höchstens 8 bis 10 Mark und genügt auf Monate hinaus, um den *Burghul* und andere Mehlgerichte schmackhaft zu machen. Werden die Körnerfrüchte und der *Semen* knapp beim Bauer, so braucht er nur in das Gebirge oder in das flache Land hinabzugehen, das noch herrenloses Gebiet ist, und sich eßbare Kräuter sammeln oder nach Wurzeln zu graben. Sein Haus baut er sich eigenhändig, den Platz, auf dem es steht, hat er umsonst, Geräte und Möbel braucht er nicht hinein. Und Kleidung? Da ist wenig genug vonnöten: einige Leinenhemden, alle 2 bis 3 Jahre ein wollenes Gewand und ein Baumwolltuch um den Kopf. Selten nur bleiben die Alten und Kranken ohne Pflege; haben sie noch eine Familie, so sorgt diese für sie, sind sie aber ganz ohne Angehörige, so können sie ihr Leben leicht durch Betteln fristen, denn kein Orientale weist die Bitte um eine kleine Gabe zurück, wenn der Arme auch nur selten Geld geben kann. Wenige Fellahin besitzen eigenes Land, sondern sie arbeiten um Tagelohn auf den Gütern der Reicheren. Die Hauptgrundbesitzer um Kal'at el Husn gehören der aus Tripoli stammenden Familie der Danadischeh an. Noch bis vor kurzem war die Burg nicht Eigentum der Regierung, sondern gehörte dem Geschlecht der Zabieh, in deren Besitz sie zwei Jahrhunderte gewesen, und deren Nachkommen noch jetzt eine Wohnung am äußeren Wall innehaben. Hier fiel der Schatzmeister mit der Bemerkung ein, daß selbst der mohammedanischen Bevölkerung die ottomanische Herrschaft verhaßt wäre und daß sie sich viel lieber von Fremden regieren lassen würden – möge er immerhin ein Ungläubiger sein –, am liebsten von den Engländern, denn Ägyptens Wohlfahrt hätte einen tiefen Eindruck auf die Syrer gemacht.

An diesem Abend ließ mich der Kaimakam fragen, ob ich allein zu speisen wünschte oder ob ich ihm und seiner Frau die Ehre geben wollte. Ich bat um den letzteren Vorzug. Trotz seines wahrhaft rührenden Bemühens, mir ein guter Wirt zu sein, war er doch still und traurig zu Beginn des Diners, bis wir endlich ein Thema anschnitten, das ihn seinem Kummer einigermaßen entzog. Die großen Toten kamen uns zu Hilfe und trugen Worte auf ihren Lippen, die schon Menschengeschlecht um Menschengeschlecht Balsam ins sinkende Herz geträufelt haben. Der Kaimakam war wohlvertraut mit der arabischen Literatur; er kannte die Meister der Wüstendichtung auswendig und trug Lied um Lied vor, sobald er erfahren, daß ich sie zwar hochschätzte, aber nur wenig von ihnen kannte. Sein eigener Geschmack freilich neigte sich mehr modernerer Dichtung zu; einer seiner Lieblingsdichter schien der dem zehnten Jahrhundert angehörende Mutanabbi zu sein. Noch glüht etwas vom Feuer der Alten in Mutanabbis Zeilen, und hell lohte es wieder auf, als der Kaimakam die berühmte Ode zitierte, in der der Dichter Abschied von den Freuden der Jugend nimmt:

*„Wie oft hab ich das Alter hergesehnt, den Sturm im Herzen mir
zu stillen!
Und sollte ich nun klagen, da mein Bitten mir erfüllt?
Alles Wünschen ist erstorben, nur dem Speer noch gilt mein Lieben,
Ihm allein sei Spiel und Scherz geweiht.
Gibt's einen schön'ren Sitz im Leben als den Sattel des flücht'gen
Renners?
Einen bessren Gefährten für die Muße als ein Buch?"*

„Diese Zeilen", schloß der Kaimakam, „müssen Euer Exzellenz doch gefallen!"

Als er mich in das Gastgemach zurückbrachte, fragte er, ob er mir nicht sein letztes Gedicht vorlesen dürfte, das er auf Bitten der Studenten der amerikanischen Universität zu Beirut (der berühmtesten derartigen Anstalt Syriens) zur Feier eines Jahrestages verfaßt, den sie binnen kurzem festlich begehen wollten. Zunächst brachte er den in den schmeichelhaftesten Ausdrücken abgefaßten Brief der Studenten zum Vorschein, dann sein Manuskript und las mir seine Verse mit der trefflichen Betonung des orientalischen Rezitators vor. Von Zeit zu Zeit hielt er inne, um die Bedeutung einer Metapher zu erklären oder eine Erläuterung zu einer schwierigen Strophe zu geben. Er sang das Lob der Bildung, endete aber höchst inkonsequenterweise mit einem liebdienerischen Hymnus auf den Sultan, eine Stelle, die ihn noch dazu mit großem Stolz erfüllte. Soweit ich es beurteilen konnte, war es keine besonders hervorragende Poesie; aber was schadet das? Es gibt keinen besseren Trost im Kummer als das Bewußtsein, Schöpfer irgendeines Werkes zu sein, und für eine kurze Stunde vergaß der Kaimakam seinen Schmerz und lebte in einer Welt, wo kein Leid ist noch Geschrei.

An passenden Stellen drückte ich meine Billigung und mein Lob aus und mußte innerlich darüber lachen, daß ich hier denselben liebenswürdigen Unsinn auf Arabisch redete, den man so oft auf Englisch sagt. Statt zwischen den kahlen Wänden einer Kreuzfahrerfestung hätte ich ebensogut in einem Londoner Salon sitzen können. Ist doch die Welt allüberall aus demselben Stoff gemacht!

Am nächsten Morgen regnete es noch immer; in mißlichster

Laune kleidete ich mich an und frühstückte, als die Wolken plötzlich wie von Zauberhand weggeschoben wurden, und um halb acht Uhr brachen wir beim herrlichsten Sonnenschein auf.

Am Fuße des steilen Hügels, der das Kastell trägt, liegt inmitten eines Olivenhains ein griechisches Kloster. Als wir es erreichten, stieg ich ab, um den Abt zu begrüßen, aber siehe da! Es war ein alter Bekannter von mir, dem ich bereits vor fünf Jahren bei meiner Rückkehr von Palmyra im Kloster Ma'alula begegnet war. Große Freude herrschte über dieses glückliche Zusammentreffen, zu dessen Feier viel Marmelade, Kaffee und Wasser vertilgt wurde. Mit Ausnahme einer kryptaähnlichen Kapelle, die 1200 Jahre alt sein soll, ist das Kloster wieder aufgebaut worden. Das Gewölbe der alten Kapelle wird von zwei Marmorsäulen getragen, die unterhalb des Kapitäls abgebrochen und in die Wand eingefügt sind, ein Verfahren, das mehr seltsam als schön zu nennen ist. Die Kapitäle zeigen die Form von Lilienblüten im byzantinischen Stil. Am Altar, der ein schönes Muster moderner Holzschnitzerei ist, befinden sich einige prächtige persische Kacheln in der Wand. In der Westmauer des Klosters zeigte man mir eine so schmale Pforte, daß es kaum möglich war, sich hindurchzuzwängen – unmöglich, wie die Mönche sagten, jedenfalls für den, der nicht reinen Herzens ist. Ich wagte nicht, meinen Ruf durch einen Versuch, mich hindurchzuzwängen, aufs Spiel zu setzen.

Wir ritten weiter durch dünnbewaldete, aber desto dichter mit Blumen besetzte Täler; die Obstbäume begannen zu blühen, das Geißblatt grünte, und bei einem winzigen Friedhof ließen wir uns unter knospenden Eichen zum Frühstück nieder. Vor uns lag der kritische Punkt unserer Tagesreise. Schon sahen wir die Mauern der Burg Safita auf dem gegenüberliegenden Hügel, aber noch trennte uns ein angeschwollener Strom, dessen Brücke weggerissen und dessen Furt, einem Gerücht zufolge, unpassierbar war. Als wir die Ufer des Abrasch erreichten, sahen wir durch das weite Bett eine einzige wirbelnde und schäumende Wassermasse hinabtosen, die kein beladenes Maultier durchwaten konnte. Zwei Stunden ritten wir stromabwärts und gelangten gerade noch zur rechten Zeit an die zweite Brücke, die Djisr el Wad, die sich im letzten Stadium des Verfalls befand, da nur noch die mittleren Bogen zusammenhielten. Die Hügel auf dem gegenüberliegenden Ufer waren mit niederem Buschwerk besetzt, aus dem die liebliche *Iris stylosa* ihre blauen Staubgefäße erhob. Zur weiteren Belebung der Szenerie trug ferner ein ununterbrochener Zug weißgekleideter Nosairijjeh bei, die der Brücke zustrebten. In meiner Gesellschaft befand sich 'Abd ul Medjid, ein kurdischer Zaptieh, der das Gebirge und all seine Bewohner gut kannte. Obgleich Mohammedaner, hegte er keinen Groll gegen die Nosairijjeh, die ihm immer als harmlose Leute erschienen waren, und ein jeder grüßte ihn freundlich im Vorübergehen. Er erzählte mir auch, daß die weiße Gesellschaft sich zu den Beerdigungsfeierlichkeiten eines großen, seiner Frömmigkeit wegen wohlbekannten Scheichs begab, der vor einer Woche gestorben war. Das Fest selbst wird gewöhnlich zwei Tage nach der Beerdigung abgehalten, und wenn die Gäste gespeist haben, bringt jeder nach seinen Kräften der Familie des Toten seinen Tribut dar, der zwischen einem und fünf, ja sechs Piaster schwankt. Im Djebel Nosairijjeh im Geruch der Heiligkeit zu stehen, ist gleichwertig mit einer Lebensversicherung bei uns zulande.

Dank dem großen Umwege erreichten wir Safita erst um vier Uhr. Ich lehnte die Gastfreundschaft des Kommandanten ab und schlug meine Zelte außerhalb des Dorfes an einem Waldrande auf. Das innere Festungsgebäude, welches wir von ferne gesehen hatten, ist alles, was von der Weißen Burg der Tempelherren übriggeblieben ist. Es steht auf dem Gipfel des Hügels, um dessen Fuß sich das Dörflein gruppiert und von dem aus man das Mittelmeer und den nördlichen Teil der phönizischen Küste erblickt. Unter den mir zum Verkauf angebotenen Antiquitäten bemerkte ich eine phönizische Münze und die kleine Bronzestatue eines phönizischen Gottes – wahrscheinlich war Safita für jenes Handelsvolk ein Stützpunkt im Binnenlande. Die Feste selbst war eine geschickte architektonische Überraschung. Sie enthielt nicht, wie zu erwarten stand, eine gewölbte Halle oder ein Refektorium, sondern eine große Kirche, die sozusagen das Herz der Festung ausmachte. Als wir eintraten, wurde gerade ein Gottesdienst abgehalten; durch die Westtüren ergoß sich die Abendröte und hüllte die in Anbetung auf ihren Knien liegende

Gemeinde in purpurne Glut. Die meisten Bewohner von Safita sind Christen und sprechen Englisch mit dem ausgesprochen amerikanischen Akzent, den sie sich angeeignet haben, während sie in den Vereinigten Staaten ihr kleines Vermögen erwarben. Außer dem Akzent aber hatten sie auch eine mir nicht angenehme Vertraulichkeit in der Redeweise mitgebracht und einen Teil der ihnen angeborenen guten Manieren verloren. 'Abd ul Medjid, der fesche Unteroffizier, begleitete mich durch die Stadt, rettete mich aus den Klauen der amerikanisierten Christen, zwirbelte seinen kühnen, militärischen Schnurrbart gegen die kleinen Jungen, die uns nachlaufen wollten, und schickte hinter ihrem Rückzug Proben aus dem elegantesten Schimpfwörterschatz her, den mein Ohr je den Vorzug hatte zu hören.

Spät am Abend wurden zwei Besucher angekündigt. Es war der Zabit (Kommandant) und ein anderer Beamter, durch die der Kaimakam von Drekisch mich bewillkommnen und in sein Dorf einladen ließ. Wir drei ritten in der Frühe des nächsten Morgens mit einigen Soldaten hinter uns auf einem gewundenen Pfad durch die Berge und gelangten nach zwei Stunden in ein Tal voller Olivenhaine, an dessen Hängen das Dorf Drekisch lag. Bei der ersten Olivengruppe fanden wir drei Biedermänner in langem Rock und Tarbusch unser harrend; bei unserer Annäherung bestiegen sie die Pferde und schlossen sich dem Zuge an, der, während wir die Dorfstraße hinaufritten, durch andere Honoratioren zu Pferde immer mehr anschwoll, bis wir schließlich die Gesamtsumme von 13 erreicht hatten. Der Kaimakam erwartete uns in Gala und voll des Zeremoniells an der Tür seines Hauses und geleitete mich in sein Besuchszimmer, wo wir Kaffee tranken. Die Gesellschaft bestand nun aus 30 Personen von Rang und Ansehen.

Nach dem offiziellen Empfang brachte mich mein Wirt in seine Privatwohnung und stellte mich seiner Frau, einer liebenswürdigen Damaszenerin, vor. Während der nun folgenden kurzen Unterhaltung lernte ich ihn genauer kennen. Riza Beg el 'Abid verdankt seine gegenwärtige Stellung dem Umstand, daß er ein Vetter 'Isset Paschas ist, denn es gibt in der Familie dieses großen Mannes keinen, der nicht wenigstens Kaimakam ist. Aber Riza Beg hätte die soziale Leiter auch ohne Unterstüt-

Arabische Bäuerinnen und Bauern

zung erklimmen können; er ist ein Mann von außergewöhnlich gewinnendem Wesen und verfügt in reichem Maße über den scharfen Verstand der Syrer. Das Geschlecht, zu dem er und 'Isset gehören, ist arabischen Ursprungs. Die Mitglieder der Familie leiten ihre Abstammung von dem edlen Stamm der Muwali her, die Harun er Raschid verwandt sind, und wenn du 'Isset Pascha begegnest, so wirst du wohl tun, ihn zu seiner Verwandtschaft mit jenem Kalifen zu beglückwünschen, obgleich er weiß (auch weiß, daß du es weißt), daß die Muwali seinen Anspruch mit Verachtung zurückweisen und ihn unter die Abkömmlinge ihrer Sklaven zählen, worauf auch sein Name 'Abid (Sklave) hinweist. Gleichviel, ob Sklaven oder Freie – die Söhne des Hauses 'Abid sind so geschickt emporgestiegen, daß sie der Türkei den Fuß auf den Nacken gesetzt haben und in dieser gewagten Stellung auch verbleiben werden, bis 'Isset die Gunst des Sultans verliert.

Riza Beg machte ein ernstes Gesicht, als ich auf seine hohen Verbindungen anspielte, und bemerkte, daß die Machtstellung, deren er sich als Mitglied seiner Familie erfreute, keine leichte Sache sei und daß er mit Freuden ein weniger hervorragendes Amt als das eines Kaimakams ausfüllen würde. Vielleicht würde auch der Pascha die Freuden Konstantinopels nur allzugern gegen einen bescheideneren, aber sicheren Wirkungskreis austauschen – eine Vermutung, der ich um so lieber Glauben schenke, als 'Isset, wenn das Gerücht stimmt, in den Jahren, da er sich der höchsten Gunst erfreute, aus seiner Stellung so viel Nutzen gezogen hat, wie er nur irgend erwarten konnte. Ich versicherte dem Kaimakam, daß ich mir ein Vergnügen daraus machen würde, dem Pascha, sobald ich in Konstantinopel angekommen wäre, einen Besuch abzustatten, und ich führte dieses Projekt auch mit so gutem Erfolg aus, daß ich nach 'Issets eigener Aussage mich künftighin zu den Personen rechnen muß, die seiner lebenslänglichen Freundschaft versichert sein können.

Inzwischen war das Frühstück fertig geworden. Nachdem sich die Hausfrau zurückgezogen, fanden die übrigen Gäste Einlaß. Es waren vier an der Zahl: der Zabit, der Kadi und zwei andere. Wir hielten ein reichliches, vortreffliches und unterhaltsames Mahl. Es wurde von munterem Gespräch belebt, das der Kaimakam anregte und aufrechterhielt, der jedes Thema mit der gewandten Leichtigkeit eines Mannes von Welt behandelte. Während er sprach, kam mir immer wieder von neuem zu Bewußtsein, was für eine schöne, elegante Sprache das Syrisch-Arabisch im Munde des Gebildeten ist.

Bei meinem Abschied eröffnete mir der Kaimakam, daß ich noch während der ganzen folgenden Nacht sein Gast sein würde. Er hatte nämlich, wie er sagte, von meiner Absicht erfahren, mein Lager am verfallenen Tempel von Husn es Suleiman aufzuschlagen, und meine Karawane unter dem Schutze eines Zaptiehs bereits dahin gesandt. Einer seiner Vettern, der für meine Bedürfnisse Sorge tragen sollte, war mit Dienern und Vorräten ebenfalls schon vorausgegangen. Der Zabit und Ra'ib Effendi el

Helu, ein anderer Teilnehmer an der Frühstücksgesellschaft, sollten mich begleiten. Hoffentlich war das alles zu meiner Zufriedenheit. Ich dankte dem Kaimakam herzlich für seine Güte und versicherte, ihn schon an seiner großmütigen Gastfreundschaft als Araber von edler Geburt erkannt zu haben.

Unser Pfad führte uns bis zur Höhe des nosairischen Gebirges, wo wir, auf dem Kamme hinreitend, eine felsige, romantische Wegspur verfolgten. Die Abhänge waren außerordentlich steil und zeigten außer Gras und Blumen keinen Pflanzenwuchs. Nur hier und da waren die höchsten Gipfel von einer Eichengruppe gekrönt, durch deren kahles Gezweig die weiße Kuppel einer nosairischen Mazar leuchtete. Die Nosairijjeh haben weder Kirchen noch Moscheen, aber auf jedem Berggipfel errichten sie eine Kapelle, das Zeichen einer Begräbnisstätte. Diese hochgebetteten Toten haben zwar die Erdenwelt verlassen, fahren aber noch fort, sie mit ihren Segnungen zu beglücken, denn sie sind die Beschützer der Bäume, deren Wurzeln ihre Gebeine umschlingen und die deshalb als die einzigen ihrer Art ungehindert wachsen dürfen.

Husn es Suleiman liegt hoch oben in den Bergen am Anfang eines Tales. Ein klarer Quell rieselt unter dem Gestein hervor und umspült eine natürliche, mit grünem Moos bewachsene Plattform, auf der wir unsere Zelte errichteten. Amphitheatralisch steigen die Berge hinter dem Tempel hinan, vor ihm senkt sich das Tal abwärts, und die Götter, denen er geweiht war, können sich ungestörter Einsamkeit der in Trümmer gesunkenen Lieblichkeit ihres Heiligtums erfreuen. Die Mauern sind mit Efeu übersponnen, und Veilchen sprossen in den Ritzen. Vier Tore führen in den Hof, in dessen Mitte sich die Ruinen des Tempels befinden, während etwas südlich von der Cella noch das Mauerwerk eines Altares sichtbar ist, der in schönen griechischen Lettern eine Widmung trägt. Sie berichtet, daß der Centurio Decimus, aus der Legion des Flavian, nebst zwei Söhnen und einer Tochter dem Gott von Baitokaike einen erzenen Altar stiftete und auf einem Steinsockel errichtete. Dies geschah im Jahr 444 der seleukidischen Zeitrechnung. Dieses Datum entspricht unserem Jahr 132 nach Christus. Es ist bedauerlich, daß Decimus sich nicht

Tempel von Husn es Suleiman

bewogen fühlte, auch den Namen des Gottes hinzuzufügen; derselbe bleibt in allen Inschriften unerwähnt. Der Nordeingang besteht aus einem dreiteiligen Tor und liegt einer zweiten rechteckigen Umfriedung gegenüber, in deren südöstlichem Winkel ein kleiner Tempel steht, während aus der Nordmauer eine kuppelförmige Überdachung hervorragt. Letztere schützte vielleicht die Statue des unbekannten Gottes, denn es führen Stufen hinauf, und Säulenstümpfe umstehen den Platz. Wie in Ba'albek, so heiligten die Christen auch diese Stelle durch das Erbauen einer Kirche, die in der zweiten Umfriedung, und zwar rechtwinkelig zu dem Heiligtum an der Nordwand lag. Die äußeren Mauern beider Höfe sind außerordentlich massiv, sind doch die Steine nicht selten 6 bis 8 Fuß dick. Obgleich der Schmuck viel strenger, herber ist als in Ba'albek, so erinnern doch gewisse Details so lebhaft an das letztere, daß ich mich der Vermutung nicht entschlagen kann, es müsse ein und derselbe Architekt gewesen sein, der in die untere Seite der Architrave zu Baitokaike die Adler und Cherubine einmeißelte, mit denen er bereits die Architrave des Jupitertempels geschmückt hatte. Nach der Behauptung der Bauern befinden sich unter beiden Tempeln und Höfen tiefe Gewölbe. Sicherlich ist die Ruine sorgfältige Ausgrabungen wert, wenn auch keine weitere Entdeckung die Schönheit des großartigen Heiligtums in den Bergen steigern kann.

Der Kaimakam hatte sein Wort gehalten. Es waren uns Scharen von Schafen und Hühnern zum Opfer gefallen, und nachdem ich und meine Freunde gespeist hatten, taten sich auch die Soldaten und Maultiertreiber gütlich. Lustig flackerten die Lagerfeuer in der klaren, reinen Gebirgsluft, die Sterne glitzerten am Himmel, über die Steine plätscherte der Bach; alles übrige lag in Schweigen, denn Kurt war nicht mehr. Irgendwo in den Bergen war er uns davongelaufen und nicht wiedergekommen. Ich betrauerte seinen Verlust, konnte aber in Zukunft um so friedlicher schlafen.

Alle meine Freunde sowie auch die Soldaten begleiteten uns am nächsten Tage bis an die Grenze der Provinz Drekisch und verließen uns hier, nachdem sie noch einen widerwilligen Nosairijjeh in seinem Hause zu 'Ain es Schems aufgejagt und ihm befohlen hatten, dem mich begleitenden Zaptieh bei der Auffindung des außerordentlich felsigen Pfades nach Masjad behilflich zu sein. Nach seinem Weggang rief ich Michaïl, um seine Meinung über unsere Bewirtung am gestrigen Tage zu hören. Er gab das arabische Äquivalent eines Grunzens von sich und sagte: „Zweifellos denken Eure Exzellenz, daß Sie der Gast des Kaimakam waren. Ich will Ihnen sagen, wessen Gast Sie gewesen sind. Sie haben die nosairischen Bauern gesehen, das elende Volk, das Ihnen an der Ruine Antiquitäten verkaufte. Das waren Ihre Wirte. Alles ist von ihnen ohne Bezahlung genommen worden. Sie haben das Holz für die Lagerfeuer gesammelt, die Hühner und die Eier gehörten ihnen, die Schafe entstammten ihren Herden, und als Sie sagten, ,Ich habe genug!', und sich weigerten, mehr zu nehmen, ergriffen die Soldaten noch ein Schaf und behielten es für sich. Und das einzige Entgelt, was die Bauern bekamen, waren die *Metalliks*, die Sie Ihnen für ihre alten Münzen gaben. Aber wenn Sie mir folgen wollen", fügte Michaïl höchst inkonsequenterweise hinzu, „sollen Sie durch ganz Anatolien reisen, ohne den vierten Teil eines *Medjideh* aus Ihrer Börse nehmen zu müssen. Sie werden von Kaimakam zu Kaimakam ziehen und überall Gastfreundschaft finden – den Leuten ist es nicht um Bezahlung zu tun, sie wünschen nur, daß Eure Exzellenz ein gutes Wort für sie einlegen, wenn Sie nach Konstantinopel kommen. Sie werden in ihren Häusern schlafen und an ihrem Tisch essen, wie es war, als ich mit Sacks reiste …"

Aber wenn ich alles erzählen wollte, was sich ereignete, während Michaïl mit Mark Sykes reiste, würde ich nie nach Masjad kommen.

Der Tag war bemerkenswert um der außerordentlichen Unzugänglichkeit der Wege und der Schönheit der Blumen willen. Auf den Berggipfeln wuchsen gelbe, weiße, purpurne Krokusse, alpine Zyklamen und ganze Flächen weißer Primeln; weiter unten blühten Iris, Narzissen, schwarze, grüne, rote Orchideen und im Myrthengebüsch die blauen gefüllten Anemonen. Am Fuße des steilsten Abfalls angelangt, entließ ich den unglücklichen Nosairijjeh mit einem Trinkgeld, das jedenfalls viel mehr war, als er aus einem Abenteuer zu gewinnen gehofft, das mit einem

Polizeibefehl begonnen. Um drei Uhr erreichten wir Masjad und schlugen unsere Zelte am Fuße der Burg auf.

Aber Masjad war eine Enttäuschung. Wohl weist der Ort eine große Burg auf, aber sie ist, soviel ich beurteilen konnte, arabischen Ursprungs, ebenso wie die Stadtmauern arabische Arbeit sind. Da eine alte Römerstraße von Hama durch die Stadt geht, sollten sich darin auch Spuren römischer Niederlassung vorfinden, aber ich sah keine. Ich hörte nur von einer Burg in Abu Kbesch auf dem Kamm des Gebirges, da sie aber nach dem Ausspruch der Leute gerade wie Masjad, nur kleiner war, ging ich nicht hinauf. Die Burg von Masjad hat eine äußere Mauer und innere Befestigungswerke, zu denen man, ähnlich wie in Kal'at el Husn, durch einen überwölbten Gang gelangt. Die alte Festung ist fast gänzlich zerstört und nun durch flüchtig hingebaute Hallen und Säulen ersetzt worden, die die Ismailiten vor einigen hundert Jahren, als sie im Besitz des Ortes waren, errichteten. So wenigstens erzählte mir ein alter Mann, der Emir Mustafa Milhem, der jener Sekte angehörte und mir als Führer diente. Er behauptete auch, daß seine Familie die Festung sieben bis acht Jahrhunderte lang bewohnt habe. Vielleicht log er damit, wenn es auch auf Wahrheit beruht, daß sie den Ismailiten so lange gehört hat. In die äußeren Tore sind eine Anzahl Säulen und Kapitäle eingebaut, die von byzantinischen Bauten herrühren müssen. Es finden sich auch auf der Innenseite des zweiten Tores einige alte arabische Inschriften, die den Namen der Erbauer dieses Festungsteiles berichten, aber sie sind sehr verwittert.

Später sagte man mir auch, ich hätte einen Ort namens Deir es Sleb besuchen müssen, wo zwei Kirchen und ein kleines Kastell zu sehen sind. Er ist auf der Karte nicht eingezeichnet und lag schon weit hinter uns, als ich davon erfuhr.

Als ich am nächsten Tag nach Hama reiste, sah ich Reste des *Rasif*, der alten Römerstraße. Viereinhalb Meilen von Masjad entfernt liegt an der Brücke über den Fluß Sarut ein eigentümlicher Erdwall, an dessen Vorderseite eine hohe Mauer aus ungeheuren Steinblöcken bis zur Spitze hinaufläuft. Michaïl fand unten am Fuße eine römische Münze in den Furchen des Felsens. Von der Brücke an stand uns noch eine zweieinhalbstündige langweilige

Reise bevor, die uns durch die Gegenwart eines alten Türken, eines Telegraphenbeamten, sehr verschönt wurde, der sich an der Brücke zu uns gesellte und mir im Weiterreisen seine Geschichte erzählte.

„Effendim, meine Familie wohnt in der Nähe von Sofia. Effendim, kennen Sie den Ort? Mascha'llah, es ist ein schönes Land! In meiner Heimat sind die Berge mit Bäumen, Obstbäumen und Tannen bewachsen, und die Ebenen sind Rosengärten. Effendim, viele von uns sind nach dem Krieg mit den Moskowitern hierhergezogen, weil wir unter keiner anderen als des Sultans Hand leben wollten. Aber viele sind bald wieder zurückgekehrt. Warum Effendim? Sie mochten nicht in einem Lande ohne Bäume wohnen; sie konnten es nicht ertragen, bei Gott!"

So plaudernd, erreichten wir Hama.

X.

*Hama * Malerische Lage der Stadt * Ihre Bewohner * Die öffentliche Meinung * Das Beduinenviertel * Der Zaptieh Mahmud * Ritt nach Kal'at es Seidjar * Geschichten über Ismailiten und Nosairijjeh * Eine Stammesfehde * Die Frauen der Seidjari * Eigenarten der Zirkassier * Mühsale der Mekkapilger * Die Forts an der Haddjstraße * Kal'at el Mudik * Geschichte und Architektur der Stadt * Inseldörfer * Mein Mundvorrat **

Man sieht Hama nicht eher, bis man tatsächlich darauf ist – darauf ist das einzige Wort, das die Stellung des Ankommenden richtig bezeichnet. Der Orontes fließt hier in einem tiefen Bett, und die Stadt liegt zwischen den Uferhöhen versteckt. Eine weite eintönige Ebene voller Kornfelder breitet sich ohne Unterbrechung vor dem Auge aus, bis man plötzlich ein wahres Gewirr von Begräbnisstätten erreicht – wir kamen gerade an dem allwöchentlich wiederkehrenden Allerseelentag an, und alle Kirchhöfe waren ebenso gedrängt voll von Lebenden wie von

Na'oura, Hama

Toten. Plötzlich hörte die Ebene zu unseren Füßen auf, und wir standen am Rande einer steilen Böschung. Wir überblickten die ganze Stadt, den Orontes im Schmuck der mächtigen persischen Räder und jenseits derselben den kegelförmigen Erdwall, der die Festungen Hamath und Epiphania und wer weiß, was sonst noch, trägt, denn er ist einer der ältesten festen Plätze der Welt. Bei unserem Kommen erhoben sich zwei Soldaten vom Erdboden und schickten sich an, mir einen Lagerplatz anzuweisen, aber ich war müde und gereizt, wie das manchmal auf Reisen vorkommt, und all die kahlen, von Häusern umschlossenen Plätze, an die wir geführt wurden, kamen mir ganz abscheulich vor. Endlich erklärte mein guter Türke, der mich noch nicht verlassen hatte, ein Fleckchen zu kennen, das mir gefallen würde; er führte uns am Rande der Böschung entlang bis zum Nordende der Stadt an eine grasbewachsene Stelle, die den schönsten Lagerplatz bot, den ich mir wünschen konnte. Unter uns verließ der Orontes, zwischen Gärten voll blühender Aprikosenbäume dahingleitend, die Stadt, goldener Abendschein lag hinter den Minaretts, und eine große Na'oura entlockte den Fluten ein harmonisches Lied.

Hama ist gegenwärtig die Endstation der französischen Eisenbahn[*] und der Sitz eines Muteserrif[39]. Die Eisenbahn versah mich mit einem Führer und Gesellschafter in der Person eines syrischen Stationsvorstehers, eines aufgeblasenen, unfertigen kleinen Mannes, der in einer Missionsschule erzogen worden war und es verschmähte, Arabisch zu reden, sobald er Französisch radebrechen konnte. Er tat mir zu wissen, daß sein Name Monsieur Kbes und sein Steckenpferd Archäologie sei, und um seinen Standpunkt auf der Höhe modernen Wissens zu dokumentieren, schrieb er jeden historischen Überrest in Hama den Hethitern zu, mochte es nun ein byzantinisches Kapitäl oder eine durchbrochene arabische Verzierung sein. Zwischen dem Muteserrif und mir entstand sofort eine kleine Meinungsverschiedenheit, da er darauf bestand, mein Lager während der Nacht durch acht Soldaten bewachen zu lassen. Welch widersinnige Menge, wenn

---

[*] Es wird höchstens noch ein oder zwei Monate die Endstation sein, da die Linie bis Aleppo weitergeführt worden ist.

man bedenkt, daß bisher in jedem Dorfe zwei genügt hatten. Eine so zahlreiche Wachmannschaft bedeutete für mich eine unerträgliche Plage, denn sie hätten sich die ganze Nacht unterhalten und das Lager um die Ruhe gebracht. Ich schickte also sechs wieder weg trotz ihrer Beteuerung, daß sie den Befehlen ihrer Vorgesetzten zu gehorchen hätten. Sie brachten schließlich die Befehle des Muteserrif mit den meinen in Einklang, indem sie die Nacht in einer nahen Moschee zubrachten, wo sie sich, durch kein Gefühl der Verantwortung gestört, eines vortrefflichen Schlafes erfreuen konnten.

Keine Stadt in Syrien kann sich einer gleich malerischen Lage rühmen wie Hama. Der breite Fluß mit seinen Wasserrädern verleiht einen nie versagenden Reiz, die schwarz und weiß gestreiften Türme der Moscheen sind von prächtiger architektonischer Wirkung, die engen, zum Teil überwölbten Straßen bieten in ihrem Wechsel von Sonnenschein und Schatten unvergleichbare Lichteffekte, und die Bazare sind noch nicht durch die eisernen Dächer entstellt, die die Verkaufsstraße von Damaskus und Homs so sehr ihres charakteristischen Gepräges beraubt haben. Die große Moschee im Mittelpunkt der Stadt war einst eine byzantinische Kirche. Noch heute zeichnen sich die Türen und Fenster des ehemaligen Gebäudes deutlich in den Mauern der Moschee ab; der untere Teil des westlichen Minaretts bildete augenscheinlich die Grundmauern eines früheren Turmes; im Hofe liegen zahlreiche byzantinische Säulenschäfte und Kapitäle, und die schöne kleine Kubbeh wird von acht korinthischen Säulen getragen. Auf einer der letzteren bemerkte ich das byzantinische Motiv des wehenden Akanthus[40]. Die Steinschneider aber schienen es müde geworden zu sein, die Blätter in stereotyper Einförmigkeit aufrecht zu stellen, und haben sie statt dessen leicht um das Kapitäl gelegt, als ob ein Wirbelwind über sie hinweggefahren wäre. Diese neue Anordnung wirkt außerordentlich anmutig und pikant.

Kbes und ich erkletterten den Burgberg und fanden oben ein ungeheuer großes Ruinenfeld, aber alle behauenen Steine der ehemaligen Festung sind fortgeschafft und zum Bau der Stadt verwendet worden. Meinem Eindrucke nach steht der Festungskegel nicht von Natur so isoliert da, sondern er ist entstanden, indem man durch einen Einschnitt ein in das Tal vorspringendes Vorgebirge von dem Hauptbergzug abgetrennt hat. Wenn es an dem ist, so haben wir ein ungeheures Werk der Vergangenheit vor uns, denn der Durchstich ist sehr breit und tief.

Das Interessanteste dieses Tages in Hama waren die Bewohner. Vier machtvolle mohammedanische Geschlechter bilden die Aristokratie der Stadt. Es sind dies die Familien 'Azam Zadeh, Teifur, Killani und Barazi. Ein Mitglied der letzteren hatte ich bereits in Damaskus kennengelernt. Das Gesamteinkommen jeder dieser Familien beläuft sich vielleicht auf 6.000 Pfund Sterling im Jahr und entstammt dem Besitz an Dörfern und Ländereien, denn es wird in Hama nur wenig Handel getrieben. Als die ottomanische Regierung noch nicht so fest begründet stand wie jetzt, waren diese vier Familien die Herren von Hama und seiner Umgegend, und noch jetzt haben sie beträchtlichen Einfluß auf die Verwaltung der Stadt. Die Beamten des Sultans lassen sie fast immer ihre eigenen Wege gehen, die nicht selten ungesetzmäßige sind. So hört man von den 'Azam Zadeh oft eine alte, böse Geschichte erzählen, die, soviel ich erfahren konnte, auch von der Familie nicht in Abrede gestellt wird. In alten Zeiten lebte ein 'Azam, der, wie weiland König Ahab,[41] nach seines Nachbarn Weinberg trachtete, den sein Eigentümer nicht verkaufen wollte. Da schmiedete der große Mann einen Plan. Er ließ einen seiner Sklaven töten, in Stücke schneiden und nicht zu tief in eine Ecke des umstrittenen Besitztums einscharren. Nach einer angemessenen Zeit sandte er seinem Nachbar folgende Botschaft: „Du hast mich oft eingeladen, mit Dir in Deinem Garten Kaffee zu trinken. Ich werde kommen, halte alles bereit!" Der Mann freute sich der Herablassung und richtete ein Fest zu. Der festgesetzte Tag erschien, und mit ihm Fürst 'Azam. Das Mahl sollte in einer Laube eingenommen werden, der Gast aber gab vor, der gewählte Platz sage ihm nicht zu, und führte seinen Wirt gerade an die Stelle, wo der Sklave begraben lag. Der Hausherr erhob Einspruch, da es ein unschöner Winkel in der Nähe des Abraumhaufens war, 'Azam aber behauptete, daß es ihm hier gefiele, und das Fest nahm seinen Anfang. Plötzlich erhob der Gast den Kopf mit der

Bemerkung: „Hier herrscht ein eigener Geruch!" „Gnädigster Herr", entgegnete der Wirt, „er kommt von dem Abraumhaufen." Der andere aber behauptete: „Nein, das ist etwas anderes!", rief seinen Diener und ließ an der Stelle, wo er saß, die Erde aufgraben. Man fand den gevierteilten Körper des Sklaven und erkannte ihn. Der Eigentümer des Gartens wurde unter Anklage des Mordes verhaftet und gebunden und mußte all seine Güter als Buße hergeben.

Wie Kbes sagte, wurden auch jetzt noch solch gewaltsame Mittel voll Ungerechtigkeit angewendet. Erst ganz kürzlich waren aus einem 'Abd ul Kadir el 'Azam gehörigen Laden in dem gerade unter meinen Zelten liegenden Stadtviertel Zwiebeln gestohlen worden. Da kamen 'Abd ul Kadirs Diener zu dem Bezirksscheich und verlangten von ihm das Eigentum ihres Herrn zurück; da er nichts von der Angelegenheit wußte und ihnen den Dieb nicht bezeichnen konnte, ergriffen sie ihn und seinen Sohn, wobei letzterer durch eine Kugel an der Hand verwundet wurde, schleppten sie an das Flußufer, entkleideten sie, schlugen sie fast zu Tode und überließen es dann ihnen selbst, sich wieder nach Hause zu finden. Der Vorfall wurde in ganz Hama bekannt, die Regierung tat aber keine Schritte zur Bestrafung 'Abd ul Kadirs.

Ich stattete auch dem Hause Chalid Beg 'Azams einen Besuch ab, welches das prächtigste der ganzen Stadt und ebenso schön wie das berühmte Azamhaus in Damaskus ist. Chalid zeigte mir alle Räume. Jeder Zoll war mit einer endlosen Mannigfaltigkeit arabischer Muster in Stuck, Holzschnitzerei oder Mosaik bedeckt. Die Zimmer öffneten sich alle auf einen Hof, der von einem Säulengang in bester arabischer Arbeit umgeben war. Ein Springbrunnen plätscherte in der Mitte, Töpfe blühender Ranunkeln und Narzissen schmückten die Ecken. Die Frauen des Hauses genießen einen noch größeren Ruf als die prächtigen Räume, die ihnen zur Wohnung dienen: sie gelten für die schönsten in ganz Hama.

Auch die Killanis besuchte ich in ihrem reizenden Heim am Orontes, der Tekyah Killanijjeh. Es enthält ein Mausoleum, in dem drei ihrer Vorfahren begraben liegen, und Räume, die auf den Fluß hinausblicken und die von dem lieblichen Rauschen eines persischen Mühlrades erfüllt sind. Von hier aus ging ich zu dem Muteserrif, einem alten, fast bis zur Erde gekrümmten Manne, der keiner anderen als der türkischen Sprache mächtig ist. Es war mir eine große Erleichterung, zu finden, daß er mir wegen meines ungebührlichen Betragens der Wache gegenüber nicht zürnte. Auf unserer Heimkehr zum Frühstück begegneten wir einem weißgekleideten Afghanen, mit Namen Derwisch Effendi. Er hielt den Stationsvorsteher an, um sich nach mir zu erkundigen; nachdem er erfahren, daß ich Engländerin sei, näherte er sich mir mit lächelndem Gruß und sagte auf Persisch: „Die Engländer und die Afghanen sind gute Freunde." Er war tatsächlich mindestens ebenso gut wie das britische Volk – wenn nicht noch besser über die Besuche und Höflichkeitsformeln unterrichtet, die zwischen Kabul und Kalkutta ausgetauscht worden sind. Und die Moral von diesem Zwischenfall (sie kam in einem langen, ermüdenden, aber höchst herzlichen Besuche Derwisch Effendis ans Licht) ist, daß alles, was im entferntesten Winkel Asiens geschieht, fast unmittelbar danach schon an den entgegengesetzten Enden bekannt ist. Ohne sich der Übertreibung schuldig zu machen, kann man behaupten, daß der englische Tourist in den Straßen von Damaskus vor Spott nicht sicher ist, sobald ein englisches Heer an den Grenzen von Afghanistan geschlagen worden ist. Islam heißt das Band, das die westlichen und zentralen Teile des asiatischen Kontinents verbindet und wie ein elektrischer Strom die Übertragung der Gefühle vermittelt, und die Stärke dieses Bandes wird noch durch die Tatsache vergrößert, daß wenig oder gar kein auf ein bestimmtes Landgebiet beschränktes Nationalbewußtsein ihm entgegenwirkt. Kein Perser oder Türke würde in dem Sinne „mein Vaterland" sagen oder auch nur denken, wie zum Beispiel der Deutsche oder Engländer; sein Patriotismus beschränkt sich auf die Stadt, wo er geboren ist, oder höchtens auf den Distrikt, zu dem sie gehört. Fragst du ihn, welcher Nationalität er angehört, so wird er antworten: „Ich stamme aus Ispahan" oder „Ich stamme aus Konia", je nachdem, und der Syrer gibt dir den Bescheid, daß Damaskus oder Aleppo seine Heimat ist. Ich habe bereits erklärt, daß Syrien lediglich ein geographischer Begriff ist, dem kein nationales Bewußtsein in der Brust seiner Bewohner entspricht. Wer dem Gespräch in den Bazars lauscht oder dem Ladeninhaber, dessen Geschäft in enger Beziehung zu den lokalen Verhältnissen solcher Distrikte steht, die sehr weit von seinem Ladentisch liegen, oder auch den Maultiertreibern, die so unendlich mehr als ihre Lasten von Stadt zu Stadt tragen, dem wird Asien durch die engsten Bande der Verwandtschaft verknüpft erscheinen, und er wird fühlen, daß jedes Detail der auswärtigen Politik Europas, berühre sie nun China oder einen beliebigen Ort, mehr oder minder genau vor dem Schiedsgericht der öffentlichen Meinung erwogen wird. Es ist nicht Sache der Reisenden, die Gerüchte hören, ihre Schlüsse zu ziehen. Wir können nichts tun, als dem Wißbegierigen das zu wiederholen, was denen, die sich um unser Lagerfeuer scharen oder mit uns Steppen und Bergland durchziehen, vom Munde fließt, denn ihre Worte sind in der Strömung der arabischen Politik wie Strohhalme, die uns anzeigen, nach welcher Richtung die Wellen fluten. Die Erfahrung hat sie mit dem Inventar und dem Wortschatz der hohen Staatskunst bekanntgemacht. Sie sind vertraut mit den Begriffen von Krieg und Unterhandlungen, von Vertrag und langgehegter und sorgfältig verborgener Rache. Ob sie nun den Ausgang einer Blutfehde oder die Folgen internationaler Eifersucht besprechen, meist ist ihr Urteil richtig, fast immer treffen sie mit ihren Vermutungen ins Schwarze.

Meiner Erfahrung nach scheint der englische Name hier momentan schwerer ins Gewicht zu fallen als noch vor kurzem. Zwischen jetzt und vor fünf Jahren, wo gerade der Burenkrieg in seinem unglücklichsten Stadium stand, bemerkte ich einen gewaltigen Unterschied in der allgemeinen Haltung uns gegenüber. Dieser Stimmungswechsel hat, soviel ich den Gesprächen, deren Zeuge ich war, entnehmen konnte, seinen Grund weniger in unserem Sieg in Südafrika, als vielmehr in Lord Cromers trefflicher Verwaltung Ägyptens sowie in Lord Curzons Politik am Persischen Golf[42] und in unserem Bündnis mit den siegreichen Japanern.

Als ich endlich von der Gegenwart des Afghanen wieder befreit war und allein auf dem Grassaum saß, der mein Zelt von der hunderte von Fuß unter mir liegenden Stadt trennte, fuhr eine

Person von Bedeutsamkeit vor, um mir ihre Achtung zu erweisen. Es war der Mufti Mohammed Effendi. In seiner Begleitung befand sich ein kluger Mann aus Bosra el Harir im Hauran, der Zypern bereist hatte und viel (wenn auch nicht gerade Gutes) über unsere Regierungsverwaltung dort zu sagen wußte. Der Mufti war ein Mann vom selben Typus wie der Kadi von Homs und der Scheich Nakschibendi, der scharfsichtige Asiate, dessen vornehme Gesichtszüge einigermaßen durch eine gewisse Schlauheit, die sich bis zur Verschlagenheit steigert, beeinträchtigt werden. Er ließ sich auf meinen besten Zeltstuhl nieder und bemerkte mit Genugtuung: „Ich fragte: ‚Spricht sie Arabisch?' und beorderte, als mir ‚Ja' zur Antwort gegeben wurde, schnell meinen Wagen und kam."

Die Unterhaltung drehte sich um Jemen, wohin er vor einigen Jahren gesandt worden war, um den Frieden nach dem letzten arabischen Aufstand wiederherzustellen. Er erzählte von seiner dreitägigen Reise durch die hinter der Küste liegenden dürren Wüsten, von den bewaldeten Gebirgen im Inneren des Landes, wo es winters und sommers regnet, von den riesigen Trauben in den Weinbergen und der Mannigfaltigkeit der Früchte in den Obstgärten, von den Städten, die an Größe Damaskus gleichkamen und die durch gewaltige, tausendjährige Erdbefestigungen geschützt sind. Die Araber, sagte er, sind Städtebewohner, nicht Nomaden, und verabscheuen die ottomanische Regierung so, wie sie nur an wenigen Orten verabscheut wird. Wenn die Heere des Sultans gegen sie anrücken, pflegen sie in die Gebirge zu fliehen, wo sie sich, nach der Meinung des Mufti, eine unbeschränkte Zahl von Jahren halten können. Darin aber hat er unrecht: wenige Monate schon brachten den türkischen Truppen, dank ihrer kühnen Führerschaft und ihrer langen Ausdauer bei Wüstenmärschen, den Sieg: der Aufstand schlug fehl wie so viele andere, weil die arabischen Stämme einander noch grimmiger hassen als die Osmanen. Aber wie alle unterdrückten Empörungen in der Türkei, so ist auch diese letztere schon wieder aufgelodert. Vom Mufti hörte ich auch, daß man in Hama allerorten unter dem Flußbett auf altes Mauerwerk stößt.

Ihm folgte mein Freund, der türkische Telegraphenbeamte,

der sich über mein schönes Lager freute, und diesem der Muteserrif, der ängstlichen, unsicheren Ganges vom Wagen durch meine Zelttaue schritt. Er lieh mir seine Equipage, damit ich die auf dem östlichen Ufer des Orontes liegenden Stadtteile besichtigen konnte, und so fuhren Kbes und ich mit zwei Vorreitern davon, die ganz außergewöhnlicherweise nicht mit Lumpen bedeckt waren. Das Ostviertel, Hadir genannt, ist vornehmlich das Beduinenviertel, das städtische Arabisch ist hier von dem rauhen Wüstendialekt verdrängt worden, und die Bazare sind mit Arabern gefüllt, die Kaffee, Tabak und gestreifte Gewänder einhandeln. Dieser Stadtteil birgt eine schöne, kleine, verfallene Moschee, die nach den gewundenen Säulen ihrer Fenster El Hayyat, Schlangenmoschee, genannt ist und die seldschukischen Ursprungs sein soll. Am Nordende des Hofes befindet sich ein Raum mit dem Mamorsarkophag des berühmten Geographen Abu'l Fida, Prinzen von Hama. Er starb im Jahre 1331; sein Grab trägt eine schöne Inschrift, die das Datum nach der Zeitrechnung der Hedschra wiedergibt.

Für den Abend hatte ich den Stationsvorsteher, den syrischen Arzt Sallum und den griechischen Priester zum Diner eingeladen. Wir unterhielten uns bis spät, eine zwar ungleichartige, aber doch übereinstimmende Gesellschaft. Sallum hatte die amerikanische Universität in Beirut absolviert, von wo all die großen und kleinen praktizierenden Ärzte kommen, die über Syrien verstreut sind. Er war Christ, freilich von ganz anderer Anschauung wie der Priester, und Kbes repräsentierte eine dritte Art Glaubenslehre. Im ganzen herrschte, wie der Priester konstatierte, wenig direkt christenfeindliche Gesinnung in Hama, freilich auch nicht viel Achtung vor seinem Gewand; hatten doch am selben Tage, während seines Ganges durch die Stadt, ein paar mohammedanische Frauen Steine vom Dach auf ihn herabgeworfen und dazu geschrien: „Hund von einem Christenpriester!"

Kbes erörterte die Vorteile der neuen Eisenbahn (meiner Meinung nach ein sehr schlecht geleitetes Unternehmen) und behauptete, daß Hama zweifellos Nutzen daraus gezogen hätte. Die Preise waren in den letzten zwei Jahren in die Höhe gegangen, das Fleisch, das so wenig Absatz gefunden hatte, wurde nach

Tekyah Killanijjeh, Hama

Beirut und Damaskus hinabgesandt. Er selbst hatte zu Beginn seines Aufenthaltes zu Hama für ein Schaf einen Franc gegeben, jetzt mußte er zehn bezahlen.

Der Muteserrif von Hama versah mich mit dem besten Zaptieh, den ich während all meiner Reisen gehabt habe. Hadj Mahmud war ein großer, breitschultriger Mann; er hatte zu des Sultans Leibwache in Konstantinopel gehört und die große Wallfahrt dreimal mitgemacht, einmal als Pilger, die beiden anderen Male als Soldat in der Eskorte. Zehn Tage lang ritt er mit mir und hat mir in dieser Zeit in der schönen, blumenreichen Sprache, deren er Meister war, mehr Geschichten erzählt, als ein ganzer Band fassen kann. Da er bereits mit einem deutschen Archäologen gereist war, kannte er die seltsame Vorliebe der Europäer für Ruinen und Inschriften. Bezüglich des deutschen Gelehrten erzählte er einst: „In Kal'at el Mudik sprach ich zu ihm: ‚Wenn Sie gern einen Stein sehen möchten, auf dem ein Roß mit seinem Reiter eingeschrieben ist, beim Lichte Gottes! ich kann Ihnen ein solches zeigen.' Er hat sich sehr darüber gewundert und hat mich mit Geld belohnt. Bei Gott und Mohammed, dem Propheten Gottes! Ihre Augen sollen den Stein auch schauen, meine Dame!"

Diese Entdeckung Mahmuds war viel merkwürdiger, als man auf den ersten Blick denken sollte, denn unser Suchen nach Altertümern wird am meisten dadurch erschwert, daß die Einheimischen, besonders in den entlegeneren Gegenden, eine Skulptur nicht als solche erkennen, wenn sie sie sehen. Es ist vielleicht nicht so besonders verwunderlich, daß sie den Unterschied zwischen einer Inschrift und den natürlichen Sprüngen oder den Spuren der Verwitterung auf einem Stein nicht herausfinden, aber man erschrickt förmlich, wenn man auf die Frage, ob Steine mit Menschen- oder Tierfiguren in der Nähe sind, zur Antwort erhält: „Wallah, wir wissen nicht, wie eine Menschenfigur aussieht!" Und zeigst du den Leuten ein Stück Relief mit deutlichen Gestalten darauf, so behaupten sie nicht selten, keine Ahnung zu haben, was das Bildwerk darstellen soll.

Mahmuds merkwürdigster Reisegefährte war ein Japaner gewesen, den, wie ich später erfuhr, seine Regierung ausgesandt hatte, um die Bauweise in den östlichen Teilen des alten

Römischen Reiches zu studieren und darüber zu berichten – für derartige Forschungen also fanden die Japaner selbst in ihren Kriegsnöten Muße. Der kleine Mann, dessen Landsleute den gefürchteten Russen den Sieg entrissen, hatte Mahmuds Neugier augenscheinlich in hohem Grade erregt.

„Den ganzen Tag lang ritt er, und nachts schrieb er in seine Bücher. Er aß nichts als ein Stück Brot und trank Tee dazu, und wenn er einmal etwas verneinen wollte, so sagte er (er konnte weder Arabisch noch Türkisch): ‚Noh! Noh!' Und das ist Französisch", schloß Mahmud.

Mein Einwand, daß das nicht Französisch, sondern Englisch sei, gab ihm Stoff zum Nachdenken; nach einer Weile fügte er hinzu: „Vor dem Krieg hatten wir den Namen der Japaner noch nicht gehört, aber beim Angesicht der Wahrheit! die Engländer kannten sie."

Zwischen Hama und Kal'at es Seidjar beschreibt der Orontes einen Halbkreis; wir folgten der Sehne des Bogens und durchritten dieselbe schwach angebaute Fläche, die ich bereits auf meinem Wege von Masjad gekreuzt hatte. Sie war mit Dörfern aus bienenkorbähnlichen Erdhütten bestreut, wie man sie auf dem ganzen Wege nach Aleppo in der Ebene findet, sonst aber nirgends; sie ähneln höchstens den Dörfern, die man auf den Abbildungen zentralafrikanischer Reisebeschreibungen sieht. Sobald ein Bauer reicher wird, baut er an seine Wohnung einen neuen Bienenkorb an, und noch einen und noch einen, bis ein Dutzend und mehr seinen Hof umstehen. In einigen wohnen er und seine Familie, andere bergen das Vieh, einer ist seine Küche, ein anderer die Scheune. In der Ferne sahen wir das Dorf 'Al Herdeh liegen, das, wie Mahmud sagte, von Christen bewohnt war, die früher alle dem griechischen Bekenntnis angehörten. Die Einwohner lebten friedlich und erfreuten sich guten Wohlstandes, bis sie das Unglück hatten, von einem Missionar entdeckt zu werden, der Traktate verteilte und gegen 60 Personen zur englischen Kirche bekehrte. Seither war es aus mit dem Frieden; keinen Augenblick hatte der Streit in 'Al Herdeh aufgehört. Im Weiterreiten erzählte Mahmud allerlei von den Ismailiten und den Nosairijjeh. Von den ersteren wußte er zu berichten, daß sich in jedem Hause eine Photographie des Agha Chan befindet, aber daß es die Frau ist, der sie Verehrung zollen. Jedes am 27. Radschab geborene Kind weiblichen Geschlechts wird abgesondert und für eine Fleischwerdung dieser Gottheit gehalten. Das Mädchen heißt Rozah. Sie arbeitet nicht, ihre Haare und Nägel werden nie geschnitten, auch ihre Familie zollt ihr die Achtung, die ihr gebührt, und jeder Mann aus dem Dorfe trägt in den Falten seines Turbans ein Stück ihres Kleides oder ein Haar von ihrem Körper. Sie darf nicht heiraten.

„Aber", warf ich ein, „wenn sie nun heiraten möchte?"

„Das ist unmöglich", erwiderte er, „niemand würde sie mögen, denn welcher Mann könnte wohl Gott heiraten?"

Man weiß, daß die Sekte im Besitz heiliger Bücher ist, aber bisher ist noch keins in die Hände europäischer Gelehrter gefallen. Mahmud hatte eines gesehen und gelesen – es sang den Preis der Rozah und beschrieb sie in lauten Lobeserhebungen bis ins einzelste. Die Ismailiten* lesen auch den Koran. Mahmud erzählte noch manch andere Dinge, die ich, wie Herodot, zum Wiedererzählen nicht für geeignet halte. Ihr Glaubensbekenntnis scheint sich aus einer dunklen Erinnerung an den Astartedienst[43] herzuleiten, oder aus jenem ältesten und allgemeinsten Kultus, der Verehrung einer mütterlichen Gottheit; der Vorwurf der Unanständigkeit aber, der ihrer Religion gemacht wird, ist, wie ich glaube, unbegründet.

Von den Nosairijjeh wußte Mahmud viel zu sagen, denn er war in ihren Bergen wohl bekannt. Hatte er doch viele Jahre lang unter den Anhängern dieser Sekte die Kopfsteuer einsammeln müssen. Sie sind Ungläubige, behauptete er, die weder den Koran lesen noch Gottes Namen kennen. Er erzählte eine wunderbare Geschichte, die ich hier wiedergeben will, wenn sie auch nicht viel wert ist.

„O meine Dame, es war einst im Winter, als ich die Steuern erhob. Nun feiern die Nosairijjeh im Monat Kanun el Awwal (Dezember) ein Fest, das in dieselbe Zeit fällt wie das Christen-

---

* In der heimischen Sprache ist der Plural von Ismaili Samawileh. Ich weiß nicht, ob das die Schriftform ist, jedenfalls habe ich sie überall gehört.

fest (Weihnachten), und als ich am Tage vorher mit zwei anderen durch das Gebirge ritt, fiel so viel Schnee, daß wir nicht vorwärts konnten und im nächsten Dorfe, und zwar im Hause des Dorfscheichs, Zuflucht suchen mußten. Denn es gibt überall einen Dorfscheich, meine Dame, und einen Glaubensscheich, und die Leute werden in Eingeweihte und Uneingeweihte eingeteilt. Aber die Frauen wissen nichts von den religiösen Geheimnissen, denn, bei Gott!, eine Frau kann kein Geheimnis bewahren. Der Scheich empfing uns gastfrei und gewährte uns Quartier; aber als wir am ändern Morgen erwachten, da war im ganzen Hause kein Mann, nichts als Frauensleute. Und ich rief aus: ‚Bei Gott und Mohammed, dem Propheten Gottes! Was ist das für eine Gastfreundschaft? Ist kein Mann da, den Kaffee zu kochen, sondern nur Frauen?' Und sie erwiderten: ‚Wir wissen nicht, was die Männer machen, sie sind alle in das Haus des Glaubensscheichs gegangen, und wir dürfen nicht hinein.' Da erhob ich mich, schlich zu dem Hause und spähte durchs Fenster. Bei Gott! Die Eingeweihten saßen im Zimmer, im Kreis um den Glaubensscheich, der vor sich eine Schale mit Wein und einen leeren Krug hatte. Und er stellte leisen Tones Fragen an den Krug, und – bei dem Lichte der Wahrheit! – ich hörte, wie der Krug mit einer Stimme Antwort gab, die da sagte: Bl... bl... Das war ohne Zweifel Zauberei, meine Dame! Und während ich noch hineinschaute, erhob einer den Kopf und sah mich. Da kamen sie aus dem Haus gelaufen, packten mich und würden mich geschlagen haben, hätte ich nicht gerufen: ‚O Scheich, ich bin dein Gast!' Schnell trat der Glaubensscheich dazu und erhob seine Hand, und augenblicklich ließen mich alle los, die Hand an mich gelegt hatten. Er aber fiel mir zu Füßen, küßte meine Hände sowie den Saum meines Gewandes und sagte: ‚O Hadji, wenn du versprichst, nicht weiterzusagen, was du gesehen hast, will ich dir zehn Medschides geben!' Und bei Gottes Propheten (Friede sei mit ihm), ich habe nichts davon erzählt, bis auf den heutigen Tag!"

Ein vierstündiger Ritt brachte uns nach Kal'at es Seidjar. Die Burg steht auf einem langgezogenen Bergrücken, der durch einen künstlichen Einschnitt in der Mitte unterbrochen ist und steil nach dem Orontes hin abfällt. Letzterer läuft hier in einem schmalen Bett zwischen Felswänden dahin. Die Burgmauern, die die Anhöhe zwischen dem Flusse und dem Einschnitt krönen, bieten von unten gesehen einen prächtigen Anblick. Am Fuße des Hügels liegt ein kleines Dorf aus Bienenkorbhütten. Der Unmenge behauener Steine nach zu urteilen, die auf dem grasigen Nordabhang verstreut liegen, muß sich früher hier die seleukidische Stadt Larissa befunden haben. Ich errichtete meine Zelte am äußersten Ende der Brücke in einem Aprikosenhain, der in weißem Blütenschnee stand und von dem Summen der Bienen erfüllt war. Anemonen und scharlachrote Ranunkeln bedeckten den Grasboden. Das Kastell ist Eigentum des Scheich Ahmed Seidjari, in dessen Familie es sich bereits seit drei Jahrhunderten befindet. Er und seine Söhne bewohnen einige kleine, moderne, aus alten Steinen erbaute Häuser inmitten der Festungswerke. Ihm gehört auch ein ziemlich großer Grundbesitz sowie ungefähr ein Drittel des Dorfes, das Übrige teilen sich die Killanis von Hama und die Smatijjeh-Araber zu ungleichen Teilen. Die letzteren sind ein halbnomadischer Stamm und bewohnen im Winter feste Häuser. Mustafa Barazi hatte mir einen Empfehlungsbrief an Scheich Ahmed mitgegeben, und obgleich Mahmud der Meinung war, daß ich ihn infolge eines langwierigen Streites zwischen den Seidjari und den Smatijjeh kaum in der Burg finden würde, kletterten wir doch zu dem Tore hinauf. Wir gingen dann einen Weg entlang, der wie der Aufgang zu Kal'at el Husn Spuren einer Überwölbung zeigte, und gelangten über Berge von Ruinen an die moderne Niederlassung, die der Scheich bewohnte. Auf meine Frage nach seinem Hause wies man mich nach einem großen Holztor, das abschreckend fest verschlossen war. Ich klopfte und wartete, Mahmud klopfte lauter, und wir warteten abermals. Endlich öffnete eine sehr schöne Frau einen Laden über uns in der Mauer und fragte nach unserem Begehr. Ich berichtete, daß ich einen Brief von Mustafa an Ahmed hätte und verlangte, ihn zu sehen.

Sie erwiderte: „Er ist nicht da."

Ich fragte: „Kann ich seinen Sohn begrüßen?"

„Sie können ihn nicht sehen", gab sie zur Antwort, „er sitzt, des Mordes angeklagt, im Gefängnis zu Hama."

Damit schloß sie den Laden. Während ich mir noch überlegte, welche Handlungsweise mir der gute Ton in dieser kritischen Lage vorschrieb, kam ein Mädchen an das Tor und öffnete es eine Handbreit. Ich gab ihr den Brief und meine in Arabisch geschriebene Karte, murmelte ein paar Worte des Bedauerns und entfernte mich. Mahmud versuchte, mir die Sache zu erklären. Es war eine jener langen Geschichten, ohne Anfang und Ende, wie man sie im Orient hört, die auch nicht den geringsten Hinweis bieten, welcher Gegner im Recht ist, sondern nur eine überzeugende Wahrscheinlichkeit, daß sie alle beide unrecht haben. Die Smatijjeh hatten den Seidjari Vieh gestohlen, darauf waren die Söhne des Scheichs in das Dorf hinabgegangen und hatten zwei Araber getötet – in der Burg freilich hieß es, sie wären von den Arabern überfallen worden und hätten sie in Notwehr getötet. Die Regierung aber, die immer die halbe Unabhängigkeit der Scheichs mit scheelen Augen betrachtet, hatte die Gelegenheit ergriffen, den Seidjari eins zu versetzen, gleichviel, ob sie schuldig oder nicht; es waren Soldaten von Hama gekommen, einen von Ahmeds Söhnen hatten sie hingerichtet, zwei weitere befanden sich noch im Gefängnis, und alles Vieh war fortgetrieben worden. Die übrigen Familienmitglieder aber durften die Burg nicht verlassen, konnten es in der Tat auch nicht, denn an den Toren standen die Smatijjeh, bereit, jeden zu töten, der sich über die Mauern herauswagte. Die so Bedrängten hatten Hama um Schutz angerufen, es war auch ein Posten von ungefähr zehn Soldaten am Flusse aufgestellt worden; ob sie das Leben der Scheichs behüten oder aber sie in noch strengerem Gewahrsam halten sollten, dürfte schwer zu entscheiden sein. Diese Vorkommnisse lagen bereits zwei Jahre zurück; seit der Zeit waren die Seidjari teils in Hama, teils in ihrem eigenen Hause Gefangene. Sie konnten die Bestellung ihrer Äcker nicht beaufsichtigen, die indessen der Verwahrlosung entgegengingen. Überdies schien keine Aussicht auf Verbesserung der Lage. Am Spätnachmittag erschien ein Bote mit der Nachricht, daß Ahmeds Bruder, 'Abd ul Kadir, sich freuen würde, mich empfangen zu können, und daß er selbst zu meiner Bewillkommnung kommen würde, wenn er die Burg verlassen dürfte. Ich begab mich also noch einmal,

Kal'at es Seidjar

diesmal ohne Mahmud, hinauf, und mußte die ganze Geschichte jetzt wieder vom Standpunkt der Scheichs hören, was mir auch nicht zur Klarheit verhalf, da sie gerade in den Hauptpunkten ganz verschieden von dem war, was mir Mahmud erzählte.

Die einzige unbestreitbare Tatsache (und sie gehörte jedenfalls gar nicht so wenig zur Sache, wie man denkt) war, daß die Frauen der Seidjari sich außerordentlicher Schönheit rühmen konnten. Sie trugen dunkelblaue Beduinengewänder, aber die von ihren Häuptern herabhängenden blauen Tücher wurden an den Schläfen von schweren Goldornamenten gehalten, die den Plaketten des mykenischen Schatzes ähnelten. Obgleich ihre Gesellschaft sich sehr angenehm erwies, mußte ich doch meinen Besuch abkürzen der vielen Flöhe wegen, die die Gefangenschaft der Familie teilten. Zwei der jüngeren Frauen geleiteten mich durch die Burgruinen zurück, hielten aber inne, sobald wir das äußere Tor erreichten, und sahen mich, auf der Schwelle stehend, an.

„Allah!" sagte die eine, „Sie ziehen aus, die ganze Welt zu durchreisen, und wir sind noch nie in Hama gewesen!"

Noch sah ich sie im Torweg, als ich mich umwandte, ihnen

ein Lebewohl zuzuwinken. Groß und stattlich, voll geschmeidiger Anmut standen sie da in den enganliegenden blauen Gewändern, dem goldgeschmückten Haar und ließen ihre Augen über den Pfad schweifen, den sie nicht betreten durften. Denn was auch mit den Scheichs geschehen mag, nichts ist sicherer, als daß so liebliche Frauen, wie jene beiden, von ihren Herren auch weiter in Kal'at es Seidjar gefangengehalten werden.

Am nächsten Tage ritten wir durch Kulturland nach Kal'at el Mudik, eine kurze Strecke von kaum vier Stunden. Obgleich wir mehrmals auf Spuren verlassener Städte stießen – ich erinnere mich besonders einer in der Nähe des Weilers Scheich Hadid, in dem sich ein Schuttberg vorfand, der eine Akropolis gewesen sein mochte –, wäre die Reise ohne Mahmuds Erzählungen doch sehr uninteressant gewesen. Er beschrieb die charakteristischen Eigentümlichkeiten der vielen verschiedenen, das türkische Kaiserreich bildenden Völkerschaften, von denen ihm die meisten bekannt waren. Als er zu den Zirkassiern kam, stellte es sich heraus, daß er meine Abneigung gegen dieselben teilte.

„O meine Dame", sagte er, „sie wissen nicht, wie man für empfangene Güte dankt. Der Vater verkauft seine Kinder, und die Kinder würden ihren Vater töten, wenn er Gold im Gürtel hätte. Als ich einst von Tripoli nach Homs ritt, traf ich in der Nähe der Karawanserei – Sie kennen den Ort – einen einsam dahinwandernden Zirkassier. ‚Friede sei mit dir!' rief ich, ‚warum gehst du zu Fuß?' Denn das tut der Zirkassier nie. Er erwiderte: ‚Mein Pferd ist mir gestohlen worden, und nun ziehe ich voller Angst diese Straße.' ‚Komm mit mir', sprach ich, ‚so wirst du sicher nach Homs gelangen.' Aber ich ließ ihn vor meinem Pferde hergehen, denn er trug ein Schwert, und man weiß nie, was ein Zirkassier tut, wenn man ihn nicht im Auge behält. Nach einer Weile kamen wir an einem alten Manne vorbei, der auf dem Felde arbeitete. Der Zirkassier lief hin, sprach mit ihm und zog sein Schwert, als gedächte er ihn zu töten. ‚Laß ihn gehen', sprach ich, ‚ich will dir zu essen geben.' Und ich teilte mit ihm alles, was ich hatte, Brot, Konfekt und Orangen. Wir zogen weiter, bis wir einen Strom erreichten. Da ich durstig war, stieg ich von meinem Tier, hielt es am Zügel und beugte mich nieder, um zu trinken. Plötzlich aufblickend aber sah ich, daß der Zirkassier den Fuß in den Steigbügel auf der mir abgekehrten Seite meines Pferdes gesetzt hatte, denn er wollte es besteigen und davonreiten! Und bei Gott! war ich nicht wie Vater und Mutter gegen ihn gewesen? Deshalb schlug ich ihn mit meinem Schwert, daß er zu Boden fiel. Dann band ich ihn, brachte ihn nach Homs und übergab ihn der Regierung. Das ist die Art der Zirkassier. Möge Gott ihnen fluchen!"

Ich befragte ihn über den Weg nach Mekka und über die Mühsalen, die die Pilgrime unterwegs zu erdulden haben.

„Beim Angesicht Gottes! Sie leiden", rief er. „Zehn Wegstrecken von Ma'an nach Meda'in Saleh, zehn von dort nach Medina und abermals zehn von Medina nach Mekka, und diese letzten sind die schlimmsten, denn der Scherif von Mekka hat sich mit den Araberstämmen verbündet; die Araber berauben die Pilgrime und teilen die Beute mit dem Scherif. Auch sind diese Wegstrecken nicht wie die Strecken der vornehmen Reisenden, denn manchmal liegen 15 Stunden zwischen den Wasserstellen, manchmal auch 20, und der letzte Marsch vor Mekka beträgt 30 Stunden. Nun bezahlt die Regierung zwar die Stämme dafür, daß sie die Pilgrime ungehindert ziehen lassen, aber wenn sie hören, die Hadji kommen, stellen sie sich auf die Höhen längs der Straße und rufen dem Amir zu: ,Gib uns, was uns gehört, Abd ur Rahman Pascha!' Und er gibt einem jeden nach seinem Recht, dem einen Geld, dem anderen eine Pfeife Tabak, dem dritten Tuch oder einen Mantel. Aber mehr noch als die Pilger haben die Hüter der Forts zu leiden, die zur Bewachung der Wasserstellen längs des Weges errichtet sind. Jedes dieser Forts gleicht einem Gefängnis. Als ich einst der militärischen Eskorte zugeteilt war, wurde mein Pferd unterwegs krank und konnte nicht weiter, und ich mußte in einem der Forts zwischen Meda'in Saleh und Medina bleiben, bis der Zug zurückkehrte. Sechs Wochen und länger wohnte ich bei dem Hüter des Forts, und wir sahen keinen Menschen. Wir aßen und schliefen in der Sonne, dann aßen und schliefen wir wieder, denn aus Furcht vor den Howeitat und den Beni Atijjeh, die in Fehde miteinander lagen, konnten wir nicht ausreiten. Und der Mann hatte zehn Jahre da gelebt und sich noch keine Viertelstunde weit von dem Orte entfernt, da er die Vorräte hüten muß, die zur Versorgung vorüberziehender Mekkapilger in den Forts gespeichert liegen. Beim Propheten Gottes", sagte Mahmud und machte eine Handbewegung von der Erde nach dem Himmel zu, „zehn Jahre hatte er nichts als die Erde und Gott gesehen! Er hatte einen kleinen Sohn, der war taubstumm, seine Augen aber waren schärfer als die irgend jemandes, und er hielt den ganzen Tag Umschau von der Spitze des Turmes. Eines Tages kam er zu seinem Vater gelaufen und machte Zeichen mit der Hand; da wußte der Vater, daß er eine Räuberbande von fern gesehen hatte. Wir eilten hinein und schlossen die Tore. Und die Reiter, 500 Beni Atijjeh, kamen heran, tränkten ihre Tiere und verlangten Speise. Wir wagten aber nicht zu öffnen, sondern warfen ihnen Brot hinaus. Während sie noch aßen, kam eine Räuberhorde der Howeitat über die Steppe herangesprengt, und sie begannen, unter den Mauern des Forts miteinander zu kämpfen. Bis zur Stunde des Abendgebetes fochten sie, dann ritten die Überlebenden davon und ließen ihre Toten, 30 an der Zahl, zurück. Die ganze Nacht blieben wir hinter verschlossenen Türen, im Morgengrauen aber gingen wir hinaus, die Toten zu begraben. Immer noch besser aber ist es, in einer Festung an der Haddjstraße zu wohnen", fuhr Mahmud fort, „als Soldat in Jemen zu sein, denn dort bekommen die Soldaten keine Löhnung und nicht genug Nahrung, um davon leben zu können, und die Sonne brennt wie Feuer. Wenn einer in Jemen sich im Schatten befindet und sieht eine Börse mit Gold in der Sonne liegen, bei Gott!, er geht nicht hinaus, sie aufzuheben, denn die Hitze draußen gleicht der Glut der Hölle. Oh, meine Dame, ist es wahr, daß die Soldaten in Ägypten Woche für Woche und Monat für Monat ihre Löhnung bekommen?"

Ich erwiderte, daß das wohl der Fall sein dürfte, da dies im englischen Heer gebräuchlich wäre.

„Uns", sagte Mahmud, „bleibt man den Sold gewöhnlich ein halbes Jahr schuldig, und von der Löhnung von zwölf Monaten werden uns oft nur sechs Monate ausgezahlt. Wallah! Ich hatte noch nie im Jahr mehr als die Bezahlung für acht Monate. Einmal", fuhr er fort, „war ich in Alexandria – Mascha'llah, welch schöne Stadt! Häuser so groß wie Königsschlösser, und alle Strassen haben gepflasterte Seiten, auf denen die Leute gehen. Und hier sah ich einen Kutscher, der eine Dame des Fahrpreises wegen verklagte, und der Richter sprach ihm das Recht zu. Bei der Wahrheit! hier bei uns pflegen die Richter anders zu handeln", bemerkte Mahmud nachdenklich und rief dann, schnell das Thema wechselnd: „Sehen Sie, meine Dame, dort ist Abu Sa'ad."

Ich blickte auf und sah Abu Sa'ad über das gepflügte Feld dahinschreiten. Sein weißes Gewand war so fleckenlos, als ob er nicht gerade von einer Reise, ebenso lang wie Mahmuds, zurückgekehrt wäre, und seine schwarzen Ärmel lagen zierlich gefaltet an seiner Seite an. Ich beeilte mich, den Vater guter Vorbedeutung willkommen zu heißen, denn in Syrien gilt der erste Storch dasselbe wie bei uns die erste Schwalbe. Er kann freilich ebensowenig wie *eine* Schwalbe Sommer machen, und so ritten wir denn diesen Tag in strömendem Regen nach Kal'at el Mudik.

Kal'at el Mudik ist das Apamea der Seleukiden.[44] Seleukos Nikator erbaute es, jener große Städtegründer, der so viele Städte zu Patenkindern hat, Seleukia am Kalykadnos, Seleukia in Babylonien und andere. Obgleich es durch Erdbeben völlig in Trümmer gelegt ist, bekunden doch die genügend vorhandenen Ruinen seinen ehemaligen Ruhm: den weiten Umkreis seiner Mauern, die Zahl seiner Tempel, die Pracht seiner mit Säulen bestandenen Straßen. Von Tor zu Tor kannst du die Straßen nach den aufgehäuften Kolonnadentrümmern verfolgen, kannst nach den Steinpostamenten an den Kreuzungen der Straßen auf den Standort früherer Statuen schließen, hier und da blickst du durch ein massives Tor ins Weite, der Palast, welchem es gedient hat, ist geschleift; oder ein bewaffneter Reiter dekoriert den Grabpfeiler, auf welchem die einstigen Taten seines Ahnen verzeichnet stehen. Die Christen nahmen das Werk auf, wo die Seleukidenkönige es abbrachen: an der Seite der Hauptstraße liegen die Ruinen einer großen Kirche und des mit Säulen umgebenen Hofes. Als ich zum Ärger der grauen Eulen, die blinzelnd auf den Steinhaufen saßen, im lauen Frühlingsregen durch Gras und Blumen dahinritt, erschienen mir die Geschichte und die Architektur der Stadt wie ein Auszug aus der wunderbaren Verschmelzung zwischen Griechenland und Asien, die Alexanders Eroberungen zur Folge hatten. Ein griechischer König, dessen Hauptstadt am Tigris lag, hat hier eine Stadt am Orontes gegründet und sie nach seiner persischen Gemahlin benannt. Was für Bauherrn haben die Kolonnaden errichtet, die Kal'at el Mudik, wie alle anderen Städte Syriens griechischer Färbung, in echt orientalischer Freigebigkeit mit klassischen Formen schmückten? Was für Bürger sind darin auf und ab gewandelt und haben Athen und Babylon die Hand gereicht?

Der einzige unbewohnte Teil von Kal'at el Mudik ist das Schloß selbst; es steht, wie die ehemalige Akropolis der Seleukiden, auf einem Hügel, der das Orontestal und die Berge von Nosairijjeh beherrscht. Obgleich viele Hände bei seinem Bau tätig gewesen sind und griechische sowohl als arabische Inschriften durcheinander eingefügt sind, zeigt es doch in der Hauptsache arabische Bauweise. Südlich vom Schloß befindet sich der Überrest eines altertümlichen Baues, für den mir die Erklärung fehlt. Dem Anschein nach könnte er zu dem Proszenium eines Theaters gehört haben, denn die dahinterliegende Anhöhe ist ausgeschaufelt wie für ein zuhörendes Publikum. Man bräuchte nur ein wenig nachzugraben, um zu erforschen, ob sich Sitzplätze unterhalb der Rasenfläche befinden. Das Tal weist die Ruinen einer Moschee und eine schöne, freilich auch halbverfallene Karawanserei auf.

Der Scheich des Schlosses bewirtete mich mit Kaffee und gab dabei noch eine andere Version der Seidjari-Angelegenheit zum besten, die freilich mit keiner der beiden ersten in Einklang zu bringen ist, und ich beglückwünschte mich zu meinem längstgefaßten Entschluß, mich nicht an die Lösung dieses verwickelten Problems zu wagen.

Von der Höhe des Schlosses aus schien das Orontestal ganz unter Wasser zu stehen. Der große 'Asi-Sumpf, sagte der Scheich, der im Sommer vertrocknet, wodurch dann diese Inseldörfer (so sah ich sie jetzt) wieder als Teil der Ebene auftreten. Ob sie ungesund sind? Ja, gewiß, das sind sie! Sommers wie winters vom Fieber heimgesucht, die meisten Bewohner sterben jung – seht, wir sind Gottes, und zu Ihm kehren wir zurück. Zur Winters- wie zur Frühlingszeit obliegen diese kurzlebigen Leute der Fischerei, sobald aber der Sumpf austrocknet, bebauen sie auf ihre eigene Weise das Land. Sie hauen das Schilf um, brennen die Fläche an und säen Mais darauf. Und der Mais schießt aus der Asche empor und wächst. In der Tat ein phönixartiger Betrieb von Landwirtschaft!

In Apamea wurden die vortrefflichen Kuchen alle, die ich in Damaskus gekauft hatte – eine Sache, die ernst zu nehmen war, da der Mundvorrat einförmig zu werden drohte. Von allen Mahlzeiten zeigte sich das Frühstück am wenigsten verlockend, denn hartgekochte Eier und Stücke kalten Fleisches vermögen den Appetit nicht zu reizen, wenn man schon monatelang darin geschwelgt hat. Allmählich aber brachte ich Michaïl bei, unsere Kost mit den Produkten, die die Gegend lieferte, abwechslungsreicher zu gestalten. Käse aus Schafmilch, Oliven, eingesalzene Pistazien, gesüßte Aprikosen und andere Delikatessen mußten mit unseren Kuchen aus Damaskus aushelfen. Der einheimische Diener, der daran gewöhnt ist, Cooks Touristen Sardinen und Büchsenfleisch vorzusetzen, betrachtete den Genuß solcher Nahrungsmittel als eines Europäers unwürdig, und willst du in den fruchtbarsten Ländern nicht mit kaltem Hammelfleisch darben, so mußt du schon die Bazare mit ihm absuchen und ihn anleiten, was er kaufen soll.

XI.

*Im Djebel Zawijjeh * Verfallene Städte * Ein Mißgeschick * Die Zauberstadt El Barah * Scheich Junis * Baudenkmäler in Ruweiha * Ein syrisches Landhaus * Drei mühselige Tage nach Aleppo * Begegnung mit der Princetonschen Expedition * Bienenkorbdörfer * Sehenswürdigkeiten von Aleppo * Das Los der Stadt * Besuch beim Vali Kiazam Pascha * Der griechisch-katholische Erzbischof * Verbannte der Türkei * Aussicht von der Burg Aleppos *

Meine nächste Tagesreise hat sich meinem Gedächtnis durch einen Vorfall eingeprägt, den ich lieber als Mißgeschick und nicht mit dem stolzen Namen Abenteuer bezeichnen will. Während er sich zutrug, erwies er sich ebenso lästig wie ein wirkliches Abenteuer (jeder, der solche erlebt hat, weiß, wie lästig sie häufig sind), und dabei hat er nicht einmal jene wohlbekannte Würze einer entronnenen Gefahr hinterlassen, wovon sich später am Kaminfeuer so herrlich plaudern läßt. Nachdem wir Kal'at el Mudik um acht Uhr in strömendem Regen verlassen hatten, wendeten wir uns nordwärts, einer Gruppe niedriger Hügel, dem Djebel Zawijjeh zu, der zwischen dem Orontestal und der weiten Aleppoebene liegt. Diese Kette birgt eine Anzahl verfallener Städte, aus dem 5. und 6. Jahrhundert hauptsächlich; sie sind teilweise von syrischen Bauern bewohnt und von de Vogüé und Butler ausführlich beschrieben worden. Bei nachlassendem Regen ritten wir auf dem sanft ansteigenden Wege eine Hügelreihe hinauf. Auf der roten Erde ringsum war der Pflug geschäftig, aus Olivenhainen schauten die Dörfer heraus. Eine eigenartige Schönheit lag über der weiten Fläche und wurde noch durch die vielen verlassenen Städte erhöht, die verstreut darauf lagen. Am Anfang erwiesen sich die Ruinen nur als Haufen behauener Steine, aber in Kefr Anbil gab es guterhaltene Häuser, eine Kirche, einen Turm und eine große Begräbnisstätte aus in die Felsen gehauenen Gräbern. Hier veränderte sich das Landschaftsbild: die bebauten Äcker wurden zu kleinen Streifen, die rote Erde verschwand und machte wüsten, felsigen Strecken Platz, aus denen die grauen Ruinen wie riesige

Steinblöcke emporragten. Damals, als der Distrikt noch die zahlreiche Bevölkerung der nun verödeten Städte ernährte, muß es mehr Ackerland gegeben haben; seitdem hat mancher winterliche Regen die künstlichen Terrassendämme zerstört und die Erde in die Täler hinabgeschwemmt, so daß die frühere Bewohnerzahl jetzt unmöglich dem Boden Frucht genug zum Leben abringen könnte.

Nördlich von Kefr Anbil stieg aus einem Labyrinth von Felsen ein prächtiges Dorf, Chirbet Haß, auf, welches ich besonders gern besichtigen wollte. Daher ließ ich die Maultiere direkt nach El Barah, unserem Nachtquartier, weitergehen, nahm einen Dorfbewohner als Führer über die Steinwüste mit und machte mich mit Michaïl und Mahmud auf den Weg. Der schmale, grasbewachsene und reichlich mit Steinen bedeckte Pfad schlängelte sich zwischen den Felsen hin und her, die Nachmittagssonne brannte entsetzlich, und ich stieg endlich ab, zog den Mantel aus, band ihn, wie ich glaubte, fest an meinen Sattel und schritt zwischen Gras und Blumen voraus. Das war der Eingang zum Mißgeschick. Wir fanden Chirbet Haß bis auf ein paar Zelte ganz verödet; die Straßen waren leer, die Wände der Läden eingefallen, die Kirche hatte längst keinen Andächtigen mehr gesehen. Still wie Gräber lagen die prächtigen Häuser, die ungepflegten, umzäunten Gärten da, und niemand kam herbei, um Wasser aus den tiefen Zisternen zu ziehen. Der geheimnisvolle Zauber ließ mich verweilen, bis die Sonne fast den Horizont erreichte und ein kalter Wind mich an meinen Mantel gemahnte. Aber siehe da! Als ich wieder zu den Pferden kam, war er nicht mehr auf dem Sattel. Nun wachsen Tweedmäntel nicht auf jedem Busch Nordsyriens, daher mußte unter allen Umständen der Versuch gemacht werden, den meinigen wieder zu erlangen. Mahmud ritt auch fast bis nach Kefr Anbil zurück, kam aber nach anderthalb Stunden mit leeren Händen wieder. Es begann zu dunkeln, ein schwarzes Wetter türmte sich im Osten auf, und vor uns lag ein einstündiger Ritt durch eine sehr unwirtliche Gegend. Michaïl, Mahmud und ich brachen sofort auf und tappten auf dem fast unsichtbaren Pfade vorwärts. Wie es das Unglück wollte, brach jetzt mit der einbrechenden Dämmerung das Unwetter los; es wurde kohlschwarze Nacht, und bei dem in unsere Gesichter wehenden Regen verfehlten wir den Medea-Faden von Pfad völlig. In dieser Schwierigkeit glaubten Michaïls Ohren Hundegebell zu hören, und wir wendeten daher die Köpfe unserer Pferde nach der von ihm bezeichneten Richtung. Und dies war die zweite Stufe zu unserem Mißgeschick. Warum bedachte ich auch nicht, daß Michaïl immer der schlechteste Führer war, selbst wenn er genau die Richtung des Ortes kannte, dem wir zustrebten? So stolperten wir weiter, bis ein wäßriger Mond hervorbrach und uns zeigte, daß unser Weg überhaupt zu keinem Ziel führte. Da blieben wir stehen und feuerten unsere Pistolen ab. War das Dorf nahe, so mußten uns die Maultiertreiber doch hören und uns ein Zeichen geben. Da sich aber nichts regte, kehrten wir zu der Stelle zurück, wo der Regen uns geblendet hatte, und abermals von jenem vermeintlichen Gebell verleitet, wurde eine zweite Irrfahrt gewagt. Diesmal ritten wir noch weiter querfeldein, und der Himmel weiß, wo wir schließlich gelandet wären, hätte ich nicht beim Schein des bleichen Mondes bewiesen, daß wir direkt südlich vordrangen, während El Barah nach Norden zu lag. Daraufhin kehrten wir, mühsam unserer Fährte folgend, zurück, stiegen nach einer Weile ab, und, uns auf einer verfallenen Mauer niedersetzend, berieten wir, ob es wohl ratsam sei, die Nacht in einem offenen Grab zu kampieren und einen Bissen Brot mit Käse aus Mahmuds Satteltaschen zu essen. Die hungrigen Pferde schnupperten uns an, und ich gab dem meinigen die Hälfte meines Brotes, denn schließlich war ihm doch mehr als die Hälfte der Arbeit zugefallen. Die Mahlzeit weckte unsere Unternehmungslust von neuem; wir ritten weiter und befanden uns im Handumdrehen wieder an der ersten Teilung des Weges. Jetzt schlugen wir einen dritten Weg ein, der uns in fünf Minuten nach dem Dorfe El Barah brachte, um das wir uns drei Stunden im Kreise gedreht hatten. Wir weckten die in den Zelten schlafenden Maultiertreiber ziemlich unsanft und erkundigten uns, ob sie denn nicht unsere Schüsse gehört hätten. O ja! entgegneten sie wohlgemut, aber da sie gemeint hätten, ein Räuber mache sich die Sturmnacht zunutze, um jemand umzubringen, hätten sie der Sache keinen Wert beigelegt. Hier haben Sie mein Mißgeschick! Es gereicht keinem der Betroffenen zur Ehre, und ich scheue mich fast, es zu erzählen. Aber das eine habe ich daraus gelernt: keinen Zweifel in die Berichte über ähnliche Erlebnisse zu setzen, die anderen Reisenden widerfahren sind; ich habe vielmehr nun allen Grund, sie für wahrheitsgetreu zu halten.

Mag El Barah zur Nachtzeit auch unerträglich sein, am Tage ist es jedenfalls wunderbar schön. Es gleicht einer Zauberstadt, wie sie sich die Phantasie eines Kindes im Bett erträumt, ehe es einschläft. Palast um Palast steigt aus dem schimmernden Boden hervor, unbeschreiblich ist der Zauber solcher Schöpfungen, unbeschreiblich auch der Reiz eines syrischen Lenzes. Generationen Dahingeschiedener begleiten dich auf den Straßen, du siehst sie über die Veranden dahingleiten, aus den mit weißer Klematis umrankten Fenstern schauen, dort wandeln sie zwischen Iris, Hyazinthen und Anemonen in den mit Olivenbäumen und Weinstöcken bestandenen Gärten umher. Aber du durchblätterst die Chroniken umsonst nach ihrem Namen: sie haben keine Rolle in der Geschichte gespielt, sie hatten keinen anderen Wunsch, als große Häuser zu bauen, in denen sie friedlich leben, und schöne Grabstätten, worin sie nach ihrem Tode schlafen konnten. Daß sie Christen wurden, beweisen Hunderte verfallener Kirchen und die über den Türen und Fenstern ihrer Wohnstätten eingehauenen Kreuze zur Genüge; daß sie auch Künstler waren, dafür sprechen die Ausschmückungen, und ihren Reichtum bekunden die geräumigen Häuser, ihre Sommerwohnungen, Ställe und Wirtschaftsgebäude. Der Kultur und Kunst Griechenlands entlehnten sie in dem Maße, wie sie es brauchten, und sie verstanden es, damit jene orientalische Pracht zu verbinden, die nie verfehlt, auf die Phantasie des Abendländers Eindruck zu machen, und nachdem sie in Frieden und Behaglichkeit, wie es wenigen ihrer Zeitgenossen vergönnt gewesen sein mag, gelebt hatten, sind sie durch die mohammedanische Invasion von der Oberfläche der Erde getilgt worden.

Mit dem Scheich von El Barah und seinem Sohn als Führer brachte ich zwei Tage in dem Orte zu und besuchte fünf oder sechs der umliegenden Dörfer. Scheich Junis war ein munterer alter Mann, der alle berühmten Archäologen seiner Zeit begleitet hatte, sich ihrer erinnerte und namentlich von ihnen erzählte.

Scheich Junis

Oder vielmehr waren es Namen seiner eigenen Schöpfung, die von den Originalen sehr weit abwichen. De Vogüé und Waddington herauszufinden, gelang mir ja, ein anderer, ganz unverständlicher, muß wohl für Sachau bestimmt gewesen sein.

In Serdjilla, der Stadt mit den gänzlich verlassenen und dachlosen Häusern, die aber trotzdem einen fast unvergleichlichen Eindruck solider Wohlanständigkeit machten, schenkte mir der Scheich einen Palast mit der anliegenden Grabstätte, damit ich in seiner Nähe leben und sterben möchte, und beim Abschied ritt er bis Deir Sanbil mit, um mich auf dem richtigen Wege zu sehen. Er zeigte sich diesen Tag außerordentlich erregt über eine Störung, die in einem nahen Dorfe vorgekommen war. Zwei Männer aus dem Nachbarort hatten nämlich einem Manne aufgelauert und ihn zu berauben versucht. Glücklicherweise war einer aus seinem eigenen Dorf ihm zu Hilfe gekommen, und es war ihnen auch gelungen, den Angriff abzuschlagen, aber der Freund hatte bei dem Kampf sein Leben verloren, worauf seine Sippe das Dorf der Räuber geplündert und alles Vieh weggetrieben hatte.

Mahmud war der Meinung, daß sie das Gesetz nicht in ihre eigenen Hände hätten nehmen sollen. „Bei Gott!" sagte er, „sie hätten den Fall der Regierung vorlegen müssen!"

Worauf Junis mit unbegreiflicher Logik erwiderte: „Was hätten sie bei der Regierung gesollt! Sie verlangten ihr Recht!"

Im Laufe des Gesprächs fragte ich Junis, ob er wohl je nach Aleppo käme.

„Bei Gott!" sagte er. „Dann setze ich mich in die Bazare und beobachte die Konsuln, vor denen je ein Mann hergeht in einem Rock, der wohl seine 200 Piaster wert ist, und die Damen mit so etwas wie Blumen auf dem Kopf." (Wahrscheinlich der moderne europäische Hut.) „Ich gehe immer nach Aleppo, wenn meine Söhne im Gefängnis dort sind", fuhr er fort, „manchmal ist der Wärter gutmütig und läßt sie gegen etwas Geld heraus."

Ich ließ den etwas kritischen Punkt fallen und erkundigte mich, wie viele Söhne er hätte.

„Acht, gelobt sei Gott! Jede meiner zwei Frauen hat mir vier Söhne und zwei Töchter geboren."

„Gelobt sei Gott!" sagte ich, worauf Junis zurückgab: „Gott beschere Ihnen langes Leben! Meine zweite Frau kostet mich viel Geld!" fügte er noch hinzu.

„Ja?" sprach ich.

„O meine Dame, Gott segne Sie für dieses Ja! Ich nahm sie ihrem Gatten, und, bei Gott!, Sein Name sei gelobt und gepriesen, ich mußte dem Gatten 2000 Piaster bezahlen und 3000 dem Richter." Das war zuviel für Hadji Mahmuds Gerechtigkeitssinn, und er sagte: „Wie? Du nahmst sie ihrem Gatten? So handelt ein

Nosairijjeh oder ein Ismaili. Nimmt ein Muselmann jemandes Weib? Es ist verboten!"

„Er war mein Feind", erklärte Junis, „bei Gott und dem Propheten! Es herrschte Todfeindschaft zwischen uns."

„Hat sie Kinder?" forschte Mahmud.

„Eh, wallah!" bejahte der Scheich, den Mahmuds Mißbilligung reizte, „aber ich habe 2000 Piaster dem Gatten und 3000 dem –" „Beim Angesicht Gottes!" unterbrach Mahmud in steigender Empörung, „es war die Tat eines Ungläubigen!"

Hier aber fiel ich in die Diskussion ein, indem ich mich erkundigte, ob sich denn die Frau gern hätte fortnehmen lassen.

„Ohne Zweifel", sagte Junis, „es war ihr Wunsch."

Und daraus ersehen wir, daß das Sittengesetz mit der Sache nicht viel zu tun hatte, obgleich der Mann den Gatten und den Richter so reich entschädigte.

Dieser Zwischenfall brachte uns auf die Frage, wieviel gewöhnlich für eine Frau bezahlt würde.

„Für unsereinen", entgegnete Junis, indem er die unbeschreibliche Miene eines gesellschaftlich Hochstehenden annahm, „ist das Mädchen nicht unter 4000 Piaster zu haben, aber ein armer Mann, der kein Geld hat, gibt dem Vater eine Kuh oder etliche Schafe, und damit begnügt der sich."

Nachdem er von uns gegangen war, ritt ich über Ruweiha, denn ich wünschte, die berühmte Kirche mit der danebenstehenden überkuppelten Grabstätte Bizzos zu sehen.

Die Kirche ist mit ihrem prächtigen Narthex (der schmalen, viereckigen Vorhalle der Basilika), den mit Bildhauerarbeit verzierten Türen, dem überhöhten Bogen und breitgespannten Bogengängen ihres Schiffes die schönste im Djebel Zawijjeh. Wie gerechtfertigt das Vertrauen war, welches der kühne Erbauer in seine Herrschaft über das verfügbare Material setzte, als er jene große Bogen von Säule zu Säule spannte, beweist die Tatsache, daß eine davon bis auf den heutigen Tag steht. Das kleine Grabmal des Bizzos ist fast so gut erhalten, als wäre es neu. Die neben der Tür eingehauene Inschrift lautet: „Bizzos, Sohn des Pardos. Ich lebte gut, ich sterbe gut, ich ruhe gut. Bitt' für mich."

Die leisen Anklänge an klassische Motive, wie sie sich in manchen fast mit gotischer Freiheit ausgeführten Bildwerken wiederfinden, sind, ebenso wie das klassische Gebälk an Kirchenfenstern und Architraven, der seltsamste Zug in der gesamten Architektur Nordsyriens. Die Uranfänge syrischer Dekoration bestanden in einer Reihe von Kreisen oder Kränzen, die entweder mit Windungen oder dem christlichen Monogramm ausgefüllt waren. Als dann die Bildhauer geschickter wurden, verschlangen sich die Kreise zu den mannigfachsten schönen und phantastischen Formen, zu Akanthus, Palme und Lorbeer, und ihre Phantasie umgab damit Kirche und Grab in den denkbar verschiedensten Gewinden. Das Gras unter ihren Füßen, die Blätter der Zweige über ihren Häuptern gaben ihnen eine Fülle von Entwürfen ein, wie sie ähnlich zwölf Jahrhunderte später William Morris begeisterten.

Eine andere Kirche in Ruweiha ist kaum weniger gut erhalten als die des Bizzos, wenn auch weniger schön im Plan. Sie ist besonders merkwürdig wegen eines dicht an der Stadtmauer befindlichen Bauwerkes, welches als ein Glockenturm, ein Grab, eine Kanzel oder überhaupt nicht gedeutet worden ist. Es erhebt sich in zwei Stockwerken, von denen das untere, aus sechs Säulen bestehende, eine Plattform trägt, auf deren niedriger Mauer vier Eckpfeiler ruhen, die Kuppel oder Baldachin tragen. Die Ähnlichkeit mit norditalienischen Gräbern, zum Beispiel mit dem Monument Rolandino in Bologna, tritt so stark hervor, daß der Beschauer dem anmutigen Bauwerk in Ruweiha unwillkürlich dieselbe Bestimmung zuschreibt.

Diese Nacht blieben wir in Dana. Dieses Dorf rühmt sich eines Pyramidengrabes mit einem Portal aus vier korinthischen Säulen, das so wohlproportioniert und schön ausgeführt ist, wie man sich nur etwas zu sehen wünschen kann. Auf unserem Weg von Ruweiha hinweg kamen wir an einer Wohnstätte vorbei, die mir wie ein Typus der Hausarchitektur des 6. Jahrhunderts erschien. Sie stand, von jedwedem Ort durch ein oder zwei Meilen welliges Terrain getrennt, ganz isoliert da, die offenen Veranden nach Westen gerichtet, das reizende gegiebelte Portal – es hätte jedem englischen Landhaus von heutzutage zur Zierde gereicht – nach Norden zu. Im Geiste sah ich den Eigentümer aus dem 6. Jahrhundert auf der Steinbank darin sitzen und nach einem

Freunde Ausschau halten. Er brauchte sicher keine Feinde zu fürchten, warum hätte er auch sonst seine Wohnstätte so weit draußen errichtet und nur durch einen Gartenzaun geschützt? In Kasr el Banat, der Jungfernfestung, wie die Syrer sie bezeichnen, kam mir der hohe soziale Standpunkt, den man im Djebel Zawijjeh erreicht hat, mehr als an irgendeinem anderen Orte zum Bewußtsein, weil Sicherheit und Wohlstand hier ganz offenkundig zutage traten, wie auch Muße genug, um der Kunst zu leben. Im Weiterreiten fragte ich mich, ob die Zivilisation wirklich nach unseren europäischen Begriffen eine Macht ist, die unaufhaltsam vorwärts drängt, und in ihr Wappen diejenigen aufnimmt, die aus ihrem Lauf Nutzen zu ziehen vermögen. Sollte sie nicht vielmehr, gleich einer Flut, gehen und kommen, und bei diesem rastlosen Vorwärts und Zurück zur Zeit der Flut immer wieder denselben Ort am Gestade berühren?

Ganz spät abends kam einer von Scheich Junis' Söhnen geritten, um sich zu erkundigen, ob sein Vater noch bei uns wäre. Dieser unternehmungslustige alte Herr war also, nachdem er von uns gegangen, nicht in den Schoß seiner sich sorgenden Familie zurückgekehrt, und ich argwöhne, daß sein freundlicher Eifer, uns auf dem richtigen Weg zu sehen, mit einem feinausgeklügelten Projekt in Verbindung stand, durch welches er persönlich in jene lokalen Streitigkeiten einzugreifen hoffte, die ihn am Morgen so beschäftigt hatten. Jedenfalls hatte er sich davongemacht, sobald wir außer Sicht gewesen, und die Vermutung lag nahe, daß er zum Kampfplatz geeilt war. Ich habe nie erfahren, was ihm zugestoßen, aber wetten will ich, daß es jedenfalls nicht Scheich Junis gewesen ist, der auf das Dorf El Mugharah zugeritten ist.

Drei recht mühselige Tage trennten uns noch von Aleppo. Wir hätten die Reise ja in zweien zurücklegen können, aber um die mir gut bekannte Fahrstraße zu vermeiden, hatte ich vorgeschlagen, einen Umweg nach Osten zu machen, denn war die Gegend auch nicht interessanter, so mir doch weniger vertraut. Nach fünfstündigem Ritt über offenes Hügelland gelangten wir nach Tarutin. Wir kamen an verschiedenen alten Stätten vorüber, in denen sich die fast seßhaft gewordenen Araber der Muwalistämme angesiedelt haben; die ursprünglichen Gebäude fand ich

Kcsr el Banat

freilich fast gänzlich in Trümmern. Am ganzen westlichen Saum der Wüste beginnt der Beduine, den Boden urbar zu machen, und muß daher in der Nähe seiner Kulturen feste Wohnungen errichten. „Wir sind Bauern geworden", sagte der Scheich von Tarutin. Wenn in den kommenden Zeiten die ganze Erde unter Pflug und Ernte stehen wird, wird das Nomadenleben in Arabien aufgehört haben. In der Zwischenzeit wohnen diese neuerstandenen Bauern in ihren Zelten weiter, die indessen stehen bleiben und mit ihrem sich darin anhäufenden Schmutz eine für alle Sinne fatale Niederlassung abgeben. Die wenigen Familien Tarutins hatten die Sitten der Wüste noch beibehalten; wir fanden in ihnen angenehme Leute, obwohl die obigen Bemerkungen auch auf ihre Haarzelte Anwendung finden müssen.

Ich hatte noch keine Stunde in meinem Lager zugebracht, als sich eine große Aufregung unter meinen Männern bemerkbar machte und Michaïl rief: „Die Amerikaner! Die Amerikaner!" Aber uns drohte keine Räuberhorde, es war nur die archäologische Expedition Princeton, die von Damaskus aus, auf einem anderen Wege als wir, dem Djebel Zawijjeh zuwanderte, und als eine erfreuliche Begegnung pries man es im ganzen Lager, denn fand nicht jeder von uns Bekannte unter den Herren oder den Maultiertreibern und nahm sich Muße zum Plaudern, wie man zu plaudern pflegt, wenn man auf öder Straße einander trifft? Überdies verschaffte mir der in Tarutin verbrachte Tag wundervoll anschauliche archäologische Belehrung, denn da die Teilnehmer der Expedition Grundrisse von den Ruinen entwarfen und die Inschriften entzifferten, stieg das ganze 5. Jahrhundert aus seiner Asche vor unseren Augen empor – Kirchen, Häuser, Forts, Felsengräber, über deren Tür Name und Todestag ihrer Inhaber eingemeißelt waren. Am nächsten Tag erwartete uns ein zehnstündiger Marsch. Auf unserem Weg nordwärts passierten wir das kleine Erdhüttendorf Helban und ein zweites, Mughara Merzeh, wo wir die Ruinen einer Kirche und sehr primitive Felsengräber fanden. (Keine dieser Örtlichkeiten findet sich auf Kieperts Karte.)

In Tulul, das wir erreichten, nachdem wir uns östlich gewendet hatten, stießen wir auf eine ungeheure überschwemmte

Fläche, die sich von dem *Matkh* (Sumpf), aus welchem der Fluß Kuwek entspringt, wenigstens zwölf englische Meilen[45] nach Süden zu erstreckt. In Tulul weinten mehrere Araberfrauen an einem frischen Grabe. Drei Tage lang bejammerten sie den Toten am Grabesrande; nur in Mekka und Medina gibt es, wie Mahmud sagte, keine Trauer um den Verschiedenen. Dort stoßen die Frauen, sobald der letzte Atemzug getan ist, dreimal einen Schrei aus, um anzukünden, daß die Seele den Körper verlassen hat; aber damit hört auch alles Wehklagen auf, denn keine Träne darf auf das Haupt des Toten fallen. Der Herr hat's gegeben, der Herr hat's genommen.

Am Rande einer Erhebung hin südlich reitend, gelangten wir an den kleinen Berg Selma, schlugen dann wieder die östliche Richtung ein und kamen am Rande der Überschwemmung hin nach dem großen Dorfe Moyemat, das zur einen Hälfte aus Zelten, zur anderen aus Bienenkorbhütten bestand. Das einzige Baumaterial dort ist Erde; wir sahen überhaupt keine Steine mehr von dem Augenblick an, wo wir den felsigen Boden, auf dem Tarutin steht, verließen, ja keine Steine und auch keinen Baum, nichts als ein endloses, ununterbrochenes Getreidefeld, auf dem die ersten scharlachroten Tulpen zwischen dem ersten jungen Weizen blühten. Die Pferdefüße hatten zwar weichen Boden unter sich, aber es war schweres Marschieren. Wieviel leichter würde sich das Reisen in Syrien gestalten, wenn die Hügel mit etwas mehr Erde bedeckt und dafür mehr Steine in der Ebene wären! Aber Er, dem keiner gleicht, hat es anders gewollt. Von Moyemat ritten wir nordöstlich bis zu dem Dorfe Hober, welches am Fuße eines Ausläufers vom Djebel El Haß liegt, und hier wollten wir lagern; da indes weder Hafer noch Gerste oder auch nur eine Handvoll Häcksel zu bekommen war, ging es bis nach dem auf der Karte angegebenen Kefr 'Abid weiter, wo wir um sechs Uhr die Zelte aufschlugen. Die Kiepert unbekannten Dörfer sind wahrscheinlich neueren Datums, in der Tat sind viele aus der großen Zahl – bei Hober zählte ich fünf in einem Umkreis von etwa zwei Meilen – beinahe noch Zeltlager. Die sie bewohnenden Araber halten als Nomadengewohnheit an der Fehde fest; jedes Dorf hat seine Verbündeten und seine Todfeinde, und die politische Zugehörigkeit ist ebenso schwach wie in der Wüste. Mein Tagebuch enthält als Endaufzeichnung des Tages: „Immergrün, weiße Iris, wie wir sie in El Barah blau fanden, rote und gelbe Ranunkeln, Störche und Lerchen." Das war alles, was uns für die Monotonie des langen Rittes entschädigte.

Etwa eine halbe Stunde nördlich von Kefr 'Abid befindet sich ein kleines Bienenkorbdorf mit einem sehr gut erhaltenen Mosaik aus geometrischen Figuren. Im Dorfe verstreut befinden sich auch noch andere Mosaiken, einige in Häusern, andere in Höfen. Der ganze Distrikt möchte genau durchforscht werden, während die neuen Ansiedler den Boden aufgraben und ehe sie vernichten, was sie vielleicht finden.

Wir erreichten Aleppo um die Mittagsstunde, und zwar ritten wir durch einen offenen Kanal ein. Der erste Eindruck der Stadt enttäuschte, ob nun der üble Geruch oder der bleierne Himmel und der staubbeladene Wind daran schuld waren, mag dahingestellt bleiben. Der Name in seiner schönen europäisierten Form wäre einer anziehenderen Stadt würdig; anziehend ist Aleppo sicherlich nicht inmitten jener unfruchtbaren, baumlosen und öden Gegend, dem Ausgang der großen mesopotamischen Niederungen. Die Lage der Stadt ist einer Unter- und Obertasse zu vergleichen; während die Häuser in der Untertasse stehen, erhebt sich das Schloß auf der umgekehrten Obertasse. Sein Minarett ist auf mehrere Stunden hin sichtbar, wogegen die Stadt erst innerhalb der letzten Wegmeile zum Vorschein kommt.

Nur zwei Tage hielt ich mich dort auf, und während der Zeit regnete es fast unaufhörlich, weshalb ich Aleppo nicht kenne. Die Stadt des Orients öffnet dir nicht ihre vertrauten Kreise, es sei denn, du verbringst Monate in ihren Mauern, und selbst dann noch nicht einmal, wenn du dir nicht Mühe gibst, den Leuten zu gefallen. Trotzdem verließ ich Aleppo nicht, ohne bemerkt zu haben, daß es Sehenswertes dort gibt. Es war früher eine prächtige Araberstadt; in den engen Straßen stößt man auf Minarette und Torwege aus der schönsten Epoche der arabischen Architektur. In demselben Stil erbaut sind auch einige der Moscheen, Bäder und Karawansereien, besonders die halb verfallenen und geschlossenen. In ganz Syrien aber gibt es kein besseres Muster arabischer Kunst aus dem 12. Jahrhundert als die Burg mit ihren eisernen Türmen aus derselben Periode (sie tragen das Datum) und den schönen Dekorationsfragmenten. Gewiß weist die Stadt auch jetzt noch Lebenskraft auf, die diesen Zeichen vergangener Größe entspricht, aber leider sind schlimme Tage ihr Los. Sie ist der Eifersucht europäischer Konzessionsjäger verfallen und leidet mehr als irgendeine andere syrische Stadt unter dem würgenden Griff der Ottomanenherrschaft. Sie droht an dem Mangel eines Ausfuhrweges nach dem Meere hin zugrunde zu gehen, und weder die französische noch die deutsche Eisenbahn wird ihr zu Hilfe kommen. Bis jetzt sind beide Gesellschaften nur geschäftig gewesen, einander entgegenzuarbeiten. Die ursprüngliche Konzession der Rayak-Hama-Bahn erstreckte sich bis nach Aleppo und im Norden nach Biridjik – ich habe gehört, daß die Fahrkarten nach Biridjik gedruckt wurden, als man die ersten Geleise in Rayak legte. Da kam Deutschland mit seinem großen Plan einer Bahn nach Bagdad. Nachdem es die Konzession zu einer Nebenlinie von Killiz nach Aleppo erlangt, tat es sein Möglichstes, um die Franzosen zu hindern, über Hama hinauszugehen, indem es vorgab, die französische Bahn würde die Konzession der deutschen Bahn beeinträchtigen. (Meine Information entstammt nicht etwa der Kaiserlichen Kanzlei, sondern einer heimischen Quelle in Aleppo selbst.) Seit meiner Abreise haben die Franzosen die unterbrochene Tätigkeit an der Rayak-Hama-Bahn wieder aufgenommen, sie soll jedoch, glaube ich, nicht nach Biridjik, sondern nur bis Aleppo weitergeführt werden.* Die Stadt wird keinen Nutzen davon haben. Aleppos Kaufleute wollen ihre Waren nicht eine dreitägige Reise nach Beirut machen lassen; sie wünschen einen eigenen, zur Hand gelegenen Seehafen, damit ihnen der Profit ihres Handels auch zugute kommt – und dieser Hafen müßte Alexandrette sein. Aber auch aus dem Weiterführen der Bagdadbahn erwächst keinerlei Aussicht auf Vorteil. Vermittels einer bereits bestehenden Nebenlinie, die von englischen und französischen Geldmännern erbaut, aber

---

* Die Linie ist jetzt bis Aleppo fertiggestellt.

Die Burg in Aleppo

neuerdings unter deutsche Verwaltung gekommen ist, wird die Bahn bei Mersina das Meer berühren, aber Mersina ist ebenso weit von Aleppo wie Beirut. Höchstwahrscheinlich aber ist es, daß man eine Linie direkt von Aleppo nach Alexandrette legt, da der Sultan über alles eine Verbindung zwischen den Karawanenstraßen des Binnenlandes mit der Küste fürchtet, wodurch ausländischen Truppen, besonders englischen, eine gefährliche Handhabe geboten würde, aus ihren Kriegsschiffen zu landen und landeinwärts zu marschieren.

Aleppo sollte eigentlich immer noch, wie in vergangenen Zeiten, den Stapelplatz für die Landesprodukte abgeben, aber der Handelsverkehr ist gelähmt, da die Regierung so erschreckend häufig über die Lastkamele verfügt. Als im vergangenen Jahre der Krieg im Jemen bevorstand und sowohl Mannschaften als auch militärische Requisiten an die Küste befördert werden mußten, um nach dem Roten Meere geschifft zu werden, war diese Kalamität äußerst fühlbar. Einen vollen Monat lang stockte der Handel; die für die Küste bestimmten Waren blieben in den Bazaren aufgehäuft. Nur kurze Zeit noch, und die Zufuhr hätte überhaupt aufgehört, da die Kamelbesitzer des Ostens nicht wagten, ihre Tiere in den Bereich der Gefahr zu bringen. In Aleppo wie in allen türkischen Städten fürchtete man den Staatsbankrott, hatte doch die Regierung keinen Fonds zu den dringendsten Arbeiten, die Schatzkammern waren vollständig erschöpft.

Mein Aufenthalt war zwar von kurzer Dauer, aber nicht ohne neue Bekanntschaften; die wichtigste war der Vali. Kiazim Pascha ist ganz anderer Art als der Vali von Damaskus. In demselben Maße wie der letztere sich, seiner Begabung entsprechend, als wirklicher Staatsmann zeigt, ist Kiazim ein bloßer Farceur[46]. Er empfing mich in seinem Harem, wofür ich ihm dankbar war, denn ich sah seine Frau, eine der schönsten Frauen, die man sehen kann. Sie ist schlank und doch voll, der dunkle Kopf sitzt auf prächtigen Schultern, die Nase ist klein und gerade, das Kinn spitz, und ihre Brauen wölben sich über Augen, die wie dunkle Gewässer schimmern. Konnte ich doch den Blick nicht von ihrem Gesicht wenden, während sie bei uns saß. Sie und ihr Gatte sind

Zirkassier, weshalb ich auf der Hut war, ehe der Vali den Mund öffnete. Sie sprachen beide Französisch, er sogar sehr gut. Nachdem er mich in seiner ungenierten Weise willkommen geheißen, bemerkte er: „Ich bin der junge Pascha, der Frieden zwischen den Kirchen gestiftet hat."

Nun war mir bekannt, daß er zu einer Zeit Muteserrif zu Jerusalem gewesen, als die Eifersüchteleien zwischen den christlichen Parteien zu außergewöhnlich heftigem Blutvergießen geführt hatten, und daß es zu einer Art von erzwungenem Vertrag gekommen war – ob infolge seines Scharfsinnes oder der Dringlichkeit des Falles, wußte ich jedoch nicht.

„Für wie alt halten Sie mich?" fragte der Pascha.

Mein Taktgefühl gab mir ein, ihn auf 35 zu schätzen.

„36!" erklärte er triumphierend. „Aber die Konsuln hörten auf mich! *Mon Dieu!* Ein besserer Posten als dieser hier, wenn ich auch nun Vali bin. Hier kann man keine Konferenz mit Konsuln abhalten, und einem Manne wie mir ist der Umgang mit gebildeten Europäern Bedürfnis." (Ein weiterer Grund zu Mißtrauen: ein orientalischer Beamter, welcher erklärt, den Verkehr mit Europäern vorzuziehen!)

„Ich bin sehr engländerfreundlich", fuhr er fort, worauf ich die Dankbarkeit meines Landes in geeigneten Ausdrücken übermittelte. „Aber was suchen Sie in Jemen?" fügte er schnell hinzu.

„Exzellenz", sagte ich, „wir Engländer sind eine Schiffahrt treibende Nation, und ganz Arabien hat nur zwei Orte, die uns berüh–"

„Ich weiß", fuhr er dazwischen, „Mekka und Medina."

„Nein", sagte ich, „Aden und Kuwait."

„Und Sie behaupten sie beide", gab er scharf zurück – ja ich muß gestehen, sein Ton war nicht der eines Engländer-Schwärmers.

Alsdann begann er mir zu erklären, daß er als einziger unter den Paschas die Bedürfnisse der Jetztzeit erfaßt habe. Er gedenke eine schöne Chaussee nach Alexandrette zu legen (viel Zweck wird sie ja nicht haben – dachte ich bei mir –, wenn keine Kamele vorhanden sind, um sie zu begehen), ganz wie die Straße, die er von Samaria nach Jerusalem geführt hätte. Solch eine Straße solle man in der Türkei suchen – ob ich sie kenne? Ich war kürzlich darauf gereist und ergriff die Gelegenheit, den Schöpfer derselben zu beglückwünschen, hielt es aber nicht für nötig zu erwähnen, daß sie am Fuße der einzigen nennenswerten Steigung abbricht und erst da wieder einsetzt, wo man die Höhe des Plateaus von Judäa erreicht hat. Weiter brauche ich mich über Kiazim Paschas Eigentümlichkeiten nicht zu ergehen.

Eine weit anziehendere Bekanntschaft war der griechisch-katholische Erzbischof, ein Damaszener, der in Paris erzogen und dort eine Zeitlang auch Seelsorger der griechisch-katholischen Gemeinde gewesen war. Trotzdem ist er noch verhältnismäßig jung. Ich war mit einem Empfehlungsbrief versehen, nach dessen Empfang er mich höchst leutselig in sein Privathaus einlud. Da saßen wir in dem mit Büchern angefüllten Raum, dessen Fenster die Aussicht auf den stillen Hof seines Palastes boten, und unterhielten uns von den Bahnen, in welche der Geist Europas eingelenkt hatte. Ich bemerkte mit Genugtuung, daß der Erzbischof, trotz seiner Gelehrsamkeit und seines Aufenthaltes im Westen, im Herzen Orientale geblieben war.

„Ich freute mich, als ich den Befehl erhielt, aus Paris in mein eigenes Land zurückzukehren", sagte er. „Es gibt viel Gelehrsamkeit und wenig Glauben in Frankreich; in Syrien findet man zwar viel Unwissenheit, aber die Religion ruht auf einer festen Grundlage des Glaubens."

Die Schlußfolgerung, die aus dieser Darlegung gezogen werden kann, ist zwar nicht schmeichelhaft für die Kirche, aber ich enthielt mich eines Kommentars.

Am Nachmittag erschien er zum Gegenbesuch – muß doch vom Vali abwärts jedermann dieser gesellschaftlichen Verpflichtung nachkommen. Er hatte das goldene Kreuz angelegt und trug den erzbischöflichen Stab in der Hand. Von seinem hohen, randlosen Hut fiel ein schwarzer Schleier über seinen Rücken nieder, und seine schwarzen Gewänder waren mit Purpur gesäumt. Hinter ihm her schritt ein willfähriger Kaplan. Er traf bereits einen Besucher in meinem Hotelzimmer an, Nicola Homsi, einen reichen Bankier aus seiner eigenen Gemeinde. Er gehört einer einflußreichen Christenfamilie in Aleppo an, und sein Bankgeschäft hat Filialen in Marseille und London. Beide, er und der Erzbischof, vertraten sozusagen die unternehmendsten und gebildetsten Klassen Syriens. Sie sind es, die durch die Türken zu leiden haben – der Geistliche durch die blinde, kleinliche Opposition der Behörden, die den Christen überall entgegentritt, der Bankier, weil seine Interessen überall gebieterisch nach Fortschritt rufen, und Fortschritt ist es, was der Türke nie begreifen will. Als ich die Herren daher nach ihren Ansichten über die Zukunft des Landes befragte, sahen sie einander an, und der Erzbischof gab zur Antwort: „Ich weiß nicht ... ich habe die Frage gründlich erwogen, aber wie ich sie auch beleuchte, eine Zukunft für Syrien erblicke ich nicht."

Das ist die einzige glaubwürdige Antwort, die mir über irgendeinen Punkt der türkischen Frage gegeben wurde.

Die Luft von Aleppo eignet sich nach des Sultans Dafürhalten ganz ausgezeichnet für Paschas, die bei ihm in Konstantinopel in Ungnade gefallen sind. Die Stadt birgt eine solche Menge Verbannter, daß selbst der gelegentliche Besucher mit einigen Bekanntschaft schließen muß. So wohnte auch in meinem Hotel ein Dyspeptiker[47] von demütigem Auftreten, dem wahrscheinlich niemand revolutionäre Gelüste zugetraut hätte. Vermutlich hatte er auch keine und verdankte seine Verbannung nur einer gelegentlichen Bemerkung, die von einem Feinde oder Spion hinterbracht und verschärft worden war. Ich habe viele dieser Verbannten über Kleinasien verstreut angetroffen, und keiner hat mir sagen können, wofür ihn eigentlich sein Geschick betroffen. Gewiß hat mancher seine Vermutungen gehabt, und manchem ist sein Vergehen genau bekannt gewesen, aber die meisten waren wohl so unschuldig, wie sie zu sein vorgaben. Das wirft ein schärferes Licht auf die Frage vom türkischen Patriotismus, als anfänglich erscheinen mag, denn es ist Tatsache, daß diese ausgewiesenen Paschas selten Patrioten sind, die für ihre Hingabe an ein hohes Ideal büßen, sondern meist Männer, welche sich durch eine unselige Schicksalsfügung der bestehenden Ordnung entfremden ließen. Wofern ihnen die geringste Hoffnung winkt, daß ihnen die Gunst wieder lächelt, zeigen sie selbst in der Verbannung eine nervöse Furcht, irgend etwas zu tun, was bei den Behörden Verdacht erwecken könnte; erst wenn sie eingesehen haben, daß zu Lebzeiten des regierenden Sultans keine Hoffnung für sie existiert, geben sie sich dem Verkehr mit Europäern ohne Zwang hin, sprechen auch offen von ihren Trübsalen. Es gibt, soviel ich sehen kann, keine organisierte Körperschaft für freisinnige Ansichten, alles beruht auf individuellem Mißvergnügen, das durch persönliches Mißgeschick hervorgerufen wird. Schwerlich werden die Ausgewiesenen, wenn sie bei dem Tode des Sultans nach Konstantinopel zurückkehren, irgend welcher Reform das Wort reden oder den Wunsch äußern, ein System zu ändern, durch welches sie, infolge der natürlichen Umwälzung der Dinge, wieder zu Einfluß gelangen können.

Es gibt dann noch eine andere, ehrbare Verbannung in der Türkei: die Versetzung an einen entfernten Posten. Zu dieser Klasse gehört mein Freund Mohammed 'Ali Pascha von Aleppo und wohl auch Nazim Pascha selbst. Der erstere, ein angenehmer Mann von etwa 30 Jahren, ist mit einer Engländerin verheiratet. Er geleitete mich in das Haus des Vali, erwirkte mir die Erlaubnis, die Zitadelle zu sehen, und machte sich auf manch andere Weise nützlich. Seine Gemahlin war eine nette, aus Brixton stammende kleine Dame, er hatte sie in Konstantinopel kennengelernt und dort geheiratet; soviel ich weiß, ist das teilweise der Grund, weshalb er in Ungnade fiel, denn die englische Nation ist keineswegs *gens grata* im Yildiz Kiosk. Mohammed Pascha ist ein Gentleman in des Wortes vollem Sinne, und er scheint seine Gattin glücklich zu machen, aber – verstehen Sie recht – im allgemeinen möchte ich türkische Paschas nicht zu Gatten für Brixtons Jungfrauen empfehlen. Denn wenn jene Dame schon Tennis spielen und die Nähkränzchen der europäischen Kolonie besuchen durfte, mußte sie sich doch bis zu einem gewissen Grade den Sitten der muselmännischen Frauen anbequemen. Sie betrat nie unbeschleiert die Straße, „weil", wie sie sagte, „die Leute reden würden, wenn die Frau eines Pascha ihr Antlitz sehen ließ."

Wir erklommen die Burg in der einzigen Stunde meines Aufenthaltes in Aleppo, wo die Sonne schien, und wurden von

Wasserträger

höflichen Offizieren in prächtigen Uniformen und mit rasselnden Schwertern und Sporen umhergeführt. Sie waren besonders ängstlich, daß ich nicht die kleine, in der Mitte der Festung stehende Moschee übersehen sollte, die an jener Stelle errichtet war, wo Abraham seine Kuh melkte. Wie sie sagten, ist selbst der Name Aleppo auf diesen historischen Vorfall zurückzuführen, und ohne Zweifel besteht seine arabische Form, Haleb, aus denselben Stammlauten, die auch das Stammwort melken bilden. Trotz der hohen Bedeutung der Moschee interessierte mich die Aussicht von der Spitze des Minaretts mehr. Flach wie eine Planke lag unter uns die mesopotamische Ebene ausgebreitet; bei schönem Wetter ist der Euphrat sichtbar, ja selbst Bagdad könnte man sehen, wenn die störende Rundung der Erde nicht wäre, denn keine andere Schranke hemmt den Blick auf dieser weiten Fläche. Zu unseren Füßen drängten sich die Dächer der Bazare und Karawansereien; dazwischen dann und wann ein

Blick aus der Vogelperspektive auf Marmorhöfe, und hier und da der schöne Turm eines Minaretts. Bäume und Wasser fehlten in der Landschaft, wie Wasser überhaupt die große Schwierigkeit in Aleppo ist. Der träge Strom, der den *Matkh* verläßt, vertrocknet im Sommer, und die Quellen schmecken das ganze Jahr hindurch salzig. Gutes Trinkwasser muß von weit her geholt werden und kostet jeden Hausstand wenigstens einen Piaster pro Tag – eine ernste Verteuerung des Lebensunterhaltes. Dafür ist aber das Klima günstig; der Winter bringt scharfe Kälte, und der Sommer nicht über einen oder zwei Monate übergroße Hitze. Das wäre Aleppo, die Stadt mit dem volltönenden Namen und den Spuren einer glänzenden Vergangenheit.

XII.

*Der Maultiertreiber Faris * Aufbruch von Aleppo * Ein kurdisches Lager * Vergebliches Warten auf die Karawane * Die Ruinen von Kal'at Sim'an * Architektur des Djebel Sim'an * Besuch mehrerer Ruinendörfer * Die Sommerfrische Basufan * Armut der Kurden * Die Glaubenslehren der Jezidi * Geschichten von gefundenen Schätzen * Eine kurdische Familie *

Während meines Aufenthaltes in Aleppo wurde jeder Moment meiner Muße benutzt, um Maultiertreiber auszuwechseln, eine zwar störende, aber durchaus unerläßliche Beschäftigung. In Antiochien hörte die arabischsprachige Bevölkerung auf. Habib und sein Vater konnten kein Wort Türkisch, Michaïl nur einige Namen, wie Ei, Milch und Piaster, und mir, die ich kaum weiter vorgeschritten war, widerstrebte es, mit einem Gefolge in Gegenden einzudringen, wo wir höchstens nach den dringendsten Bedürfnissen oder nach dem nächsten Wege fragen konnten. Man hatte mir viel von den großen Fähigkeiten der nordsyrischen Maultiertreiber erzählt; der Titel Maultiertreiber ist allen Ernstes eine Namensirrung, denn das Lasttier ist in diesen Strichen nur ein armseliger Klepper (*Kadisch* sagt man auf Arabisch); von Alexandrette bis Konia sahen wir wohl überhaupt kein Maultier, ganz sicher aber keine Karawane. Man hatte mir gesagt, daß ich bis zur Reorganisation meiner Begleitung auf Behaglichkeit, Pünktlichkeit und Ordnung würde verzichten müssen, nie ohne Verdruß und das Gefühl der Verantwortlichkeit sein würde und daß ich ja, wenn ich es wünschte, meine Karawane in Konia auflösen könnte. Für die Männer aus Aleppo würde sich schon eine Ladung zum Heimweg finden. So verabschiedete ich mich von meinen Beirutern – und vom Frieden.

Von nun an ging die Reise unter einem Erpressungssystem vor sich. Der Erpresser war ein zahnloser alter Lump, Faris mit Namen, der mit seinem Bruder eine beträchtliche Zahl Lasttiere in Aleppo besaß. Dank seiner Zahnlosigkeit waren sein Arabisch und Türkisch in gleicher Weise unverständlich. Er versah mich mit vier Lastpferden und ritt selbst auf einem fünften zu seiner eigenen Bequemlichkeit und auf eigene Kosten, machte aber doch den vergeblichen Versuch, mich dafür zahlen zu lassen, als wir Konia erreichten. So mietete er auch um einen Hungerlohn zwei Burschen zur sämtlichen Arbeit im Lager und auf dem Marsche und ließ sie fast verhungern. Die Ärmsten gingen barfuß (die vermögenden Leute aus dem Libanon hatten sich mit Eseln versehen), denn obgleich Faris sich verbindlich gemacht hatte, ihnen Schuhe zu liefern, weigerte er sich, bis ich endlich mit der Drohung einschritt, ihm das Geld für die Schuhe von seinem Lohn abzuziehen und sie selbst zu kaufen. Ich mußte mich sogar um den Proviant kümmern und darauf achten, daß die Burschen genug zu essen bekamen, um arbeitsfähig zu bleiben, aber trotz aller Mühe liefen die gemieteten Leute auf jeder Station davon, und mir oblag die Sorge, andere ausfindig zu machen und, was noch schlimmer war, das neue Paar in seine Pflichten einzuweisen – wo die Zeltpflöcke zu befestigen waren, wie die Lasten verteilt werden mußten und noch hundert kleine, aber immerhin wichtige Dinge mehr. Dann galt es, Faris anzuspornen, der sich mit stets wachsenden Entschuldigungen von seiner Arbeit zu drücken suchte, und hätte ich nicht früh und spät das Füttern der Pferde überwacht, sie wären sicher mit ebenso knapper Not dem Hungertode entgangen wie die gemieteten Burschen. Als wir endlich in Konia angelangt waren, mußte ich erfahren, daß Faris die letzten seiner Sklaven auf die Straße gesetzt und sich ganz entschieden geweigert hatte, sie bis in ihre Heimat Adana mitzunehmen, weil er – so hatte er sich hinter meinem Rücken geäußert – „billigere Leute bekommen könnte". Da es mir widerstrebte, zwei Leute, die bei aller Dummheit ihr Bestes getan hatten, um mir zu dienen, im Stich zu lassen, mußte ich sie unterstützen, damit sie ihr Heim wieder erreichten. Kurz und gut: ich möchte behaupten, daß niemand, der die Maultiertreiber Aleppos und ihr abscheuliches System empfiehlt, je eine wohlorganisierte und gut geleitete Karawane besessen haben kann, wo die Arbeit mit der Regelmäßigkeit des Big Ben getan wird und die Männer heitere Mienen und willige Hände zeigen. Sie können auch keine Erfahrung in wirklich geschäftsmäßigem Reisen haben, denn das läßt sich nur mit Dienern ermöglichen, die Mut in Gefahren und Unternehmungslust offenbaren und die sich zu helfen wissen. Ich gebe zu, daß ich nur geringe Erfahrung besitze und – im Vertrauen sei es gesagt – sie wird auch nicht zunehmen, denn eher würde ich Maultiertreiber aus Bagdad mitbringen, als Faris und seinesgleichen ein zweites Mal zu mieten.

Gerade als die Schwierigkeiten der Reise sich mehrten, versagten Michaïls Tugenden. Die zwei Tage, wo er auf die Gesundheit seiner davonziehenden Kameraden trank, mit denen er – wie sich's Mitgliedern einer guten Karawane geziemt – sich vortrefflich gestanden, genügten, um den Segen seiner zweimonatigen Nüchternheit wieder zu vernichten. Von da an bauchte die Arrakflasche seine Satteltaschen aus, und wenn auch auf Arrakflaschen in Satteltaschen gefahndet und sie am Gestein zerschmettert werden können, so vermochte doch keinerlei Wachsamkeit, Michaïl den Weinläden fernzuhalten, sobald wir in eine Stadt kamen. Das Mißgeschick gibt uns manche Lehre, mit gemischten Gefühlen blicke ich auf die vier ungemütlichen Wochen zurück, die zwischen unserer Abreise von Aleppo und der Zeit lagen, wo die Vorsehung mir einen anderen und besseren Mann bescherte, und ich mein Herz verhärtete und Michaïl entließ, aber ich bedaure das Lehrgeld nicht, welches ich zahlen mußte.

Von Hadji Mahmud, dessen Vertrag in Aleppo zu Ende war, verabschiedete ich mich nur ungern. Der Vali versah mich mit einem Zaptieh, dem Kurden Hadji Nadjib, der, obwohl von unvorteilhaftem Äußeren, sich doch als ein gefälliger und auch nützlicher Mann erwies, denn er war mit den Gegenden, die wir durchreisten, und auch mit den Bewohnern wohlbekannt. Unser Aufbruch verzögerte sich: Michaïl war voll Arrak und die Maultiertreiber ungeschickt im Aufladen. Der Tag (wir hatten den 30. März) war wolkenlos, und zum erstenmal machte sich die Sonne unangenehm fühlbar. Schon als wir um zehn Uhr auszogen, brannte sie glühendheiß, und den ganzen Tag lang winkte auf dem ganzen öden Weg keine Spur von Schatten. Nachdem wir etwa eine Meile auf der Straße von Alexandrette geritten und an einem von etlichen Bäumen umstandenen Kaffeehaus vorübergekommen waren, schlugen wir zur Linken einen Pfad ein, der in kahles, felsiges Hügelland führte und selbst bald ebenso felsig wurde. Wir hielten uns östlich mit einer Neigung nach Norden zu. Um halb zwölf hielten wir inne, um zu frühstücken, und warteten eine volle Stunde auf unser Gepäck, was mir Zeit gab, Vergleiche zwischen der Marschgeschwindigkeit meiner alten und der neuen Dienerschaft anzustellen und der Sonnenglut innezuwerden, die während des Reitens weniger fühlbar gewesen. Als wir nach einem weiteren halbstündigen Ritt auf eine Hütte, Jakit 'Ades, stießen, schlug Nadjib vor, da zu lagern, aber ich fand es noch zu früh, und nachdem wir Faris genaue Weisungen über den Pfad, den er verfolgen, und den Ort, wo wir lagern würden, erteilt hatten, machte ich mich mit dem Zaptieh auf den Weg, und gemächlich weitertrabend, waren wir bald außer Sehweite der übrigen.

Auf der Sohle eines kahlen, gewundenen Tales dahinziehend, kamen wir an mehreren Stellen vorbei, die zwar auf der Karte eingezeichnet, in Wirklichkeit aber nichts als winzig kleine Trümmerhaufen waren. Gegen vier Uhr erstiegen wir den Nordabhang des Tales und erreichten einen Weiler, der Kiepert unbekannt war und den mir Nadjib als das Dorf Kbeschin bezeichnete. Hier fanden wir inmitten einiger alter Mauern und vieler moderner Schutthaufen ein kurdisches Lager, eine jener Frühlingsniederlassungen, wie sie nomadische Völkerschaften mit ihren Herden zur Zeit des jungen Grases zu beziehen pflegen. Die Zeltwände, wenn der Name Zelt überhaupt anwendbar ist, bestanden aus rohen Steinen, die flüchtig zu einer Höhe von circa fünf Fuß übereinandergesetzt waren, die Dächer aber bestanden aus Ziegenhaarstoff und wurden in der Mitte durch Zeltstangen gestützt. Bald drängten sich die kurdischen Hirten um uns und unterhielten sich mit Nadjib in ihrer eigenen Sprache, die mir vertraute Klänge aufwies, denn sie ähnelt der persischen. Sie sprachen auch Arabisch, ein seltsames Kauderwelsch voll türkischer Worte. Wir saßen eine Weile auf den Schutthaufen in Erwartung unserer Lasttiere, bis mir endlich, trotz Nadjibs beruhigender Worte, klar wurde, daß die Sache einen Haken haben mußte und wir wahrscheinlich in alle Ewigkeit hier warten konnten. Da kam der Kurdenscheich mit der Nachricht, daß es Essenszeit sei, und lud uns ein, an dem Mahle teilzunehmen. Der Vorschlag fand freudiges Entgegenkommen, denn es ist einer der Vorteile des Lebens im Freien bei schmaler Kost, daß es keinen Augenblick des Tages gibt, der uns nicht voll Eifer findet zu essen.

Der Kurde erfreut sich in den Reiseberichten keines guten Namens. Er wird als mürrisch und streitsüchtig geschildert, ich für mein Teil aber habe an ihm fast all die Eigenschaften gefunden, die angenehmen geselligen Verkehr ermöglichen. Wir wurden in das größte der Gebäude geleitet; es war hell und kühl, luftig und sauber, da seine Bauart ihm sowohl die Vorteile des Zeltes als auch des Hauses verlieh. Die Mahlzeit bestand aus Brot, saurem Quark und vorzüglichem Pillaf[48], in dem zerquetschter Weizen den Reis ersetzte. Wir saßen auf Teppichstücken um eine Matte herum, auf welcher die Gerichte aufgetragen waren. Die Frauen bedienten uns. Ehe wir fertig wurden, war es sechs Uhr, aber keine Karawane ließ sich blicken. Nadjib war sehr betroffen, unsere Wirte zeigten große Anteilnahme und erklärten sich von Herzen bereit, uns über Nacht zu beherbergen. Unserem Zögern wurde durch einen kleinen Knaben ein Ende gemacht, der mit der Kunde hereingestürmt kam, daß bei dem Dorfe Fafertin, auf der entgegengesetzten Seite des Tales, eine Karawane gesehen worden war, die auf Kal'at Sim'an, das nächste Ziel unserer Reise, zusteuerte. Nun gab es keine Zeit zu verlieren; die Sonne war bereits untergegangen, lebhaft erinnerte ich mich der nächtlichen Wanderung bei El Barah durch eine Gegend, die der jetzt vor uns liegenden nicht unähnlich war. Vor unserem Aufbruch aber nahm ich Nadjib beiseite und fragte ihn, ob ich den Leuten wohl Geld für die uns gebotene Mahlzeit geben dürfte. Er versicherte, daß das keinesfalls angängig sei: die Kurden erwarteten keine Bezahlung von ihren Gästen. Ich konnte weiter nichts tun, als die Kinder um mich zu versammeln und eine Handvoll Metalliks unter sie zu verteilen, eine sehr wohlfeile Großmut, die auch das empfindlichste Gemüt nicht verletzen konnte.

Dann machten wir uns auf den Weg. Nadjib ritt so schnell auf dem steinigen Pfade voran, daß ich die größte Mühe hatte, Schritt mit ihm zu halten. Ich wußte, daß die große Kirche des St. Simeon Stylites[49] auf einem Hügel stand und von unserem Wege aus zu sehen sein mußte; freilich liegt die große Säule des Heiligen, um welche die Kirche erbaut wurde, schon seit Jahrhunderten in Trümmer gesunken. Nachdem wir eine Stunde vorwärts gestolpert waren, zeigte Nadjib nach dem dämmerigen Gebirge, und ich konnte gerade noch eine undeutliche Masse unterscheiden, die wie eine die Kammlinie unterbrechende Festung aussah. Eine weitere halbe Stunde brachte uns an die Mauern. Es war halb acht Uhr und vollständig dunkel. Als wir durch die ungeheure Kirche ritten, merkten wir zu unserer Erleichterung am Geläut der Karawanenglocken, daß unsere Zelte angekommen waren – wir hörten auch das Schreien und Fluchen Michaïls, der unter dem Einfluß verschiedener Dosen Arraks wie ein wildes Tier tobte und sich weigerte, den neuen Maultiertreibern Anweisungen bezüglich des Aufstellens meines englischen Zeltes zu geben. Als die einzig nüchterne Person, die da wußte, wie die Pfähle ineinandergepaßt, die Zapfen eingetrieben und die Möbel aufgestellt wurden, mußte ich beim Schimmer zweier Kerzen den größten Teil der Arbeit selbst verrichten und dann die Vorratskörbe nach Brot und Butter für die Maultiertreiber durchsuchen. Wurde doch mein Befehl, die übliche, aus Reis bestehende Abendmahlzeit zu bereiten, von meinem Koch mit höhnischem Geheul und mit

Kal'at Sim'an

Kal'at Sim'an, Westtor

Fluchen über alles und jedes beantwortet. Mit einem Betrunkenen ist nicht zu reden, ich hoffe aber, daß der Racheengel der Gefühle nicht Erwähnung getan hat, mit denen ich mich zum Schweigen zwang.

Als endlich alles fertig war, ging ich hinaus in die milde Frühlingsnacht, durchschritt die schattigen, so friedlich daliegenden Ruinen, unter deren Mauern wir unser Lager aufgeschlagen hatten, und befand mich plötzlich in einem kreisrunden, oben offenen Hofe, von dem aus sich die vier Flügel der Kirche nach den vier Himmelsgegenden erstreckten. Der Hof ist von einem unvergleichlich schönen Säulengang umgeben gewesen, von dem noch jetzt viele Bogen erhalten sind, und in der Mitte erhob sich in vergangenen Tagen die Säule, auf welcher St. Simeon lebte und starb. Ich kletterte über die Steinhaufen bis zu dem die Basis bildenden Felsblock; es war ein mächtiger, schiefriger Stein mit einer Vertiefung in der Mitte, in der sich, wie in einer kleinen

Schüssel, klares Regenwasser gesammelt hatte. Ich wusch mir
Hände und Gesicht darin. Die Nacht war mondlos; eine verfallene Pracht, standen die Pfeiler und Bogen im tiefen Schatten da, still wie ein unbewegter See lag die Luft, alle Müdigkeit und aller Ärger fielen von der Seele ab, sie stand dem Himmel und dem Frühling offen. Ich saß und überdachte, welch einen Streich das Schicksal in diesen Stunden dem grimmigen Heiligen gespielt. Für diese eine Nacht hatte es seinen Thron der Bitternis einem Menschenkinde überlassen, dessen rosige Träume einer tiefen inneren Zufriedenheit entstammten, die er wohl als der erste verdammt haben würde. Bei solchem Sinnen nickte mir ein grosser Stern zu, der über den in Trümmern stehenden Säulengang heraufgeklettert war, und wir beide kamen überein, daß es besser sei, über Himmel und Erde dahinzuwandern, als bis zum Ende der Tage auf einer Säule zu sitzen.

Die Mitglieder der amerikanischen Vermessungsgesellschaft haben die nördlichen Gebirge bis zur Kal'at Sim'an aufs genaueste erforscht und in ihren Karten aufgezeichnet, aber weder sie noch andere Reisende haben einen Bericht des Hügellandes veröffentlicht, das sich von dem Heiligtum in nördlicher Richtung erstreckt.[*] Ich habe dasselbe bereist und beinahe alle verfallenen Dörfer besucht. Von den Bewohnern wird es beinahe allgemein Djebel Sim'an genannt, und auch ich werde unter diesem Namen davon sprechen. Das Simeongebirge mit dem Djebel Barischa nach Südwesten und dem Djebel el 'Ala noch weiter nach Westen hin gehört demselben architektonischen System an wie der Djebel Zawijjeh, durch den wir auf unserem Wege nach Aleppo gekommen waren. Man könnte wohl Unterschiede in dem Stil der nördlichen und dem der südlichen Gruppe herausfinden; dem amerikanischen Architekten Mr. Butler ist es dank seiner gründlichen Kenntnis der beiden Distrikte auch gelungen, für den flüchtigen Beobachter aber scheinen diese Verschiedenheiten hauptsächlich auf natürlichen Ursachen zu beruhen sowie

---

[*] Seither habe ich erfahren, daß nach meiner Anwesenheit Mr. Butler und seine Reisegesellschaft ihre Forschungen auf das Land nördlich von Kal'at Sim'an erstreckt haben, und ich warte mit Spannung auf eine ausführliche Beschreibung dieser Gegend in ihren künftigen Veröffentlichungen.

auf dem Umstand, daß der nördliche Distrikt mehr unter dem Einflusse Antiochias[50] stand, und diese Stadt war in den ersten Jahrhunderten der christlichen Zeitrechnung die Hauptquelle aller künstlerischen Anregung, und zwar nicht für Syrien allein. Die Ansiedlungen im Djebel Sim'an waren kleiner und die einzelnen Häuser weniger geräumig, wahrscheinlich weil das nördliche Gebirge viel zerklüfteter ist und unmöglich eine so große und reiche Bevölkerung ertragen konnte. Der Djebel Sim'an scheint früher bebaut worden zu sein und den Gipfel des Wohlstandes etwas später erreicht zu haben als der Süden des Landes, auch ist er nicht jener Periode des Verfalls unterworfen gewesen, der den Süden im letzten Jahrhundert vor der arabischen Besitzergreifung heimgesucht hat.* Die schönen Kirchen des Nordens entstammen dem 6. Jahrhundert und zeigen bezüglich des architektonischen Schmuckes einen fast genialen Luxus, den keine der spätesten südlichen Kirchen erreicht, die, mit Ausnahme der Bizzoskirche in Ruweiha, alle bereits ein Jahrhundert früher erbaut sind. Es ist interessant, daß die letztgenannte Kirche, die doch etwas jünger ist als Kal'at Sim'an, gleichwohl viel herber in ihren Einzelheiten ist und daß im Norden selbst kleine Häuser nicht selten größere Mannigfaltigkeit und Kostbarkeit im Schmuck aufweisen, als im Süden üblich ist.** Da der Reisende beim Lesen der Inschriften an Kirchen und Wohngebäuden das Datum immer mehr nach der Antiochischen Zeitrechnung angegeben findet, wird er auf den sehr verzeihlichen Gedanken verfallen, daß es die prachtliebende Hand Antiochiens gewesen ist, die hier die Architrave und Kapitäle, die Simse und Friese geschaffen hat. Die Kirche des St. Simeon ist nicht nur aus lokalen Beiträgen errichtet worden, sondern hier hat die ganze Christenheit dem berühmten Heiligen ihren Tribut dargebracht, und wahrscheinlich sind nicht heimi-

---

* Vermutlich hat dieser Verfall seine Ursache zum Teil in der ungeheuren Steuerlast, die Justinian während seiner Bemühungen, den Westen seines Landes zurückzuerobern, den Ostprovinzen auferlegte. Wer Diehls großes Werk über Justinian gelesen hat, weiß, wie sehr die soziale und politische Organisation seiner Provinzen unter dem Druck der Kriege in Italien und Nordafrika in Unordnung geriet. Die Ostländer hatten, als die reichsten, am meisten zu leiden.
** Es ist dies eine Beobachtung Mr. Butlers, „Architektur und andere Kunst."

Grabmal, Katura

sche Arbeiter, sondern die Architekten und Steinschneider von Antiochien ihre Erbauer gewesen. Wenn es an dem ist, so muß man auch die anmutige Kirche von Kalb Lozeh denselben Schöpferhänden zuschreiben, und ein Dutzend kleinere Bauten wie zum Beispiel die Ostkirche in Bakirha verraten gleichen Einfluß.

Ich verbrachte den Morgen damit, die Simeonskirche und das am Fuße des Berges gelegene Dorf zu durchforschen. Letzteres weist einige sehr schöne Basiliken und die Ruinen einer großen Pilgerherberge auf. Beim Frühstück erschien ein Kurde auf der Bildfläche, der einen so klugen, vertrauenerweckenden Eindruck machte, daß ich mir ihn sofort für die nächsten Tage zum Führer erkor, denn die Gegend, die ich zu durchziehen beabsichtigte, war steinig, pfadlos und auf der Karte nur ein leerer Fleck. Musa war der Name meines neuen Freundes. Als wir am Nachmittag zusammen dahinritten, vertraute er meinem verschwiegenen Ohr, daß er seines Glaubens Jezidi sei, eine Sekte, die die Mohammedaner Teufelanbeter nennen.[51] Ich halte sie jedoch für ein gutmütiges, harmloses Volk. Sie sind im oberen Teil von Mesopotamien zu Hause, und von dort war Musas Familie auch ausgewandert. Wir sprachen von Glaubenslehren – freilich nur vorsichtig, denn unsere Bekanntschaft war noch jung – und Musa gestand ein, daß die Jezidis die Sonne anbeten. „Ein sehr geeignetes Anbetungsobjekt", entgegnete ich, und in der Absicht, ihm etwas Angenehmes zu sagen, fügte ich hinzu, daß die Ismailiten beides, Sonne und Mond, anbeten, aber siehe da, bei dem bloßen Gedanken an einen derartigen Götzendienst war Musa kaum imstande, seinen Abscheu zu verbergen. Das führte mich zu der stillen Betrachtung, ob die Welt wohl viel klüger geworden seit den Tagen, da St. Simeon auf seiner Säule saß. Der Schluß, zu dem ich endlich gelangte, war nicht schmeichelhaft.

In den Dörfern am Fuße des Djebel Scheich Barakat, des höchsten Gipfels südlich von Kal'at Sim'an, setzte der Regen unseren Streifereien ein Ziel und trieb uns heim; gegen Abend aber klarte sich der Himmel wieder auf. An dem wunderbaren schönen Westtor sitzend, beobachtete ich, wie die Berge allmählich kupferrot erstrahlten, die grauen Mauern der Ruine wie in Gold getaucht erschienen. Der sehr niedergeschlagene und reumütige Michaïl beglückte mich mit einem vortrefflichen Dinner, dennoch würde ich ihn davongejagt haben, wenn St. Simeon mir zu einem anderen Koch hätte verhelfen können. Ja, ich war bald geneigt, mir einen aus Aleppo kommen zu lassen, aber der Zweifel, ob ich durch eine Stellenvermittlung einen guten Diener bekommen würde, und eine gewisse Bequemlichkeit hinderten mich an der Ausführung des Planes. Vor mir rechtfertigte ich mich mit der Hoffnung, daß Michaïls Reue von Dauer sein würde. Einen Monat lang lebten wir auf einem Vulkan mit gelegentlichen Ausbrüchen, bis wir schließlich in die Luft flogen. Aber genug dieser unerquicklichen Dinge.

Am nächsten Tage ging ich daran, den östlich und nordöstlich der Kirche gelegenen Dörfern des Djebel Sim'an einen Besuch abzustatten. Ein einstündiger Ritt in östliche Richtung brachte uns nach Burdjkeh, das den unverfälschten Charakter dieser Dörfer des äußersten Nordens trägt. So hat es den fast unvermeidlich großen, viereckigen Turm. Alles Mauerwerk war massiv; oft waren die Steine nicht einmal zu richtigen Lagen geschichtet, und wenn doch, so zeigten diese Lagen ganz verschiedene Tiefen. Die Kirche hatte eine viereckige, über die Mauern des Schiffes hinausgebaute Apsis. Jedes Fenster krönte ein fortlaufender Fries, der sich in der Höhe der Brüstung von einem Fenster zum anderen hinüberzog und beim letzten in einer Spirale endete. Er machte den Eindruck eines Bandes, das um die Öffnungen geschlungen und dessen Enden aufgerollt worden waren. Dieser Fries ist den Bauten des 6. Jahrhunderts in Nordsyrien eigen.

Die Wohnhäuser von Burdjkeh waren einfache, viereckige Hütten aus vieleckigen Steinen erbaut. Musa kundschaftete ein neu geöffnetes Grab in der Nähe der Kirche aus. Mit etwas Mühe gelang es mir, hineinzukriechen; ich wurde aber belohnt, denn in einer Nische fand ich das Datum 292 der Antiochischen Zeitrechnung eingegraben. Es entspricht unserem Jahr 243 nach Christus. Unter der Jahreszahl befanden sich drei Zeilen arg verwitterter griechischer Schrift.

Wir ritten weiter und gelangten eine halbe Stunde später nach Surkanya, einem verlassenen Dorfe, das ganz reizend am Anfange eines flachen, felsigen Tales liegt, in dem sogar einige Bäume zu finden sind. Die Häuser waren von außergewöhnlich massiver Konstruktion; schwerfällige Steinbalkone bildeten eine Art Vorraum über der Tür. Eines trug ein Datum, das Jahr 406 nach Christus. Die Kirche war der zu Burdjkeh fast ganz gleich.

Dreiviertel englische Meilen weiter nördlich lag Fafertin; hier begann es zu regnen. Wir suchten Zuflucht in einer Apsis, dem letzten Überrest einer Kirche, die grob gebaut war, aber größer als eine der bisher gesehenen.* Das Dorf war von einigen Familien der Jezidi-Kurden bewohnt. In strömendem Regen ritten wir eine

---

* Butler berichtet in seinen Aufzeichnungen, daß diese Kirche die Jahreszahl 372 n. Chr. trägt und damit den Vorzug hat, diejenige Kirche Syriens, wenn nicht der ganzen Welt zu sein, die das älteste Datum aufweist.

Stunde nordostwärts nach Chirab esch Schems, konnten hier aber infolge des Wetters nichts unternehmen. Wir eilten deshalb weiter über Kaloteh nach Burdj el Kas, wo ich meine Zelte auf einer feuchten Wiese errichtet fand. Musa zeigte sich sehr betrübt über den heftigen Regen, denn, wie er sagte, war das feuchte Frühjahr seinen Feldern verhängnisvoll, da alle Erde von den hochgelegenen Stellen in die Täler hinabgewaschen wurde. Noch ist das Bloßlegen des Gesteins, das die Fruchtbarkeit Nordsyriens so herabgemindert hat, in vollem Gange. In Burdj el Kas krönte ein viereckiger Turm den Gipfel des Berges, einige alte Häuser waren wieder instand gesetzt und von Kurden bewohnt. Der Querbalken einer Tür trug die Zahl 406 nach Christus, ein anderer eine sehr schwer zu entziffernde Inschrift. Das Ende dieses Steines wurde durch die Ecke eines wiederaufgebauten Hauses verdeckt, ein Blick dahinter aber ließ mich gerade noch erkennen, daß sich am äußersten Ende eine kleine Verzierung befand. Der Besitzer des Hauses war der Meinung, daß dieselbe eine Madonna darstelle. Das wäre nicht nur eine bemerkenswerte Vermehrung der spärlichen Skulpturen Nordsyriens gewesen, sondern auch ein neuer theologischer Ausblick; ich drückte deshalb mein Bedauern aus, die Ecke nicht genauer sehen zu können. Sofort holte mein Freund eine Spitzhacke und schlug damit ein Stück seines Hauses ab: die Jungfrau Maria erwies sich als ein römischer Adler.

In Nadjibs und Musas Begleitung suchte ich die Dörfer wieder auf, an denen ich des Regens wegen am Tage vorher vorübergeritten war. In Kaloteh blieb Nadjib mit den Pferden zurück, während wir zu Fuß nach Chirab esch Schems weitergingen. War doch der Weg so steinig, daß ich ihn meinen Tieren ein zweites Mal ersparen wollte. Chirab esch Schems enthielt eine schöne Kirche, die vom Westtor bis zum Beginn des Altarplatzes 21 Schritt maß. Nach Norden und Süden hin waren die Umfassungsmauern umgestürzt, es standen nur noch die fünf Bogen auf jeder Seite des Schiffes sowie ein von zehn kleinen, rundbogigen Fenstern durchbrochener Lichtgaden[52], der den Eindruck einer allerliebsten, freistehenden Loggia machte. Weiter bergauf befand sich eine massive Kapelle ohne Flügel, aber mit herausgebauter Apsis. Mit ihrem halbdomförmigen Dach aus viereckigen Steinplatten ähnelte sie dem im 5. Jahrhundert erbauten Baptisterium[53] zu Dar Kita.* In der Bergwand fanden wir eine Anzahl Felsengräber; zu meiner Befriedigung entdeckte ich in dem einen mehrere merkwürdige Reliefs. Die Nische links der Tür zeigte vier grobgehauene Figuren mit in Gebetsstellung erhobenen Armen, in einer dunklen Ecke der Felswand aber befand sich eine einzelne Gestalt, mit Hemd und spitzer Kappe angetan, die in der Rechten einen sonderbaren korbähnlichen Gegenstand hielt.

Nach Kaloteh zurückgekehrt, besuchten wir eine westlich des Dorfes isoliert auf einer Anhöhe stehende Kirche. In der Nähe des Südtores trug die Mauer eine lange griechische Inschrift. Das Schiff war von den Flügeln durch je vier Säulen getrennt, die, nach den Überresten zu urteilen, teils kanneliert, teils glatt gewesen waren. Der Säulengang endete an der Apsis mit eingebauten kannelierten Säulen, die schöne korinthische Kapitäle trugen. Apsis, Prothesis und Diakonikum[54] waren alle mit in die Umfassungsmauern eingeschlossen. Das Westtor zeigte einen erhabenen, überhöhten Bogen über der zerbrochenen Oberschwelle, welch letztere mit einer Zahnschnittleiste verziert war. Südlich der Kirche liegt ein isoliertes Baptisterium, neun Fuß im Geviert groß, dessen Grundmauern noch die erste Lage der Steinwölbung trugen. Die Kirche muß mit Ziegeln bedeckt gewesen sein, denn ich sah noch zahlreiche Bruchstücke im Schiff umherliegen. Eine massive Umfriedigungsmauer umschloß beides, Kirche und Baptisterium. Im Dorfe unten standen noch zwei weitere Kirchen, die westliche 38 zu 68 Fuß, die andere 48 zu 70 Fuß groß. Aus den Friesen um die Tore beider Kirchen kann man schließen, daß sie nicht vor dem 6. Jahrhundert erbaut sein können. Das Dorf wies auch Häuser mit Steinveranden auf.

Eineinhalb Stunden westlich von Kaloteh liegt Barad, das größte und interessanteste Dorf des Djebel Sim'an. Es ist zum Teil wieder bewohnt, und zwar von Kurden. Mein Lager befand sich auf freiem Felde, einem wunderbar schönen Grabmal gegenüber; es stellte einen Baldachin dar, der von vier auf hohem Podium ruhenden Strebepfeilern getragen wurde. In der Nähe lag ein großer Steinsarkophag und eine Anzahl anderer Gräber, die teils

---

*   Butler, „Architektur und andere Kunst", Seite 139.

in den Felsen gehauen waren. Zwei Kirchen im Inneren der Stadt unterzog ich näherer Prüfung. In der einen war das 68 Fuß lange Schiff von den Seitenflügeln durch vier große Säulen abgetrennt, die sechs Fuß im Durchmesser hatten und eine Säulenweite von 18 Fuß zeigten. Diese große Säulenweite ist ein Beweis später Entwicklung, sie weist etwa auf das 6. Jahrhundert hin. Die zweite Kirche zeigte noch größere Dimensionen, 118 zu 73 Fuß, lag aber bis auf die Westmauer und einen Teil der Apsis gänzlich in Trümmern. Nördlich davon stand eine kleine Kapelle mit vollständig erhaltener Apsis; der nahe dabei liegende Sarkophag läßt den Schluß zu, daß die Kapelle ein Mausoleum gewesen ist. Das östliche Ende der Stadt enthielt einen Komplex von Gebäuden, aus vieleckigen Steinblöcken konstruiert; sie umschlossen eine viereckige Umfriedigung mit einem viereckigen Raum in der Mitte, unter dem sich ein Gewölbe befand, das jedenfalls ein Grab darstellt. Im äußersten Westen der Stadt stand ein schöner Turm und einige große, wohlerhaltene Häuser daneben. Diese Gruppe war durch eine kleine Kirche von der Stadt selbst ge-

Barad, Baldachingrab

trennt. Nahe bei meinem Lager befand sich ein wunderliches Gebäude mit zwei unregelmäßig in die Ostmauer eingebauten Altarplätzen. Die Mauern trugen noch die vollständig erhaltene Wölbung. Während Musa und ich dieses Bauwerk ausmaßen und den Grundriß zeichneten, wurden wir von zwei Personen in langen weißen Gewändern und Turbanen beobachtet, die das größte Interesse für unsere Bewegungen an den Tag legten. Wie Musa sagte, waren es Regierungsbeamte, die den Djebel Sim'an besuchten, um mit Rücksicht auf eine Steuererhöhung eine Volkszählung vorzunehmen.

Der nächste Tag war einer der unangenehmsten, deren ich mich entsinnen kann. Eine dicke Wolkenschicht lag unmittelbar über dem Gebirge und hüllte uns in kalten, grauen Schatten, während nach Norden und Süden hin Berge und Ebene im lieblichen Sonnenschein lagen. Wir ritten ungefähr eine Stunde nordwärts nach Keifar, einem großen Dorfe am äußersten Ende des Djebel Sim'an. Über dem Tale des Afrin drüben, der das Gebirge im Nordwesten begrenzt, erhoben sich die ersten großen Strebepfeiler des Giour Dagh. Nach Musas Aussage enthalten weder das Tal noch die entfernteren Gebirge weitere verfallene Dörfer; sie hören an der Grenze des Djebel Sim'an ganz plötzlich auf, die syrische Zivilisation scheint nicht weiter nordwärts gedrungen zu sein. Aus welchem Grunde ist nicht festzustellen. In Keifar fanden wir drei arg verfallene Kirchen, an denen aber noch Spuren außerordentlich fein gearbeiteter Verzierungen sichtbar waren, einige gut erhaltene Häuser und ein Baldachingrab, ähnlich dem zu Barad. Eine zahlreiche kurdische Bevölkerung bewohnte das Dorf. Wir kehrten nach Barad zurück und ritten dann in bitter kaltem Regen und Wind etwa eineinhalb Stunden in südöstlicher Richtung nach Kefr Nebu. Hier sahen wir eine Inschrift auf dem Oberbalken einer Tür, ein paar kufische Grabsteine und ein sehr schönes, zum Teil wieder hergestelltes Haus; ich litt aber viel zu sehr unter der Kälte, um diesen historischen Denkmälern die gebührende Aufmerksamkeit zuwenden zu können. Ich war bis aufs Mark erkältet und außerdem so enttäuscht, daß meine Versuche, einige Aufnahmen zu machen, infolge des Sturmes mißlungen waren, daß ich sofort mein eine Stunde von Kefr Nebu entfernt in Basufan befindliches Lager aufsuchte, ohne einige weiter südlich liegende Ruinen zu besichtigen.

Basufan ist Musas Heimat; wir gingen an seinem Vater vorüber, der auf dem Kornfeld arbeitete.

„Gott gebe deinem Körper Kraft!" rief Musa. Es ist dies der übliche Gruß für jemanden, der Feldarbeit tut.

„Und deinem Körper!" antwortete der Alte und blickte mit seinen trüben Augen zu uns herüber.

„Er ist schon alt", erklärte Musa im Weiterreiten, „und Kummer hat ihn getroffen, aber einstens war er der schönste Mann und der beste Schütze im Djebel Sim'an."

„Welcher Kummer?" fragte ich.

„Mein Bruder ist vor einigen Monaten von einem Blutfeind erschlagen worden", antwortete er. „Wir wissen nicht, wer ihn getötet hat, vielleicht war es ein Verwandter seiner Braut, denn er wollte sie ohne die Zustimmung ihrer Familie heiraten."

„Und was ist aus der Braut geworden?"

„Sie ist zu den Ihren zurückgegangen", sprach er, „aber sie hat bitterlich geweint."

Basufan wird von manchen Juden und Christen aus Aleppo als Sommerfrische benutzt. Sie kommen heraus und wohnen während der heißen Monate in den Häusern der Kurden, die um diese Zeit in ihren Zelten hausen. Auch einige hohe Bäume stehen im Süden des Dorfes, wo sie einen Kirchhof beschatten, auf dem zumeist mohammedanische Tote ruhen, die oft viele Meilen weit hergebracht worden sind. Das nahe Tal birgt einen berühmten Quell, der selbst in regenlosen Jahren, wo alle seine Brüder erschöpft sind, nicht versiegt.

Die Kurden pflegten auf den benachbarten Hängen Tabak zu bauen, und das Kraut wurde seiner Güte wegen hochgeschätzt, so daß die Ernten immer schnellen Absatz fanden, bis die Regierung das Tabakmonopol einführte. Von da ab erhielten die Kurden so geringe Preise, daß der Anbau nichts mehr abwarf. Andere Erwerbsquellen hatten sie nicht, und somit hörte die Industrie ganz auf; die Felder blieben brach liegen, höchstens wurde etwas Korn angebaut – „und nun sind wir alle arm", sagte Musa zum Schluß.

Musa und seine Familie

Noch war ich keine Stunde im Lager, als der Regen aufhörte und die Sonne durchbrach. Damit war auch unser Lebensmut wieder hergestellt. In Basufan befand sich eine große Kirche, die zu irgendeiner Zeit durch Hinzufügung dreier Türme in ein Fort verwandelt worden war. Alle Überreste des ursprünglichen Gebäudes zeigten vortreffliche Arbeit. Die eingebauten Säulen an der Apsis waren spiralig kanneliert – das erste Beispiel, das ich sah – und die korinthischen Kapitäle wiesen sorgfältige tiefeingeschnittene Skulpturarbeit auf. Musa zeigte mir auf der Südmauer eine altsyrische Inschrift, die ich mit viel Mühe und wenig Erfolg kopierte: möge der Kuckuck alle altsyrischen Inschriften holen oder aber die Reisenden mit schärferem Witz begaben!

Nachdem ich alles besichtigt, blieben mir immer noch ein paar helle Nachmittagsstunden, und ich beschloß, über die Berge nach Burdj Heida und Kefr Lab zu gehen, welche beiden Orte ich am Morgen dank dem Regen und der Kälte links hatte liegen lassen. Musa begleitete mich und nahm seinen „Kompagnon" mit – so wurde er mir wenigstens vorgestellt – an welchem Unternehmen sie beide teilhatten, erfuhr ich nicht. Der Besuch von

Burdj Heida war lohnend. Es besaß einen viereckigen Turm und drei Kirchen, deren eine noch außerordentlich gut erhalten und der ein interessantes Gebäude angefügt war, das vielleicht die Wohnung des Geistlichen gewesen. Aber hauptsächlich wegen der Unterhaltung meiner beiden Gefährten war der Ausflug bemerkenswert. Mit Musa hatte ich in den drei Tagen, die wir zusammen verbracht, eine feste Freundschaft geschlossen, die sich meinerseits nicht nur auf seine mir geleisteten Dienste gründete, sondern auch auf eine warme Würdigung des strahlenden Lächelns, mit dem er alles für mich tat. Wir waren bereits so vertraut miteinander geworden, daß ich glaubte, mit Recht von ihm einige Aufklärung über die Glaubenslehren der Jezidi erwarten zu können. Denn, mag man es auch in Europa damit halten, wie man will, in Asien ist es nicht höflich, einen Mann nach seinem Glauben zu fragen, solange er uns nicht für seinen vertrauten Freund erachtet. Es ist auch nicht ratsam, denn man macht sich nur verdächtig, ohne eine befriedigende Antwort zu erzielen. Während wir auf der Schwelle der kleinen Kirche zu Kefr Lab saßen, begann ich meine Nachforschungen mit der vorsichtigen Frage, ob die Jezidi Kirchen oder Moscheen hätten.

„Nein", erwiderte Musa, „wir verrichten unsere Andacht unter freiem Himmel. Jeden Tag in der Dämmerung beten wir die Sonne an."

„Habt ihr", fragte ich weiter, „einen Imam, der die Gebete leitet?"

„An Festtagen", sagte er, „tut es der Scheich, an anderen Tagen betet jedermann für sich allein. Wir halten einige Tage für glücklich, andere für unglücklich. Mittwoch, Freitag und Sonntag sind unsere guten Tage, der Donnerstag aber bringt Unheil."

„Warum?" forschte ich.

„Ich weiß nicht. Es ist so."

„Seid ihr Freunde der Mohammedaner, oder stellt ihr euch feindlich?"

Musa antwortete darauf: „Hier in der Gegend von Aleppo, wo unser nur wenige sind, fürchten sie uns nicht, und wir leben friedlich miteinander; aber es kommt jedes Jahr ein sehr gelehrter Scheich aus Mosul zu uns, um Tribut von uns zu erheben, der wundert sich, daß wir so brüderlich mit den Muselmännern auskommen; denn in Mosul, wo es viele Jezidi gibt, herrscht bittre Feindschaft zwischen ihnen. Dort wollen die Unseren nicht Heeresdienste leisten, wir hier aber werden Soldaten wie die anderen auch. Ich bin es selbst gewesen."

„Habt ihr heilige Schriften?" fragte ich.

„Gewiß", sagte er, „ich will Ihnen sagen, was sie uns lehren. Wenn das Ende der Welt herannaht, wird Hadudmadud auf Erden erscheinen. Bis dahin werden die Menschen an Größe so zusammengeschrumpft sein, daß sie kleiner sind als Grashalme – Hadudmadud aber ist ein mächtiger Riese. Und in sieben Tagen oder sieben Monaten oder sieben Jahren wird er alle Seen und Flüsse austrinken, so daß die ganze Erde ausgetrocknet wird."

„Und dann", fiel der Kompagnon ein, der Musas Auseinandersetzung mit Eifer gefolgt war, „wird ein großer Wurm aus dem Staub hervorkommen und Hadudmadud verschlingen."

„Und wenn er ihn aufgefressen hat", fuhr Musa fort, „kommt eine Flut, die sieben Tage oder sieben Monate oder sieben Jahre anhalten wird."

„Und die Erde wird reingewaschen werden", fügte der Kompagnon hinzu.

„Und dann wird der Madi kommen", fuhr Musa fort, „und die vier Sekten zusammenberufen, Jezidis, Christen, Mohammedaner und Juden, und der Prophet jeder Sekte muß seine Gläubigen sammeln: Jezid die Jezidi, Jesus die Christen, Mohammed die Mohammedaner und Moses die Juden. Alle die aber, die während ihres Lebens den Glauben gewechselt haben, werden im Feuer geprüft, damit offensichtlich wird, welchem Bekenntnis sie in ihrem Herzen anhängen. So wird jeder Prophet die Seinen kennen. Das ist das Ende der Welt."

„Haltet ihr alle vier Glaubensbekenntnisse für gleichwertig?" fragte ich.

Musa erwiderte (etwas diplomatisch vielleicht): „Christen und Juden erachten wir uns gleich."

„Und die Mohammedaner?" erkundigte ich mich.

„Die halten wir für Schweine." Das waren Musas Glaubenssätze. Was sie bedeuten, will ich nicht zu wissen behaupten.

Hadudmadud aber ist wahrscheinlich Gogmagog, wenn das der Sache zu größerer Klarheit verhilft.

Die Sonne sank, als wir uns von der Kirchenschwelle erhoben und über die Ruinen von Kefr Lab heimwärts zu klettern begannen. Jenseits des Dorfes stießen wir auf brüchigen Boden, und auf der Spitze des Hügels sah ich große Höhlungen unter den Felsen. Musas Genosse machte halt vor denselben und sprach: „An solchen Stellen suchen wir nach Schätzen."

„Und findet ihr sie?" sprach ich.

Er erwiderte: „Ich habe nie einen entdeckt, aber man hört viel erzählen. So verlor einst, wie berichtet wird, ein Hirtenknabe eine Ziege und durchsuchte das Gebirge nach ihr. Endlich fand er sie in einer Höhle, die ganz mit Goldmünzen gefüllt war. Schnell verstopfte er den Eingang und eilte heim, um einen Esel zu holen, den er mit dem Golde beladen konnte. In seiner Hast aber ließ er die Ziege in der Höhle, und als er zurückkam, fand er weder Höhle noch Ziege noch Gold, soviel er auch suchte."

„Und ein andermal", sagte Musa, „schlief ein Knabe in den Ruinen von Kefr Lab und träumte, er hätte einen großen Schatz in der Erde gefunden und danach gewühlt. Als er erwachte, waren seine Hände wirklich mit Goldstaub bedeckt, aber er hatte keine Ahnung mehr von der Stelle, wo er gegraben."

Keine dieser Erzählungen bot jedoch genügend Anhaltspunkte, um die Ausrüstung einer Schatzgräberexpedition nach dem Djebel Sim'an zu rechtfertigen.

Als wir Basufan erreichten, fragte Musa, ob seine Schwester Wardeh (die Rose) sich wohl die Ehre geben dürfte, mir ihre Aufwartung zu machen. „Und bitte", fügte er hinzu, „versuchen Sie doch, sie zum Heiraten zu überreden!"

„Zum Heiraten?" fragte ich, „wen soll sie denn heiraten?"

„Irgend jemand", entgegnete Musa gleichmütig. „Sie hat erklärt, daß ihr die Ehe verhaßt ist und daß sie in ihres Vaters Haus bleiben will. Wir können sie nicht davon abbringen. Und doch ist sie jung und schön."

Sie sah wirklich hübsch und überdies auch bescheiden aus, als sie so in meiner Zelttür stand in der kleidsamen Tracht der Kurdenfrauen, mit der Kaimakschüssel, dem mir zugedachten

Basufan, kurdisches Mädchen

Gastgeschenk, in der Hand, und ich muß gestehen, daß ich in dem Glauben, sie könne ihre Angelegenheiten am besten selbst besorgen, die Heiratsfrage nicht sehr dringlich betrieb. Sie brachte mir frisches Brot zum Frühstück für den nächsten Tag und bat mich, vor meiner Abreise auch ihres Vaters Haus zu besuchen. Das tat ich und fand die ganze Familie, Söhne, Schwiegertöchter und Enkel zu meiner Begrüßung versammelt. Obgleich ich erst kurz vorher gefrühstückt hatte, bestand doch der alte Vater darauf, daß mir Brot und Schüsseln mit Rahm vorgesetzt wurden, „damit das Band der Gastfreundschaft uns verbinde". Schöne, wohlgebildete Leute waren sie alle; ihre angenehmen Gesichter wurden durch das Lächeln verklärt, das auch Musas Hauptreiz war. Um ihretwillen soll den Kurden künftighin ein Platz in meinem Herzen bewahrt bleiben.

XIII.

*Die Ebene von Sermeda * Frühstück am Grabmal von Dana * Ritt nach Bakirha * Ruinen im goldenen Sonnenlicht * Einsames Nachtlager * Halsbrecherische Pfade * Die Kirche von Kalb Lozeh * Wiedersehen mit den Drusen * Unvergeßlicher Ritt nach Salkin * Besuch beim reichsten Bewohner der Stadt * Einladung in Reschid Aghas Heim * Spaßmacher und Schmeichler * Die Ungerechtigkeit der Reichen * Durch Schlamm und Morast nach Antiochia ***

Am 4. April um acht Uhr verließen wir Basufan und ritten auf unglaublich felsigen Pfaden südwärts. Wir ließen Kal'at Sim'an westlich liegen und umgingen die Ostflanke des Djebel Scheich Barakat. Musa erklärte, mich noch einen Teil des Weges begleiten zu müssen, und kam mit bis Deiret Azzeh, einem großen, aus 300-400 Häusern bestehenden mohammedanischen Dorfe. Hier verließ er uns, und wir stiegen hinab in die fruchtbare Ebene von Sermeda, die von den Hängen des Djebel Halakah eingeschlossen ist. Gegen Mittag erreichten wir das große Dorf Dana und speisten an dem berühmten, dem dritten Jahrhundert entstammenden Grabe, das de Vogüe beschrieben hat. Es ist meiner Meinung nach das lieblichste unter den geschichtlichen Denkmälern Nordsyriens und könnte in seiner zierlichen Einfachheit würdig dem choregischen Denkmal[55] des Lysikrates in Athen zur Seite gestellt werden. Es hielt uns nichts weiter in Dana zurück, und als auch unsere Lasttiere angekommen waren, sandte ich sie mit Michaïl und einem heimischen Führer voraus nach den Ruinen von Dehes, wo sie Nadjib und mich erwarten sollten. Nach einigem Beraten wurden sich Nadjib und der Einheimische auch über die Lage des Ortes einig, der mir nur aus den Berichten der Reisenden bekannt war. Erst als wir ihn erreicht hatten, entdeckte ich, daß wir uns in Mehes statt in Dehes befanden. Schließlich machte es keinen großen Unterschied. Hauptsache war, daß wir einen bequemen Lagerplatz dort vorfanden.

Von Dana aus führte mich Nadjib die alte Römerstraße entlang an einen römischen Triumphbogen, Bab el Hawa, vorbei, der malerisch am Eingang zu einem felsigen Tale erbaut ist. Wir ritten einige Meilen in demselben aufwärts, sahen eine verfallene Kirche und erstiegen dann den Westabhang durch eine Schlucht, die uns auf ein weites Hochplateau, dicht an das verödete Dorf Ksedjba führte.* Unser Weg führte uns durch eine Gegend, die mit Blumen und Gruppen verfallener Häuser und Kirchen wie bestreut war, weiter nach dem Dorfe Babiska. Das Herz hüpfte vor Freude beim Anblick so viel einsamer, unberührter Schönheit. Zwischen diesen Hügeln war es schwierig zu sagen, wo Bakirha die Stadt, der mein nächster Besuch galt, liegen mochte; aber in der Nähe von Babiska fanden wir einige Hirtenzelte, von deren Bewohnern wir den Weg erfragten. Der Hirt, ein phlegmatischer Mann, behauptete, es gäbe keinen Weg nach Bakirha und der Nachmittag wäre für ein derartiges Unternehmen zu weit vorgeschritten, überdies müßte er einen Korb Eier nach einer anderen Richtung tragen und könnte uns nicht helfen. Ich aber war nicht so viele Meilen geritten, um so nahe dem Ziele von meinem Vorhaben abzugehen, und mit etwas Poltern und viel Überredungskunst brachten wir den Mann endlich dazu, uns bis an den Fuß des Berges, der Bakirha trägt, zu führen. Er ging ungefähr eine Stunde weit mit uns und zeigte dann nach dem Gipfel des Djebel Barischa. Mit den Worten „Das ist Bakirha" verließ er uns eilends und kehrte zu seinem Eierkorb zurück.

Da wir uns vergeblich nach einem Pfad umsahen, der uns hinaufführen sollte zu den Ruinen, die im leuchtenden Nachmittagssonnenschein oben am Berghang lagen, lenkten wir unsere Tiere endlich mitten in das Geröll und das blühende Dornengestrüpp hinein. Aber selbst die Ausdauer der syrischen Pferde kennt eine Grenze, und die unseren waren fast an derselben angelangt, nachdem sie schon den ganzen langen Tag über Felsgestein geklettert. Überdies stand uns noch ein wer weiß wie langer Ritt bis zu unserem Lager bevor. Und doch mochte ich die verlockend schimmernden Mauern, die so greifbar nahe über mir lagen, nicht aufgeben; ich gebot daher dem widerwilligen

---

* Die alten Stätten im Djebel Barischa sind von der amerikanischen Expedition bereits bereist und beschrieben worden.

Grab zu Dana

Nadjib, unten mit den Pferden auf mich zu warten, und kletterte allein hinauf. Schon neigte sich der Tag, und ich eilte schnell vorwärts, aber die Erinnerung an diesen hastigen Stieg über die steilen Felsen, die halb in Blumen begraben und von der Sonnenhitze durchglüht waren, wird mir nicht so leicht aus dem Gedächtnis schwinden. Eine halbe Stunde später stand ich am Eingang der Stadt vor einer prächtigen Basilika mit der schönsten, abwechslungsreichsten, architektonischen Ausschmückung. Jenseits derselben lagen die verfallenen Straßen, allen Lebens bar, am Berghange die Häuser, die mit Skulpturen geschmückten Balkone, die tiefen, überwölbten Torwege, die säulenbestandenen Marktplätze – alles war vom goldenen Sonnenlicht überflutet. Aber ich strebte noch einem weiteren Ziele zu.

Ich stieg einen breiten, gewundenen Weg hinan, bis die Stadt und die blumigen Wiesenhänge hinter mir lagen und der Pfad an einem tiefen Abgrund endete. Nichts mehr lag zwischen mir und dem Kamme des Bergzuges als eine schroffe Felswand. Das Gebirge war nämlich hier durch steile Schluchten zerrissen, deren Böschungen sonnenbeglänzte, fruchtbare Ebenen einschlossen, der obere Rand dieser Schluchten aber trug auf einem schmalen Felsplateau einen kleinen lieblichen Tempel. Ich ließ mich an dem Tor nieder, durch welches die Andächtigen in den Tempelhof geschritten waren. Unter mir lagen der Nordabfall des Djebel Barischa, breite, schöne Täler und die schneegekrönten, von warmem Dunst umschleierten Häupter des Giour Dagh. Stadt, Tempel und Berg, alle lagen sie gleich verödet, nur weit drüben auf felsigem Pfad blies ein Hirtenknabe seiner zerstreuten Herde eine wilde, süße Melodie. Der Ton der Rohrpfeife ist so recht die Stimme der Einsamkeit: getragen von den Wellen der Gebirgsluft, die vom Hauch der Blumen durchduftet, von den Strahlen der sinkenden Sonne durchglüht war, schallte sie schrill, klar und leidenschaftslos herüber zu dem Tor des Tempels. Menschen waren gekommen und gegangen, das Leben war an den Flanken des Berges heraufgeflutet und wieder verebbt, die alten Götter aber waren zurückgeblieben und streckten ihre Zepter über die in friedlicher Einsamkeit und Schönheit liegenden Felsen und den blühenden Dorn.

Ein Loblied stieg hier, an der Schwelle des Heiligtums, aus meinem Herzen empor, ehe ich dankerfüllten, freudigen Sinnes den Rückweg antrat.

Nadjib bewillkommnete mich mit Ausrufen der Erleichterung. „Bei Gott", sagte er, „nicht eine einzige Zigarette habe ich geraucht, seit ich Eure Exzellenz aus den Augen verloren. Die ganze Stunde mußte ich unaufhörlich beten: Gefalle es Gott, daß sie auf keinen Räuber in den Felsen stößt!"

Um das Versäumte nachzuholen, brannte er die Zigarette an, die er trotz seiner Angst während meiner Abwesenheit gerollt hatte, und wenn ich auch nicht zu behaupten wage, daß es wirklich die einzige war, so muß man seinem Gefühl doch Anerkennung zollen. Ich glaubte damals (der nächste Tag belehrte mich freilich eines Besseren), daß wir auf dem holprigsten Pfade der Welt in die Ebene von Sermeda hinabritten. Am Fuße des Berges angelangt, wandten wir uns südwärts einem Tale zu, das, ein schmaler Streifen bebauten Bodens, sich zwischen steinigen Höhen dahinwand. Weiter hin verbreiterte es sich, und wir kamen durch ein großes, neues Dorf, in dem uns die willkommene Nachricht zuteil ward, daß unsere Karawane uns bereits voraus war. Um Viertel nach sechs ritten wir todmüde in Mehes oder Dehes, welches von beiden es auch gewesen ist, ein. Es möchte eine harte Probe für unsere Tiere gewesen sein, hätten sie noch eine Weile weiter aushalten sollen. Mehes war ein prächtiger Lagerplatz. Es kam nicht oft vor, daß wir unsere Zelte so weit von jeder menschlichen Wohnung entfernt aufschlagen konnten. Die Maultiertreiber trauerten dem sauren Quark und anderem Luxus der Kultur nach, und auch ich vermißte den Quark, aber der Reiz eines einsamen Lagers vermochte mich über vieles zu trösten. Die Nacht war still und klar: wir verbrachten sie in dem verfallenen Schiff einer Kirche und schliefen nach unserem langen Ritt den Schlaf der Gerechten.

Noch eine Ruine gedachte ich zu besuchen, ehe ich das Gebirge verließ, und zwar die Kirche von Kalb Lozeh, die der Beschreibung nach das schönste Gebäude von ganz Nordsyrien sein mußte und in Wirklichkeit auch war. Die Lasttiere schickte ich unten herum durch die Täler und gab Faris strenge, leider nutz-

Bab el Hawa

lose Anweisung, unterwegs nicht zu säumen. Ich selbst machte mich mit Michaïl und Nadjib auf, zwei Gebirgszüge, den Djebel Barischa und den Djebel el 'Ala, zu überschreiten. Es ist am besten, Felsen zu Fuß zu überklettern, wer aber die ganze gymnastische Leistungsfähigkeit eines Pferdes kennenlernen will, der muß über den Djebel el 'Ala nach Kalb Lozeh reiten. Ich glaubte über diesen Punkt ganz genau Bescheid zu wissen, muß aber gestehen, daß dieser Streifzug meine Kenntnisse um ein ganz Erhebliches erweitert hat. Nachdem wir einen unerträglich steinigen Berg westlich von Mehes gerade hinaufgeklommen waren, erreichten wir den Kamm des Djebel Barischa.

Der Boden war hier vielfach mit Felsblöcken bedeckt, aber zwischen denselben erblickten wir kleine Olivenhaine, Weingärten und winzige Kornfelder verstreut. Jeder Vorsprung, jede Vertiefung war ein Garten voll wilder Blumen: große blaue Iris entfalteten ihre schlanken Knospen im süßduftenden Lorbeerdickicht, und die Luft war mit dem Wohlgeruch des purpurfarbenen Seidelbast erfüllt. Und in diesem Paradies wohnte ein sauertöpfischer Bauer, der unliebenswürdigste und schweigsamste Mensch, den man sich denken kann. Nach viel erfolglosem Verhandeln (er verlangte ungeheuerliche Preise für alle Dienste, und da wir in seiner Hand waren, mußten wir schließlich auch nachgeben) willigte er ein, uns nach Kalb Lozeh zu bringen, und führte uns auf einem steilen, in den Felsen gehauenen Pfad den Djebel Barischa hinab. Er fiel so gerade ab und war so schmal, daß wir uns nur mit größter Mühe an einigen Frauen vorbeidrücken konnten, die mit Bündeln von Reisig – Reisig! es war blühender Lorbeer und Seidelbast – vom unteren Abhang hinaufgestiegen waren. Am Fuße dieses halsbrecherischen Abstiegs lag ein tiefes Tal, an dessen einem Ende ein See erglänzte, und vor uns erhob sich der Djebel el 'Ala, meinem Ermessen nach nicht mehr als eine Steinmauer, die kein Roß zu erklimmen vermochte. Unser einsilbiger Führer – glücklicherweise habe ich seinen Namen vergessen – gab uns zu verstehen, daß unser Weg dahinauf lag, und da Nadjib beizustimmen schien, folgte ich sinkenden Mutes. Es war unbeschreiblich. Wir sprangen und stolperten über die Steinblöcke, und unsere Tiere sprangen und stolperten hinter uns drein; sie taumelten am Rande kleiner Abgründe dahin, in denen ihnen beim Hinabstürzen jeder Knochen zerschmettert worden wäre. Aber die Vorsehung wachte über uns, und unversehrt gelangten wir hinauf, wo sich unseren Blicken eine ebenso liebliche Landschaft zeigte, wie sie drüben auf dem Djebel Barischa hinter uns lag. Am Rande eines Olivenhaines machte unser Führer kehrt, und wir erreichten nach wenigen Augenblicken Kalb Lozeh.

Ob die große Kirche je von einer umfangreicheren Niederlassung umgeben gewesen ist, weiß ich nicht; jetzt finden sich nur noch wenige Häuserruinen vor, die Kirche steht fast ganz isoliert. Kaum ein anderes Denkmal syrischer Kunst kommt ihr gleich. Schon beim ersten Blick wird das Auge des Beschauers gefesselt von dem turmtragenden Narthex[56], den weiten Ausbuchtungen des Schiffes, der mit Säulen geschmückten Apsis, der unvergleichlichen Schönheit des architektonischen Bildwerkes und den tadellosen Größenverhältnissen; schaust du aber näher hin, so wirst du innewerden, daß du hier nicht nur die höchste, letzte Vervollkommnung der syrischen Kunst, wie sie allein durch Jahrhunderte währendes Streben erreicht werden konnte, vor dir hast, sondern daß dieses Bauwerk den Anfang eines neuen Kapitels in der Architektur der ganzen Welt bezeichnet. Der romanische Stil in seiner edlen Einfachheit ist ein Kind Nordsyriens. Es ist ein dankbares Feld für die Phantasie zu überdenken, wie sich das Genie dieser Architekten weiter entfaltet haben würde, wäre es nicht durch die arabische Besitzergreifung gehemmt worden. Sicher ist, daß sie eine große Künstlerschule gebildet hätten, die sich vielleicht stark an die klassischen Muster und sicher mehr noch an den Orient anlehnte, die aber allerorten unverkennbar ihre ebenso kühne wie edle und schöpferisch tätige Eigenart bekundete. Ein kleiner Trost liegt in dem Gedanken, daß die Schöpferkraft, die sich in Kalb Lozeh offenbart, nie Zeit gehabt hat, in Verfall zu geraten.

 Wie ich früher gehört oder gelesen, befanden sich in den Bergen bei Kalb Lozeh einige drusische Niederlassungen, die von Auswanderern aus dem Libanon bewohnt wurden, da ich aber noch keine gesehen, hatte ich ihr Dasein fast ganz vergessen. Nun stand in der Nähe der Kirche ungefähr ein halbes Dutzend Hütten, deren Bewohner herauskamen und mir beim Photographieren zusahen. Und siehe da, es traf mich ein wohlbekannter Blick aus kohlschwarzen Augen, es fielen mir gewisse Eigentümlichkeiten im Benehmen auf, die zwar schwer zu beschreiben sind, die aber in ihrer Gesamtheit bei mir den Eindruck freundschaftlicher Vertrautheit, mit Wohlwollen gepaart, hervorriefen. Als sich die Frauen der kleinen Gruppe zugesellten, hafteten meine Augen auf den silbernen Ketten und Schnallen, die sie trugen und die ich, wie ich mich dunkel erinnerte, schon früher gesehen hatte. Beim Abschied trat ein ältlicher Mann vor und erbot sich, uns eine Stunde weit zu begleiten, da der Weg nach Harim schwer zu finden sei, wie er sagte. Noch waren wir keine hundert Schritte gegangen, als mir die Bedeutung meines unbewußten Wiedererkennens klar wurde. „Mascha'llah!" sagte ich, „ihr seid Drusen."

 Ängstlich blickte sich der Mann nach Nadjib und Michaïl um, die uns auf dem Fuße folgten, dann nickte er mit dem Kopfe und schritt ohne zu sprechen vorwärts.

„Du brauchst dich nicht zu fürchten", tröstete ich, „der Soldat und mein Diener sind verschwiegene Männer."

Da nahm er sich ein Herz und sprach: „Etliche von uns wohnen hier in den Bergen, aber wir fürchten die Mohammedaner und verheimlichen vor ihnen, daß wir Drusen sind, damit sie uns nicht verjagen. Es sind nicht über 200 drusische Häuser, alles in allem."

„Ich hatte mich schon auf euch gefreut", entgegnete ich, „denn ich kenne die Scheichs im Hauran; sie haben mir viel Freundlichkeit erwiesen. Deshalb will ich alle Drusen begrüßen, wo ich sie auch finde."

„Allah", sagte er, „kennst du den Turschan?"

„Bei Gott!" erwiderte ich.

„Schibly und seinen Bruder Jahya?"

„Jahya kenne ich, aber Schibly ist tot."

„Tot!" rief er aus, „Allgütiger – Schibly tot?"

Und so entlockte er mir alle Neuigkeiten aus dem Gebirge und lauschte mit atemloser Aufmerksamkeit mancherlei Geschichten, für die ich, so weit von Salchad entfernt, kein williges Ohr zu finden erwartet. Plötzlich stockte sein Fragen, er verließ den Weg und trat auf einen Weingarten zu, in dem ein junger Mann die Stöcke beschnitt.

„Oh mein Sohn!" rief er, „Schibly el Atrasch ist tot! Borge mir deine Schuhe, daß ich mit der Dame nach Harim gehen kann, die meinen sind zerrissen!"

Der junge Mann näherte sich und zog währenddessen seine roten Lederpantoffeln von den Füßen.

„Wir sind Gottes!" sagte er. „Ich habe Schibly zuletzt vor einem Jahr gesehen." Und die Kunde mußte ihm in ihren Einzelheiten wiederholt werden.

Während wir über die steinigen Berggipfel dahinzogen und unsere Füße das Seidelbastgestrüpp streiften, das in üppiger Fülle die Hänge überwucherte, plauderten wir, als wären wir alte, lange getrennt gewesene Freunde. Als wir den Rand des Djebel el 'Ala erreichten, sahen wir Harim unter uns liegen, und ich bestand darauf, daß mein Begleiter sich die Mühe weiteren Mitgehens erspare. Mit großem Widerstreben nur gab er nach und

Kalb Lozeh

goß fünf Minuten lang all seine Segenswünsche über mich aus, ehe er Abschied nahm. Schließlich kehrte er nochmals um, um sich zu versichern, ob wir ihn auch bezüglich des Weges richtig verstanden hätten.

„Und wenn Sie das nächste Mal in den Djebel el 'Ala kommen", sagte er, „müssen Sie Ihr Lager in Kalb Lozeh aufschlagen und wenigstens einen Monat bleiben. Dann geben wir Ihnen alles, was Sie brauchen, und zeigen Ihnen alle Ruinen. Und nun gefalle es Gott, daß Sie in Frieden und Sicherheit ziehen und nächstes Jahr in Frieden und Gesundheit wiederkehren."

„Gott schenke euch langes Leben", sprach ich, „und gebe euch Frieden."

So trennten wir uns, und in meinem Herzen fühlte ich wieder jene warme Zuneigung zu diesem Volk, die immer wieder aufs neue entfacht wird. Sie mögen grausam im Kriege sein – hier spricht überwältigendes Zeugnis gegen sie –, manche erklären sie für treulos, andere haben sie habgierig gefunden; aber wenn ich einem Drusen begegne, so begrüße ich ihn als Freund und werde das so lange tun, bis ich den Beweis habe, daß mein Vertrauen übel angebracht ist.

Die Burg Harim steht auf einem Bergkegel an der Mündung einer der wenigen Schluchten, die Zugang zum Djebel el 'Ala gewähren. Jenseits liegt die große Orontesebene, die in alten Zeiten die Kornkammer der Stadt Antiochia war. Da die letzten Regengüsse den sumpfigen See, von den Syrern El Barah genannt, in seiner ganzen Ausdehnung angefüllt hatten, stand der nördliche Teil der Ebene fast ganz unter Wasser. Wir wandten uns von Harim südwärts und ritten am Fuße des Djebel el 'Ala entlang nach Salkin. Dieser Ritt wird mir der außerordentlichen Schönheit der Landschaft wegen unvergeßlich bleiben. Nirgends weiter in Syrien habe ich solch üppige Fruchtbarkeit gefunden. Oliven- und Mandelhaine teilten sich mit Hafer und Gerste in die Fettigkeit des Bodens, undurchdringliches Gestrüpp von Ginster, Seidelbast und Brombeeren säumten den Weg, und jede sonnige Stelle war mit der blauen *Iris stylosa* übersät. Salkin selbst lag in einem bewaldeten Tal inmitten eines wahren Olivenhaines, der sich mehrere Meilen weit, fast bis an den Orontes hin, erstreckte.

Ehe wir die Stadt erreichten, stiegen wir auf einem freien Platz zwischen Olivengärten ab. Es war fünf Uhr, aber Faris war noch nicht da; wir machten es uns deshalb unter den Bäumen gemütlich und warteten auf ihn. Unsere Ankunft verursachte einige Aufregung unter den Leuten, die, im Grase sitzend, den ruhigen Abend genossen; es dauerte nicht lange, so kam einer, augenscheinlich eine vornehme Persönlichkeit, in Begleitung eines Dieners auf mich zu und forderte mich auf, in seine Wohnung zu kommen und auszuruhen. Obgleich erst von mittleren Jahren, war er ein stattlicher Mann und hatte angenehme Züge. Ich nahm seine Einladung an, da ich neugierig war zu sehen, was Salkin zu bieten hatte. Besonders in fremden Ländern muß man jede Gelegenheit ergreifen, seine Kenntnisse zu erweitern.

Ich merkte bald, daß ich in die Hände des reichsten Bewohners der Stadt gefallen war. Mohammed 'Ali Agha ist der Sohn Rustum Aghas, eines Zirkassiers von Geburt, der Diener in der großen zirkassischen Familie Kakhya Zadeh von Hamadan war – so lautet ihr arabischer Name, während die Perser sie Kat Khuda Zadeh nennen. Die Familie wanderte vor 200 Jahren nach Aleppo aus; durch die bei den Zirkassiern üblichen Unternehmungen wurde sie außerordentlich reich und ist nun eine der mächtigsten Familien in Aleppo. Ihre Diener teilten ihren Erfolg, und Rustum Agha legte als sorglicher Mann so viel Geld zurück, daß er sich in Salkin, im Orontestale, nahe bei seines Herrn großem Grundbesitz, ein Stück Land kaufen konnte. Dazu begünstigte ihn das Glück so sehr, daß sein Sohn die Hand einer Tochter aus dem Hause der Kakhya erhielt. Ich erfuhr diese Einzelheiten nicht alle sofort und wunderte mich bei meinem Besuch in Mohammed 'Alis Harem über die Ehrerbietung, die er seiner Frau entgegenbrachte. Ich konnte mir nicht denken, warum die kleine Dame mit den scharfen Zügen und den hellen Augen, die ihm doch keinen Sohn geschenkt hatte, von ihrem Mann mit solcher Hochachtung angeredet wurde, denn ich wußte noch nicht, daß sie die Schwester Reschid Agha Kakhya Zadehs war. Mohammeds einziges Kind, ein Mädchen von sechs Jahren, schien, obwohl sie einem so unnützen Geschlecht angehörte, doch des Vaters Augapfel zu sein. Während ich die vortrefflichen Oliven und die Kirschenmarmelade aß, die seine Mägde mir vorgesetzt hatten, sprach er weitläufig über des Kindes Erziehung und seine weitere Zukunft. Die Hausfrau ließ sich herab, den Kaffee mit ihren eigenen Händen zu bereiten und den abgenutzten Filzhut zu bewundern, der, mit einem purpur- und silberfarbenen Tuch aufgeputzt, neben mir auf dem Diwan lag.

„Oh, der schöne europäische Hut", sprach sie, „warum legen Sie eine Verhüllung darüber, wo er doch so hübsch ist?" Damit streifte sie das seidene Tuch und die Kamelhaarschnur ab, drückte ihn in seiner ganzen kahlen Schäbigkeit auf die schwarzen Locken ihrer Tochter und erklärte ihn für den schönsten Kopfputz der Welt.

Um sechs Uhr bekam ich die Nachricht von der Ankunft meiner Packtiere, aber ehe ich zu meinen Zelten zurückkehren durfte, mußte ich erst noch Rustum Agha besuchen. Er lag in wattierte Seidendecken gebettet in einem oberen Zimmer, das auf den rauschenden Strom und die beiden großen Zypressen hinausblickte, die so viel dazu beitragen, der Stadt ein malerisches Aussehen zu verleihen. Riesigen schwarzen Schildwachen gleich, stehen diese Bäume vor dem Tor des Hauses, das das erste und größte der krummen Straße ist. Rustum Agha war sehr alt und leidend. Wie das Antlitz eines Toten hob sich sein Gesicht von der blaßgelben Seide ab. Mein Besuch erfreute ihn augenscheinlich, aber sobald er die Lippen zu einem Wort der Begrüßung öffnete, wurde er von einem so unerträglichen Husten befallen, als ob er sich die Seele heraushusten sollte. Sobald er sich einigermaßen erholt hatte, verlangte er die letzten Berichte über Rußland und Japan zu hören, und ich wunderte mich, daß er, mit dem Tode so nahe vor Augen, nicht lieber zu wissen begehrte, ob wir wohl den säumigen Schnitter mit seiner Sense durch die Zypressen auf das Tor zuschreiten sähen.

Als ich mich dann in meinem Zelt zum Abendessen niederließ, traten zwei Diener Mohammed 'Alis mit einem großen Krug Oliven ein, die in den Gärten von Salkin gewachsen und in ihrem eigenen Öl eingelegt waren. Die Diener fragten auch an, ob ihr Herr kommen und eine Stunde mit mir verbringen dürfte. Ich ließ um die Ehre bitten. Später erschien er mit einigen Begleitern, die ihm seine Wasserpfeife trugen, und ließ sich zum behaglichen Geplauder nieder, das durch das gemütliche, besänftigende Lied der Wasserpfeife nur um so angeregter wurde. Er erzählte mir, daß Salkin, eine der vielen seleukidischen Städte, von Seleukos I. selbst als eine Art Sommerresidenz für die Bewohnerschaft von Antiochia gegründet worden wäre. Auf der Stelle, wo mein Lager stand, und auf dem Kirchhof daneben hatte, wie er sagte, jene alte Stadt gestanden, „und sobald wir ein Grab graben, stoßen wir auf behauene, nicht selten mit Inschrift versehene Steine." Es erscheint nicht unglaubhaft, daß diese fruchtbaren Ausläufer des Gebirges von den Antiochiern als eine günstige Lage für ihre Landhäuser erwählt worden sind, aber ich habe keinen weiteren Beweis für diese Annahme. Mohammed ʼAli erzählte auch, daß sein Schwager Reschid Agha bei ihm weile, und sprach die Hoffnung aus, daß ich ihn vor meiner Abreise besuchen würde.

Reschid Agha Kakhya Zadeh ist der größte Magnat des Distriktes, aber auch der größte Schurke. Ich fand ihn am andern Morgen unter den Zypressen am schäumenden Strome sitzen, und man könnte sich kein boshafteres Gesicht in einer lieblicheren Umrahmung und von einer strahlenderen Sonne beschienen vorstellen. Er war ein großer Mann mit hochfahrendem Wesen; hinter seiner niederen Stirne lauerte eine ganze Welt böser Gedanken, seine Augen schielten fürchterlich, über seine dicken Lippen sprudelten die eitlen Ruhmredereien und die scharfen Befehle nur so, die der Gipfelpunkt seiner Unterhaltung waren. Er trug ein hellseidenes Gewand und rauchte eine Wasserpfeife, deren Mundstück mit Edelsteinen besetzt war. Den neben ihm liegenden Strauß Frühlingsblumen hob er hin und wieder an das Gesicht und roch während der Redens daran; schließlich bot er mir die schönsten Blüten daraus. Es ist einer der Vorteile, die der unabhängige Reisende genießt, daß er selbst die Gesellschaft von Schurken nicht zu meiden braucht; als ich deshalb erfuhr, daß mein Freund Mohammed ʼAli seinen Schwager Reschid Agha nach dessen Heim in Alani begleiten wollte und daß dieser Ort an meinem Wege lag, stimmte ich dem Vorschlag, die Reise in ihrer Begleitung zu machen, bei. Die Reittiere wurden gebracht, wir stiegen unter den Zypressen auf und trabten unter Olivenhainen

Reisende

dem Orontestale zu. Reschid Agha ritt eine prächtige arabische Stute; ihr schwarzes Fell glänzte dank sorgfältiger Pflege, sie war leicht aufgeschirrt, ihr Zaum bestand aus silberner Kette, den Sattel schmückten silberne Zierate, jede ihrer Bewegungen war eine Augenweide. Verschiedentlich forderte ihr Herr den an seiner Seite dahintrabenden Mohammed 'Ali zur Bewunderung des schönen Tieres heraus, und wenn derselbe die erwarteten Lobsprüche gespendet hatte, wurden seine Worte von einem alten fetten Mann, der uns auf einem dürren Pony begleitete, aufgegriffen und verstärkt wiederholt. Der Alte war Kakhya Zadehs ordinierter Spaßmacher und Schmeichler, und überdies, wenn sein Gesicht nicht trog, auch Gefährte seiner Laster und Hehler seiner Verbrechen – in solch seltsamer Gesellschaft befand ich mich an jenem Aprilmorgen, Hadji Nadjib trottete ganz zufrieden hinter uns drein, Michaïl aber, mit seinem stark ausgeprägten Sinn für alles Geziemende, konnte seine Mißbilligung kaum verbergen und antwortete nur einsilbig, sobald ihn der Spaßmacher oder Reschid Agha selbst anredeten, wenn er sich auch gegen Mohammed 'Ali, der ihm (und mit Recht) aus anderem Stoffe gemacht schien, ganz zugänglich zeigte. Ungefähr eine Stunde lang ritten wir über weichen, sprießenden Boden dahin, während uns Reschid auf die Schönheiten seines Besitztums aufmerksam machte. „Alle diese Olivengärten gehören mir", sprach er, „und bei Gott und seinem Propheten, es gibt im ganzen Lande keine solchen Oliven. Jedes Jahr komme ich von Aleppo, um der Olivenernte mit meinen eigenen Augen zuzusehen, damit die Schurken, die für mich arbeiten, mich nicht betrügen. Gottes Fluch über sie! Deshalb habe ich mir auch ein Haus in Alani gebaut. Der Mensch muß es sich behaglich machen und anständig wohnen. Aber Sie werden es ja sehen, denn Sie müssen bei mir speisen; mein Tisch ist für alle Gäste gedeckt. Und um das Haus habe ich Maulbeerplantagen angelegt, tausend Schößlinge sind in den letzten fünf Jahren gepflanzt worden. Ich will Seidenzucht einführen, in großem Stile, so Gott will. O Jusef! Zeige ihr die Schachteln mit Eiern, die aus dem Lande Frankreich gekommen sind."

Der Spaßmacher zog aus seiner Brusttasche einen kleinen Pappkasten mit dem Stempel einer französischen Firma; aber noch ehe ich dem Fleiße des Agha meine Achtung zollen konnte, wurde seine Aufmerksamkeit plötzlich durch zwei Bauern abgelenkt, die die Olivenbäume nicht zu seiner Zufriedenheit verputzten. Er sprengte hinüber, und eine Flut von Flüchen und Verwünschungen ergoß sich über die unglücklichen Männer. Danach kehrte er zurück und sang sein eigenes Lob weiter.

Sein Haus war groß und neu und durchwegs mit Plüsch und goldgerahmten Spiegeln ausgestattet. Der Agha war nicht eher befriedigt, bis ich alles gesehen und jeden Winkel bewundert hatte. Der Spaßmacher lenkte mein Lob und meine Beglückwünschungen in die rechte Bahn; von ihm erfuhr ich auch, daß der Agha besondere Würdigung der eisernen Ofen erwartete, die in allen Räumen standen – ohne Zweifel erhöhten sie die Behaglichkeit sehr, weniger aber den Eindruck des Malerischen. Nach der Besichtigung ließen wir uns auf einem Diwan nieder, um das Erscheinen des Frühstücks zu erwarten. Der Hausherr benutzte die Zeit, um mir mit übertriebenem Unwillen von seinen Kämpfen gegen die verderbte tyrannische Regierung zu erzählen, unter der er lebte. Freilich vergaß er zu erwähnen, daß er jede Unbill, die ihm von seinen Vorgesetzten zuteil ward, mit Zinsen an seine Untergebenen weitergab.

„Bei Gott!" sprudelte er hervor, „wie ich in meinen Olivenplantagen arbeite, wie ich Maulbeerbäume anpflanze und Seidenwürmer von fernher kommen lasse, um einen neuen Erwerbszweig einzuführen! Aber ist der Vali dankbar? Beim Propheten, nein! Er schickt seine Leute, und die sagen: ‚Halt ein, wir müssen erst sehen, wieviel höher wir dich besteuern können!' Und als ich unten am Fluß eine Mühle zum Mahlen meines Kornes erbauen wollte, sprachen sie wieder: ‚Halt ein, das ist nicht erlaubt!' Dann ließen sie mich mitten in der Ernte holen. Hastig ritt ich nach Aleppo und mußte dort Tag um Tag, Woche um Woche warten, denn sie verboten mir, die Stadt zu verlassen. Aber bei Gott!" schrie der Agha und schlug mit der Faust auf den kleinen eingelegten Tisch, „ich habe sie überlistet. Ich ging zum Kadi und sprach: ‚Wer hat den Befehl gegeben?' ‚Der Vali', antwortete er. Danach fragte ich den Vali: ‚Wer hat den Befehl gegeben?' ‚Ich weiß nicht', gab er zur Antwort, ‚vielleicht der Kadi.' Nun verlangte ich es von beiden schriftlich, aber das wagten sie nicht zu tun und ließen mich gehen."

Mitten in dieser Unterhaltung wurden drei Besucher angekündigt. Bescheiden ließen sie sich auf dem gegenüberstehenden Diwan nieder und ergingen sich in Begrüßungen und Lobsprüchen. Der Agha empfing sie wie der Kaiser seine Untertanen, und einer ergriff die Gelegenheit, um mir bedeutungsvoll und jedem verständlich zuzuflüstern: „Sie wissen nun, was für ein Mann der Agha ist! Kommt er Ihnen nicht vor, wie ein König in seinem Lande?" Worauf der Agha sich voll noch königlicherer Gnade zeigte.

Endlich ließen wir uns vor einem Tische nieder, der mit allen Arten syrischer Delikatessen beladen war – und wenig fremde Küchen können sich mit der guten syrischen Kochkunst messen. Der Agha sprach und aß mit gleichem Eifer, indem er seinen Gästen eine Schüssel nach der anderen aufnötigte. Als das Fest in vollem Gange war, trat ein Diener mit der Meldung ein, daß ein gewisser Bauer den Herrn zu sprechen wünschte.

„Er soll kommen!" sprach der Agha gleichgültig. Darauf erschien die zerlumpte Gestalt eines Landmannes in der Tür und starrte mit halb trotzigem, halb erschrecktem Blick auf die Gesellschaft und die Fülle auserlesener Gerichte.

„Friede sei mit dir, o Agha!" begann er.

Kaum aber hatte dieser den Bittsteller erblickt, als er in leidenschaftlicher Wut aufsprang. Sein Gesicht wurde purpurrot, die Augen traten aus ihren Höhlen hervor, und mit der geballten Faust auf den Tisch schlagend, schrie er: „Hinaus mit dir! Gottes Fluch über dich und deine Kinder! Möge er deines Vaters Haus zerstören! Hinaus mit dir, sage ich, und schaffe das Geld, oder ich werde dich mit deiner Frau und deiner ganzen Familie ins Gefängnis werfen und zu Tode hungern lassen.

„O Agha", sprach der Mann und setzte der Wut des anderen eine gewisse Würde entgegen, „nur ein wenig Zeit! Gewähre mir ein wenig Zeit!"

Antiochia

„Nicht einen Tag! Nicht eine Stunde!" tobte der Agha. „Fort! Fort! Und noch heute bringst du mir das Geld!"

Ohne ein weiteres Wort verschwand der Bauer durch die Tür, der Agha aber ließ sich wieder zu seiner unterbrochenen Unterhaltung und seinem unterbrochenen Mahle nieder. Die anderen Gäste aßen weiter, als wäre nichts geschehen, ich aber schämte mich einigermaßen meines Platzes an Reschids Rechter und war nicht böse, als ich ihm Lebewohl sagen konnte.

Der Agha schickte uns an den Orontes hinab und ließ uns in seinem eigenen Fährboot über den Strom setzen. Als wir das andere Ufer erreichten, zog Michaïl ostentativ eine Brotkruste aus der Tasche und begann sie zu essen.

„Hast du nicht in Alani gespeist?" fragte ich.

„Ich esse nicht mit solchen Leuten, wie er ist", erwiderte Michaïl steif.

Nadjib, den kein solches Bedenken davon abgehalten hatte, sich an dem ungewohnten Luxus eines reichen Mahles zu erfreuen, nickte darauf mit dem Kopfe und sprach: „Der Agha ist ein böser Mann. Gott lohne ihm nach seinen Taten! Er preßt den letzten Heller aus den Armen, nimmt ihnen ihr Land, vertreibt sie von Haus und Hof und gibt sie dem Hungertode preis."

„Und er tut noch Schlimmeres!" bemerkte Michaïl düster.

„Ja, bei Gott!" bestätigte Nadjib. „Jeder, der eine schöne Frau oder eine schöne Tochter hat, muß ihn fürchten, denn er ruht nicht, bis sie in seinen Händen ist. Bei Gott und Mohammed, seinem Propheten, er hat manchen Mann getötet, nur um seine Frau in seinen eigenen Harem bringen zu können, und niemand wird mehr gehaßt als er."

„Vermag das Gesetz nichts wider ihn?" fragte ich.

„Wer sollte etwas wider ihn vermögen?" erwiderte Nadjib, „er ist reich – möge Gott sein Haus zerstören!"

„Oh Michaïl", sagte ich, während wir mühsam über die schlammigen Felder zogen, „ich habe euer Land viel bereist und habe viele Menschen gesehen und kennengelernt, aber selten nur bin ich einem Armen begegnet, den ich mir nicht zum Freunde gewünscht, und ebenso selten einem Reichen, dessen Gesellschaft ich nicht lieber gemieden hätte. Wie kommt das? Verändert der Reichtum selbst das Herz in Syrien? Denn sieh, in meiner Heimat sind zwar längst nicht alle Mächtigen tugendhaft, es sind aber auch nicht lauter Schurken. Würdet denn auch ihr, du und die Drusen von Kalb Lozeh, und Musa, der Kurde, wie Reschid Agha werden, wenn euch plötzlich Reichtümer zufielen?"

„Oh, meine Dame", erwiderte Michaïl, „die Herzen sind die gleichen, aber Sie haben in Ihrem Lande eine starke und gerechte Regierung, der jeder Engländer, auch der reiche, gehorchen muß; bei uns dagegen gibt es keine Gerechtigkeit: der Große verschlingt den Kleinen, der Kleine den noch Kleineren, und die Regierung verschlingt sie alle. Wir leiden alle in unserer Weise und schreien zu Gott um Hilfe, da wir uns nicht selbst helfen können. Aber wenigstens habe ich Reschid Aghas Brot nicht gegessen", schloß Michaïl ziemlich anzüglich. Worauf Nadjib und ich den Kopf hängen ließen.

Es folgten nun fünf Stunden müheseligsten Vorwärtskommens. Es war dies vielleicht für Nadjib und mich die gerechte Strafe, weil wir an der Tafel des Gottlosen gesessen hatten, aber wie fast immer, so betraf auch dieses Strafgericht den Gerechten mit den Sündern, denn Michaïl hatte dasselbe zu leiden wie wir. Hatten uns am Tage vorher die Felsen und Steine zu schaffen gemacht, so stöhnten wir heute unter dem Gegenteil, dem Schlamm. Nur daß diese Plage tausendmal schlimmer war. Fünf Stunden lang wateten wir über Erdberge hin, auf denen kein einziger Stein zu sehen war. Abhänge, bedeckt mit dickem, zähem Schlamm, wechselten mit tiefen Morästen, in die unsere Pferde bis zum Gurt einsanken. Als wir endlich dieses Sumpfland hinter uns hatten und das Orontestal erreichten, waren Menschen und Tiere völlig erschöpft. Das Hügelland, welches wir eben verlassen, erhob sich nun zu felsigen Bergrücken und Gipfeln, zu unserer Rechten aber lag das breite, zum Teil von Wasserfluten überschwemmte Tal, und jenseits desselben zog sich eine prächtige Bergkette dahin. Bald erblickten wir auch die byzantinischen Türme und Mauern auf den Bergrücken zur Linken, und zwischen blühenden Lorbeerhecken stolperten unsere Tiere über das lückenhafte Pflaster der alten Römerstraße dahin, die nach Antiochia führte.

Am Ufer des Orontes

Wir mußten uns den Weg mit einem Nebenfluß des Orontes teilen, der lustig über das Pflaster plätscherte. Nicht ohne eine gewisse Erregung konnte ich auf die Stadt Antiochia blicken, die so viele Jahrhunderte lang Wiege der Kunst und Mittelpunkt einer der glänzendsten Kulturepochen gewesen ist, die die Welt je kannte. Das moderne Antiochia gleicht dem Harlekin, dessen Kleider viel zu weit für seine mageren Glieder sind: umschließen doch die Festungsmauern, die über Fels und Hügel dahinklettern, ein weites Weichbild, von dem die Stadt allmählich hinweggeschmolzen ist. Aber noch heute bietet sie mit den hohen, zerrissenen, mauergekrönten Bergen im Hintergrund und den sich in dem breiten, fruchtbaren Orontestale ausbreitenden Gruppen roter Ziegeldächer eins der lieblichsten Bilder.

Erdbeben und Überflutungen des Stromes haben die Paläste der Griechen- und Römerstadt gestürzt und mit Schlamm bedeckt, und doch! Als ich bei Sonnenuntergang auf der abfallenden Rasenfläche des nosairischen Kirchhofs stand, am Fuße des Berges Silpius, wo mein Lager aufgeschlagen war, und die wachsende Mondsichel die Trümmer beleuchtete, da erkannte ich, daß Schönheit das unveräußerliche Erbe Antiochias sei.

XIV.

*Antiochia * Schönheit der Stadt * Ihre Vergangenheit * Die Zitadelle * Das Haupt einer Sphinx * Bezaubernder Ritt nach Daphne * Apollos Heiligtum * Die Städte der Seleukidenkönige * Ein pflichteifriger Beamter * Die armenische Frage * Die Bucht von Seleukia * Die obere Stadt * Der Gott im Maulbeerbaumhain * Ein müßiger Tag * Die Geschichte der Kymet * Ritt nach Alexandrette * Rückblick auf die Reiseerlebnisse *"

Auch meine weitere Bekanntschaft mit Antiochia änderte an dem Eindruck des ersten Abends nichts. Je mehr ich die engen, gepflasterten Straßen durchwanderte, desto bewundernswerter erschienen sie mir. Bis auf die Hauptstraße, den Bazar, waren sie fast menschenleer; meine auf den Kieselsteinen widerhallenden Tritte unterbrachen die Stille von Jahren. Die flachen, mit roten Ziegeln gedeckten Giebel verliehen der ganzen Stadt einen reizvollen, eigenartigen Ton; Haus für Haus war mit vorspringenden, verschließbaren Balkonen versehen. Von der Vergangenheit ist freilich kaum eine Spur mehr vorhanden. In der Seraya befinden sich zwei schöne Sarkophage, die mit Girlanden und Köpfen sowie mit den bekannten Stiere zerfleischenden Löwen geziert sind, letzteres, wie ich glaube, ein speziell asiatisches Motiv. Ein dritter, weniger großartiger, steht am Saume der Daphnestraße. Ferner sah ich im Hofe eines türkischen Hauses das Fragment eines klassischen Simses und auf der Hauptstraße ein Stückchen Mauerwerk, das sicherlich aus der vormohammedanischen Zeit herrührte – die Bauart, abwechselnde Streifen in Ziegeln und Steinen –, gleicht derjenigen der Akropolis. Im übrigen lebt das Antiochia des Seleukos Nikator nur in der Phantasie. Die Insel, worauf es erbaut war, ist mit der Veränderung des Flußbettes verschwunden; der Überlieferung nach hat es oberhalb der modernen Stadt gelegen. Prächtige Villen müssen die Ufer des Orontes gesäumt haben. Man erzählte mir, daß die Grundmauern davon zum Vorschein kamen, wenn genügend tief in den Morast gegraben wurde, und daß oft kleine Wertgegenstände, Münzen und Bronzen, gefunden wurden. Es wurden mir auch

*Der Getreidemarkt
in Antiochia*

gar viele zum Verkauf angeboten, aber ich erachtete sie für ungeschickte Nachahmungen und wurde auch in dieser Meinung von einem türkischen Pascha, Rifa't Agha, bestärkt, der sich zu seinem Vergnügen eine Antiquitätensammlung angelegt hat. Von seiner schönen Serie seleukidischer Münzen sind die ältesten beinahe so gut wie die besten sizilianischen, und die späteren fast so schlecht wie die schlechtesten byzantinischen. Auch einige Bronzelampen sind vorhanden. Eine derselben, ein lockiger Eroskopf, ist ein schönes Exemplar römischer Kunst. Der Agha verehrte mir einen kleinen Kopf, welchen ich für eine Nachahmung von dem Haupte des Antiochus[57] mit der hohen Krone halte. Obgleich er ziemlich grob gearbeitet ist, verrät er doch durch eine gewisse Vornehmheit die Abstammung von einem großen Original.

Noch vor 40 Jahren waren die Mauern und Türme der Akropolis fast unversehrt; jetzt sind sie fast gänzlich zerstört. Die Bewohner Antiochias behaupten, die Stadt werde jedes halbe Jahrhundert bis in ihre Grundfesten erschüttert, und sie selbst erwarten jeden Augenblick eine neue Bodenbewegung, nachdem die letzte im Jahre 1862 stattgefunden hat. Die Verwüstungen der Festung aber hat kein Erdbeben, hat der Wohlstand herbeigeführt. Die Stadt ist wunderbar günstig in ihrem reichen Tale gelegen und mit dem Hafen Alexandrette durch eine ziemlich gute Landstraße verbunden, so daß sie mit Leichtigkeit zu einem bedeutenden Handelszentrum werden könnte. Während der letzten 50 Jahre ist sie – sogar unter türkischer Herrschaft – beträchtlich gewachsen, freilich auf Kosten der Akropolis. Der Orientale läßt sich durch keinerlei Schwierigkeiten abschrecken, wofern sie ihm nur die Mühe des Steinebrechens ersparen, und trotz der Mühe, die das Befördern der behauenen Steine der Festung macht, ehe sie bis an den Fuß des ungemein steilen Hügels, worauf sie steht, gelangen, hat man zum Bau all der neueren Häuser das Material von dort genommen. Das Werk der Zerstörung hält an. Die Steine der Mauern verschwinden schnell, und der Rest von Schutt und Mörtel wird in kurzer Zeit dem Einfluß der Witterung erliegen.

Eines Morgens umging ich die Festung; es kostete mich drei Stunden. Westlich vom Gipfel des Berges Silpius wurde die Berglehne von einem Felsenspalt durchschnitten, der voller Felsengräber war, und direkt über meinem Lager von einem Aquädukt überspannt. Auf der linken Seite der Schlucht fiel die Felsenwand jäh ins Tal ab. An größeren Überresten erkannte man deutlich, daß die Mauern abwechselnd aus Reihen von Steinen und Ziegeln bestanden hatten, ja hier und da war auch in den Steinreihen noch durch größere und kleinere Blöcke Abwechslung geschaffen worden. Die Befestigungen umfaßten eine weite Fläche; leicht ansteigende, mit Gestrüpp und verfallenem Gemäuer bedeckte Hänge führten zu der Spitze des Hügels. In der Westmauer war eine schmale, massive Steintür, die von einem Sims aus gefügten Blöcken mit einem erhabenen Bogen darüber gekrönt war. Die südliche Mauer wurde durch Türme unterbrochen, die Hauptzitadelle aber befand sich an der südöstlichen Ecke. Von hier aus fielen die Mauern wieder steil nach der Stadt zu ab und setzten sich noch eine Strecke östlich derselben fort. Ich glaube, sie können bis an den Orontes hin verfolgt werden. Ich ging ihnen nicht nach, sondern kletterte auf einem steinigen Pfad von der Zitadelle in die tiefe Schlucht, die das östliche Ende des Hügels durchschneidet. Den Eingang zu derselben bewacht eine mächtige Ziegel- und Steinmauer, und sie führt den Namen „Das Eiserne Tor". Jenseits desselben klettern die Festungswerke an der gegenüberliegenden Seite der Schlucht empor und ziehen sich an der Spitze des Hügels weiter. Wie weit sie sich erstrecken, weiß ich nicht, denn der Boden war so uneben und mit Gestrüpp überwachsen, daß ich den Mut verlor und umkehrte. Eine reiche Fülle von Blumen, Ringelblumen, Asphodill, Zyklamen und Iris, wucherten zwischen den Felsen. Auf der Berglehne, die jenseits vom Eisernen Tor auf den Orontes niederblickt, befindet sich eine Höhle, welche die Tradition St. Petershöhle nennt. Die Griechengemeinde hat an ihrem Eingang eine kleine Kapelle errichtet.

Ein wenig weiter am Hügel hin ist eine noch merkwürdigere Reliquie Altantiochias, nämlich das Haupt einer Sphinx, reliefartig aus einem etwa 20 Fuß hohen Felsen ausgehauen. Sie trägt auf ihrer Stirn eine Drapierung, die, zu beiden Seiten ihres Gesichtes niederfallend, dort endet, wo der Hals in die unbekleidete Brust übergeht. Ihr ausdrucksloses Gesicht ist leicht talaufwärts gerichtet, als ob sie jemandes harre, der aus dem Osten kommen

*Haupt einer Sphinx,
Antiochien*

müsse. Könnte sie nur reden! Sie würde uns von großen Königen und prunkvollen Aufzügen, von Kämpfen und Belagerungen erzählen, denn all das hat sie von ihrem Felsen an der Berglehne aus gesehen. Sie erinnert sich auch, wie die ihr bekannten Griechen von Babylonien heraufgezogen, aber da selbst die Römer sie nicht lehren konnten, daß das wahre Leben westwärts liegt, durfte auch ich nicht hoffen, sie aufzuklären, und ließ sie daher weiter des Neuen aus dem Osten harren.

Eine weitere Pilgerfahrt mußte von Antiochia aus nach Daphne, der berühmten Ruine, gemacht werden, die den Ort kennzeichnet, wo die Nymphe die Absicht des Gottes vereitelte. „Das Haus der Gewässer" nennt sie der Araber. Man erreicht die im Westen der Stadt gelegene Stelle durch einen einstündigen

Ritt am Fuße der Hänge entlang, und einen bezaubernderen Ritt kann man sich zur Frühlingszeit nicht wünschen. Der Pfad führte durch ein liebliches Gehölz aus knospendem Grün, aus dem sich üppig blühender Schwarzdorn und das eigenartige Purpur des Judasbaumes abhoben; er führte dann über einen niederen Gebirgszug hinweg und senkte sich, steil abfallend, in ein Tal, durch welches ein tosender Bach dem Orontes zueilte.

Von den Tempeln, die dieses schönste aller Heiligtümer zierten, ist keine Spur geblieben; Erdbeben und stürzende Bäche haben sie von den Bergen in die Schluchten gefegt. Aber die Schönheit der Gegend hat nicht verloren seit jenen Tagen, als die Bürger der üppigsten Stadt des Ostens mit den Mädchen tändelten, die dem Gott dienten. Nicht brausend bricht der Strom aus der Seite des Berges hervor, wird er doch in einem tiefen, stillen Weiher geboren, der, in ein Gewand aus Mädchenhaar-Farn gehüllt, zwischen Dickichten verborgen liegt, „die alles Leben zu süßem Traum mit Grün umweben". Aus dem Weiher geht ein durchsichtiger, spiegelglatter, schmaler und tiefer Bach hervor; halb aber staut er sich und bildet Wirbel und Wasserfälle, die ihren weißen Schaum in das Gezweig von Maulbeerbaum und

Daphne

Platane hinaufschleudern. Unter den Bäumen drehen sich elf Wassermühlen; die zerlumpten Müller bilden die einzige Bewohnerschaft von Apollos Heiligtum. Sie brachten uns Walnüsse, an den Ufern des Stromes zu essen, und kleine, antike Steine, die aus den Schmuckstücken derer gefallen waren, die an dem Gestade dieses Stromes wohl weniger harmlosen Vergnügungen nachgingen als wir.

Man kann unmöglich in Nordsyrien reisen, ohne von einem lebhaften Interesse für die Seleukidenkönige ergriffen zu werden, das durch die Anerkennung ihrer hervorragenden Taten in Politik und Kunst noch gefestigt wird; ich beschloß daher, ehe ich mich nordwärts wenden würde, noch die Gegend von Seleukia Pieria, den Hafen von Antiochia und die Begräbnisstätte von Seleukos Nikator aufzusuchen. Binnenstadt und Hafen entstanden zu gleicher Zeit; beide waren Teile desselben großen Planes, der aus der Gegend des unteren Orontes eine reiche und bevölkerte Handelsstätte schuf. In jenen Tagen konnten Könige mit einem Wink ihres Zepters weltberühmte Städte ins Leben rufen, und die Seleukiden säumten wahrlich nicht, dem Beispiele zu folgen, das Alexander ihnen gegeben. Wie Apamea, so ist auch Seleukia zur Größe eines Dörfchens zusammengeschrumpft, oder besser gesagt, es hat sich in mehrere Dörfer zersplittert, die der Name Sweidijjeh deckt. (Da jede Gruppe Farmhäuser oder Hütten ihren eigenen Namen führt, kann man sich in den Ortsbezeichnungen schwer zurechtfinden.) Das weite Auseinanderwohnen der Leute in den Dörfern am Orontes ist in ihrer Beschäftigung begründet. Ihre Tätigkeit als Seidenwurmzüchter erfordert im Frühling einen Monat lang die ununterbrochene Anwesenheit des Besitzers im Mittelpunkt seiner Maulbeerbaumplantagen, so daß der Mann durch deren ganze Ausdehnung von seinem Nachbarn getrennt ist.

Nach dreistündigem Ritt durch eine prächtige Gegend voll Myrtengebüsch und Maulbeerbaumhaine erreichten wir die Militärstation Sweidijjeh, das wichtigste der verstreut liegenden Dörfer. Und hier geschah es zum ersten und einzigen Male auf meiner Reise, daß ich von einem Beamten (er hatte offenbar der Arrakflasche zugesprochen) nach meinem Paß befragt wurde. Nun besaß ich keinen Paß, ich hatte ihn im Djebel Zawijjeh mit meinem Mantel zugleich eingebüßt, und daß ich durch das halbe Ottomanenreich ohne papierenen Anhang an meinen Namen reisen konnte, beweist, wie wenig sich der türkische Beamte um seine Regierungsbefehle zu kümmern braucht. Da der mich begleitende Zaptieh mit ziemlichem Eifer erörterte, daß es ihm sicherlich nicht erlaubt gewesen sein würde, mich zu begleiten, wenn ich nicht eine achtbare und gutbeleumdete Persönlichkeit wäre, durften wir Weiterreisen. Die Veranlassung zu solch ungewöhnlichem Pflichteifer wurde uns bald klar: die Küstendörfer beherbergen große Kolonien Armenier und sind von Militärstationen umgeben, welche die Bewohner abhalten sollen, sowohl nach anderen Orten im Binnenlande des Reiches als zur See nach Zypern zu entweichen. Die Ankunft und Abreise der Fremden wird sorgsam überwacht. Der Reisende sollte stets als Hauptpunkt im Auge haben, sich nicht in die armenische Frage verwickeln zu lassen. Es war die stillschweigende Überzeugung der Gelehrten des Mittelalters, daß eine unlösbare Frage überhaupt nicht existierte. Es könnte ja Dinge mit ernstlichen Schwierigkeiten geben, aber wenn man sie der richtigen Person unterbreitete – zum Beispiel irgendeinem Araber in Spanien, der durch gründliches Studium in Einzelheiten eingeweiht ist, in die man selber lieber nicht einzudringen versucht –, so würde man sicher die rechte Lösung erfahren. Der Kernpunkt wäre, nur die passende Person zu finden. Heutzutage sind wir von diesem Glauben abgekommen. Die Erfahrung hat gelehrt, daß es leider viele für den Menschengeist unlösbare Probleme gibt, und ein beträchtlicher Teil davon fällt dem Türkenreich zu. Ein solches Problem ist die armenische Frage, und ein zweites die mazedonische.

Mit dem Entschluß, nicht einem Grundsatz untreu zu werden, der, wie ich überzeugt war, viel zu einer glücklichen und erfolgreichen Reise beigetragen hat, ritt ich nach Chaulik, dem Hafen des alten Seleukia, hinab. Mein Entschluß war um so leichter durchzuführen, als die Armenier fast nur Armenisch und Türkisch sprachen; jedenfalls genügten die wenigen arabischen Worte, deren einige mächtig waren, nicht, um eine eingehende Schilderung ihrer Leiden zu geben, und der Mann, der mir diesen Nachmittag als Führer diente, war mit so heiterer Gemütsstimmung begnadigt, daß er sicher ein anderes Gesprächsthema vorgezogen hätte. Ibrahim war der Name des␣helläugigen, klugen Mannes, und sein Frohsinn verdiente in der Tat Lob, da sein jährliches Einkommen sich auf nicht mehr als 400 Piaster (kaum 40 Mark deutsches Geld) belief. Davon gedachte er noch genug zu erübrigen, um die türkischen Beamten im Hafen zu bestechen, damit sie ein Auge zudrückten, wenn er in einem offenen Boote nach Zypern entwich. „Denn", sagte er, „hier ist kein anderer Erwerb als die Seidenraupenzucht, die aber schafft mir nur zwei Monate im Jahr Arbeit, und in den anderen zehn kann ich nichts tun und nichts verdienen." Er erzählte mir auch, daß die Nosairijjeh, welche die umliegenden Dörfer bewohnten, unangenehme Leute wären.

„Ist Fehde zwischen euch?" fragte ich.

„Ey, wallah!" sagte er mit Nachdruck und illustrierte seine Behauptung durch den langen Bericht eines vor kurzem ausgebrochenen Streites, der, soviel ich ausmachen konnte, gänzlich den Übergriffen der Armenier zu verdanken war.

„Aber ihr hattet zuerst gestohlen", wendete ich ein, als er zu Ende war.

„Ja", sagte er, „die Nosairijjeh sind Hunde." Und lächelnd fügte er noch hinzu: „Ich saß darauf zwei Jahre lang im Gefängnis zu Aleppo."

„Bei Gott! Ihr hattet es verdient", bemerkte ich.

„Ja", gestand er mit gleicher Heiterkeit ein.

Und das war, wie ich mich freue, konstatieren zu können, alles, was Ibrahim zur Beleuchtung der armenischen Frage beitrug.

Die Bucht von Seleukia ist dem Golf von Neapel nicht unähnlich und kaum weniger schön. Eine jähe Bergwand, mit Felsengräbern und Höhlen durchsetzt, bildet den Hintergrund der Maulbeerbaumanpflanzungen und schließt, einen Bogen bildend, die Bucht auch nach Norden hin ab. Unterhalb der Felswand liegen die Mauern und die Wassertore des Hafens, der durch eine Sandbank vom offenen Meer getrennt ist. Durch Sand und Schlamm fließt der Orontes weiter nach Süden, und eine steile Bergkette, die an ihrem Südende zu dem lieblichen Berg Cassius ansteigt, schließt die Aussicht ab. Der letztere Berg ist gleichsam der Vesuv der Landschaft. Ich schlug mein Lager an der Nordgrenze in einer kleinen Grotte auf. Sie war von der übrigen Bucht durch einen niederen Ausläufer getrennt, der in einem mit Ruinen bedeckten Vorgebirge endete und den Ausblick über die gesamte Küste bot. Ich weidete mich in dem Gedanken, daß gerade an dieser Stelle Tempel und Grab von Seleukos Nikator gestanden hatten, obgleich ich nicht weiß, ob die genaue Lage je festgestellt worden ist. Am Strande befand sich ein isolierter Raum, in dem eine von Säulen getragene Halle ausgegraben worden war. Eine salzige Brise durchwehte den nach dem Meer duftenden Raum: ein echter Tempel für Nymphen und Tritonen.

Auf schmalen Pfaden und einer ehemaligen Fahrstraße führte mich Ibrahim über die steilen Klippen hin nach der auf dem höchsten Punkt des Plateaus gelegenen oberen Stadt. Wie er sagte, braucht man sechs Stunden zu einem Gang um die Ringmauer der oberen Stadt; es war nur zu heiß, um seine Behauptung auf die Probe zu stellen. Wir stiegen in eine große Anzahl der künstlichen Höhlen hinein, wovon viele keine Grabnischen aufwiesen; sie mögen wohl eher zu Wohnräumen und Vorratskammern bestimmt gewesen sein. Um diese Zeit waren alle Höhlen von Seidenwurmzüchtern bewohnt, die jetzt, wo die Larven aus den Eiern schlüpften, ihre geschäftigste Zeit hatten. Am Eingang jeder Höhle hing ein Büschel grüner Zweige, um die Sonne auszuschließen, und angenehm schimmerte das Licht des Nachmittags durch das knospende Gezweig. Am Südende der Klippe lag ein großer Begräbnisplatz, der aus kleinen, ringsum mit Grabnischen besetzten Höhlen und Steinsarkophagen bestand. Diese letzteren trugen, wenn überhaupt Schmuck daran war, das Girlandenmuster der Sarkophage zu Antiochia. Die bedeutendste Gräbergruppe befand sich am Nordrande der Klippe. Man betrat sie durch einen mit Säulen bestandenen Portikus, welcher in ein doppeltes Gewölbe führte. Das größere enthielt zwischen 30 bis 40 Grabnischen und ein paar Gräber mit Baldachinen, die aus dem Felsen selbst gehauen waren. Das kleinere barg etwa halb so viele Grabnischen. Das Dach wurde von Säulen und viereckigen Wandpfeilern getragen, ich bemerkte über den Gräbern auch einen grob ausgehauenen Fries mit teils efeuartigen, teils ausgezähnten Blättern.

Den Erbauern von Seleukia scheint die Verteilung des Wasservorrats viel zu schaffen gemacht zu haben. Ibrahim zeigte mir einen auf dem Felsen hinlaufenden Kanal von etwa zwei Fuß Breite bei fünf Fuß Höhe, der drei bis vier Fuß unterhalb der Oberfläche ausgehauen war und Wasser von einem Ende der Stadt zum anderen leitete. Durch gelegentliche Luftlöcher oder Spalten in der äußersten Felsenwand konnten wir seinen Lauf verfolgen. Ein äußerst schwieriges Problem muß die Regulierung des Flusses gewesen sein, der nördlich der Stadt eine Schlucht hinabstürzte. Man hatte einen riesigen Tunnel durch den Ausläufer bis südlich von meinem Lager gehauen, um das Wasser nach dem Meere zu leiten, damit es die Häuser am Fuße der Klippe nicht überschwemmte. Der Gariz, wie der Name dieses Tunnels ist, begann an der Mündung eines engen Hohlweges, erstreckte sich einige hundert Meter weit durch Felsenmassen und setzte sich dann bis zum Ende des Ausläufers als ein tiefer, oben offener Einschnitt fort. Am Eingang des Tunnels befand sich in scharf eingehauenen Buchstaben eine Inschrift. *„Divus Vespasianus"* begann sie, aber der Rest verschwand unter dem felsigen Boden. Es gab auch noch einige andere Inschriften am Gariz entlang; alle waren lateinisch, ich denke mir, das Werk ist nicht seleukidischer, sondern römischer Herkunft.

Noch zu einem anderen Besuch ließ ich mich durch Ibrahim verleiten. Wenn ich ihm durch die Maulbeeranlagen am Fuße der Klippe folgen wollte, erklärte er, würde er mir „eine Person, aus Stein gemacht," zeigen. Nun war meine Neugierde zwar durch die Hitze und den langen Marsch schon etwas gelähmt, aber ich schleppte mich doch durch die Steine und andere Hindernisse mühsam zurück und fand, unter einem Maulbeerbaum sitzend, einen bärtigen, mit Gewändern angetanen Gott. Ein sehr majestätischer Gott war er nicht. Seine Haltung war steif, das Gewand roh ausgehauen, die obere Hälfte seines Kopfes dahin, aber die tiefstehende Sonne vergoldete seine Marmorschulter, und die Zweige der Bäume flüsterten von seiner einstigen Würde.

Als wir uns neben ihn gesetzt hatten, bemerkte Ibrahim: „Auf diesem Felde ist auch noch jemand begraben, eine Frau, aber sie ist tief unter der Erde."

„Habt Ihr sie gesehen?" forschte ich.

„Ja, der Herr des Feldes hat sie begraben, weil er glaubte, sie brächte ihm Unglück. Vielleicht gräbt er sie aus, wenn Sie ihm Geld bieten."

Ich ging auf den Vorschlag nicht ein; wahrscheinlich blieb die Frau besser der Einbildung überlassen.

Dicht an der Statue sah ich einen langen modellierten Sims; vermutlich hatte er eine Mauer gekrönt, die jetzt im Getreidefeld vergraben lag. Es bietet sich hier viel Gelegenheit zu Entdeckungen, aber die Ausgrabungen werden wegen der tiefen Schlammschicht und der Ansprüche der Besitzer von Maulbeerbaumhainen und Getreidefeldern hoch zu stehen kommen. Die Stadt bedeckt eine ungeheure Fläche, und das Nachgraben kann jahrelang dauern, wenn gründlich vorgegangen werden soll.

Bei meinen Zelten schlich ein träger Strom durch Büschel gelber Iris und bildete einen Tümpel im Sande, der für unsere Tiere und die Ziegenherden Wasser lieferte, welche von armenischen Hirtenknaben früh und spät am Meeresufer gehütet wurden. So reizvoll war der Ort und das Wasser so herrlich, daß ich einen ganzen müßigen Tag dort zubrachte, den ersten wirklich müßigen, seit ich Jerusalem verlassen, und da ich nun einmal Seleukia nicht gründlich erforschen konnte, wollte ich auch nicht mehr davon sehen, als von meiner Zelttür aus möglich war. Diesem löblichen Entschluß verdanke ich 24 Stunden, an die ich mit lebhaftester Befriedigung zurückdenke, wenn ich auch weiter nichts davon zu berichten weiß, als daß ich nicht ganz so leicht, wie ich gehofft hatte, der armenischen Frage entgehen sollte. Am Morgen bekam ich einen langen Besuch von einer Frau, die von Kabuseh herabgekommen war, einem Dorfe auf der Höhe der über dem Gariz gelegenen Schlucht. Sie sprach Englisch, hatte es in den Missionsschulen zu 'Aintab, ihrer Heimat in den kurdischen Bergen, gelernt. Kymet nannte sie sich. Sie hatte 'Aintab bei ihrer Verheiratung verlassen und diesen Schritt nie zu bereuen aufgehört, denn ihr Gatte war zwar ein guter und ehrbarer Mann, aber doch so arm, daß sie nicht wußte, wie sie ihre beiden Kinder aufziehen sollte. Außerdem waren, wie sie sagte, die Leute in der Gegend von Kabuseh, sowohl Nosairijjeh als auch Armenier, alle Räuber, und sie erbat sich meine Hilfe, um nach Zypern entkommen zu können. Sie erzählte mir auch ein seltsames Stück Familiengeschichte, welches, wenn man es nicht als Beweis behördlicher Bedrückung zitieren will, doch dartut, wie traurig die Lage der Sekten in einem mohammedanischen Lande sein muß. Als Kymed selbst noch Kind gewesen, war ihr Vater zum Islam übergetreten, und zwar hauptsächlich deswegen, weil er eine zweite Frau zu nehmen wünschte. Kymets Mutter hatte die ihr angetane Schmach nicht ertragen können, sie hatte ihn verlassen und ihre Kinder erhalten, so gut es gehen wollte. Der bittere Zwist hatte, nach der jungen Frau Versicherung, ihre eigene Jugend vergiftet. Am nächsten Morgen schickte sie ihren Gatten mit einem Huhn und einem Gedicht, das sie selbst auf Englisch niedergeschrieben hatte. Das Huhn bezahlte ich, aber die Verse waren unbezahlbar. Sie lauteten:

> *„Willkommen, willkommen, Geliebteste, dein Kommen beglückt uns!*
> *Für dein Kommen willkommen! Willkommen deine Ankunft!*
> *Laßt uns singen mit Freuden, mit Freuden, ihr Knaben, mit Freuden!*
> *Die Sonne scheint nun mit dem Mond so klar, mit süßem hellen Schein, ihr Knaben;*
> *Für dein Kommen willkommen, ihr Lächeln heißt dich willkommen!*
> *Die Bäume senden uns, teure Knaben, die Vögel jubeln voll Glück;*
> *Der süße Duft spricht dir willkommen! Willkommen dir ihr froher Sang!*
> *Ich verbleibe, Ihr getreuer George Abraham."*

Für den Fall, daß das Gedicht für vielversprechend erachtet werden sollte, beeile ich mich noch hinzuzufügen, daß nicht etwa George Abraham der Verfasser war – bei den Verhandlungen über das Huhn fand ich heraus, daß er kein Wort Englisch konnte. Kymet hatte ihres Mannes Namen lediglich benutzt, weil er eine gewichtigere Unterschrift abgab als der ihre. Überdies sind die in den Versen erwähnten Knaben nur theoretische Figuren.

Auch kann ich keine Vermutung darüber aussprechen, was die Bäume uns senden; in diesem Punkte scheint der Text unklar. Vielleicht ist „uns" als Akkusativ gedacht.

Ich verließ Seleukia mit wirklichem Bedauern. Noch vor Tagesanbruch ging ich hinab in die See, um zu baden; zarte Wolkenschleier lagen über den Berghängen, und als ich das laue Wasser hinausschwamm, vergoldeten die ersten Strahlen der Morgensonne das schneeige Haupt des Berges Cassius, der einen so bezaubernd schönen Abschluß für das Halbrund der Bucht bildet.

Auf demselben Wege, den wir gekommen, kehrten wir nach Antiochia zurück und schlugen unsere Zelte außerhalb der Stadt an der Landstraße auf. Zwei Tage später brachen wir früh um halb 7 Uhr zu einem langen Ritt nach Alexandrette auf. Während der ersten Meilen war der Weg abscheulich; tiefe Schlammlöcher wechselten mit kurzen gepflasterten Stellen ab, die jedoch kaum bequemeres Vorwärtskommen ermöglichten als der Morast. Nach drei Stunden erreichten wir das Dorf Karamurt; eine Dreiviertelstunde später verließen wir die Straße und ritten bei einer verfallenen Karawanserei, die Spuren schöner arabischer Arbeit aufwies, direkt in das Gebirge hinein. Der Pfad führte steile, erdbedeckte Hänge hinauf, durch blühende Dickichte aus Ginster, Judasbäumen und den auf der Erde hinkriechenden Zistrosen. Zur Linken sahen wir das malerische Kastell Baghras, das alte Pagrae, einen Berggipfel krönen. Ich glaube nicht, daß die Gebirgsgruppe nördlich von Antiochia jemals systematisch erforscht worden ist, vielleicht kommen dort noch Teile seleukidischer oder römischer Befestigungswerke zutage, die den Eingang zu dieser Stadt bewachten.

Bald lenkten wir in die alte, gepflasterte Straße ein, die steiler dahinführte als der neuere Fahrweg, und nachdem wir eine Dreiviertelstunde gerastet hatten, um an den schattigen Ufern eines Flusses zu frühstücken, erreichten wir den höchsten Punkt des Bailanpasses um ein Uhr. Hier bogen wir in die Hauptstraße von Aleppo nach Alexandrette ein. Ich konnte keinerlei Spuren von Befestigungen an den Syrischen Toren bemerken, wo Alexander umkehrte und nach der Ebene von Issus zurückmarschierte, um

Darius zu begegnen, aber der Paß ist sehr eng und muß leicht gegen Eindringliche von Norden her zu verteidigen gewesen sein. Es ist das der einzige für eine Armee gangbare Paß über den zerklüfteten Berg Amanus. Eine Stunde davon entfernt befindet sich das Dorf Bailan; seine wundervolle Lage an der Nordseite der Berge bietet den Überblick über die Bucht von Alexandrette nach der wilden kilikischen Küste und der weißen Tauruskette. Ein etwa vierstündiger Ritt brachte uns von Bailan nach Alexandrette.

Als wir auf grünen, blumenbesäten Hängen, den letzten Syriens, dem schimmernden Meere zutrabten, entspann sich zwischen mir und Michaïl ein Gespräch. Wir blickten, wie Reisegefährten zu tun pflegen, noch einmal auf unsere Reiseerlebnisse zurück, erinnerten uns der Abenteuer, die uns zu Wasser und Land beschieden gewesen, und endlich sagte ich: „Oh Michaïl, diese Welt ist schön, wenn auch mancher ihr Übles nachredet, und die Kinder Adams sind meist gut und nicht böse."

„Es geht alles nach Gottes Willen!" sagte Michaïl.

„Ohne Zweifel", entgegnete ich. „Aber denken wir an alle die zurück, denen wir auf der Reise begegnet sind. Wie haben sie sich gefreut, wenn sie uns helfen konnten, und wie gut haben sie uns aufgenommen. Gleich zu Anfang hatten wir Habib Faris, der uns geleitete, dann Namrud und Gablan –"

„Mascha'llah!" fiel Michaïl ein, „Gablan war ein vortrefflicher Mann. Habe ich doch noch keinen Araber gesehen, der so wenig gierig war, kaum daß er die Speisen kosten wollte, die ich ihm vorrichtete."

„Und Scheich Mohammed en Nassar", fuhr ich fort, „sein Neffe Fariz und der Kaimakam von Kal'at el Husn, der alle von uns zwei Nächte beherbergte und bewirtete. Auch der Kaimakam von Drekisch – er veranstaltete uns zu Ehren ein Fest – und der Zaptieh Mahmud" – hier knurrte Michaïl, denn mit Mahmud hatte er auf gespanntem Fuße gestanden –, „und Scheich Junis", fuhr ich hastig fort, „aber Musa, der Kurde, war doch der Beste von allen."

„Er war ein braver Mann und hat Eure Exellenz gut gedient", stimmte Michaïl bei.

„Ja sogar Reschid Agha", sprach ich weiter, „er war ja ein Schelm, aber Gastfreundschaft hat er uns bewiesen."

*Unterer Teil
des Gariz*

„Hören Sie mich an, Madame", sprach Michaïl, „ich will Ihnen die Sache erklären. Der Mensch hat einen beschränkten Gesichtskreis, er sieht nur, was er sehen will. Mancher sucht nach Bösem und findet es, ein anderer sucht Gutes, und Gutes findet er. Einem dritten aber lächelt das Glück, und ihm wird immer, was er begehrt. Zu diesen gehören Sie, gelobt sei Gott! Und gefalle es Gott, daß Sie in Frieden weiterziehen und wohlbehalten in Ihrer Heimat anlangen, wo Sie Seine Exzellenz, Ihren Vater, Ihre Mutter, all Ihre Brüder und Schwestern gesund und glücklich antreffen mögen. Und auch all Ihre Verwandten und Freunde!" fügte er noch bedeutsam hinzu. „Möchten Sie noch manchesmal Syrien in Frieden und Sicherheit glücklich durchreisen, das gebe Gott!"

„Gott gebe es!" sagte ich.

Anmerkungen

1. Alexandrette – das heutige Iskenderun (Türkei), Haupthafen am Golf von Iskenderun.
2. Kilikien – Landschaft im Südosten des antiken Kleinasien.
3. 1 Viertelmeile = 402,34 m.
4. 1 Fuß = 30,48 cm.
5. 1 Zoll = 2,3 bis 3 cm.
6. Chiffoniere – hohe Schubladenkommode.
7. Weife – Garnwinde.
8. Ghassaniden – arabisches Fürstengeschlecht in Nordsyrien, das über große Teile Palästinas, des Ostjordanlandes und über die Araber der syrischen Wüste herrschte; im 7. Jahrhundert durch die Muslime beseitigt.
9. Triglyphen – schlitzförmige, senkrecht dreigeteilte Felder am Fries des dorischen Tempels; mit den Triglyphen abwechselnd die Metopen – fast quadratische, bemalte oder mit Reliefs verzierte Platten aus Ton oder Stein.
10. Ibrahim Pascha – ägyptischer Feldherr und Politiker (1789–1848). Während des Konflikts seines Stiefvaters Mehmed Ali, des Statthalters von Ägypten, mit dem Osmanischen Reich in den Jahren 1831 bis 1840 drang er mit dem ägyptischen Heer über Syrien bis Südostanatolien vor. Die Intervention der Großmächte, besonders Großbritanniens, zwang ihn jedoch, die eroberten Gebiete zurückzugeben.
11. Dschinn – Geist, Dämon im islamischen Volksglauben.
12. Retirieren – veraltet für: sich eilig zurückziehen.
13. Torus – wulstartiger Teil an der Basis einer Säule.
14. Kaimakam – türkischer Titel für die Verwaltungsbeamten der Kreise.
15. Earl of Cromer war von 1883 bis 1907 britischer Generalkonsul in Ägypten und als Vertreter einer zielbewußten Imperialpolitik der eigentliche Regent des Landes.
16. Napoleon oder Napoleondor – von Napoleon I. seit 1803, später von Napoleon III. geprägte goldene 20-Franc-Münze.
17. Nabatäer – arabischer Volksstamm der Antike, in den südöstlich an Palästina angrenzenden Gebieten mit Petra als Hauptstadt. Im 4. Jahrhundert kontrollierten die Nabatäer die Handelswege von Südarabien nach Syrien und Ägypten. Sie verwendeten eine Variante der aramäischen Konsonantenschrift.
18. Kufische Schrift – eine altarabische Schrift, die in Koranschriften und auf

Münzen bis ins 10. Jahrhundert, später noch für Inschriften verwendet wurde.
19. Og – König im Ostjordanland, der von den unter Moses' Führung in Palästina eindringenden Israeliten besiegt worden sein soll.
20. Vali oder Wali – Statthalter, im Osmanischen Reich der oberste Verwaltungsbeamte einer Provinz.
21. Russisch-Japanischer Krieg (1904/05) – Ursache war die russische Wirtschaftsexpansion in der Mandschurei und in Korea. Nach einer Reihe von Niederlagen mußte Rußland im Frieden von Portsmouth die Vorherrschaft Japans in Korea und der Südmandschurei anerkennen sowie die Halbinsel Liaotung und Südsachalin an Japan abtreten.
22. Tell – Ruinenhügel, geformt aus übereinander gelagerten Siedlungsresten verschiedener Zeitstufen.
23. Kavalkade – prachtvoller Reiteraufzug.
24. Safaitisch – altnordarabischer Dialekt, hauptsächlich überliefert in Inschriften, entstanden um das 1./2. Jahrhundert nach Christus.
25. Sybaritisch – veraltet für: verweichlicht, genußsüchtig.
26. Heddjasbahn oder Hedschasbahn – Bahnlinie von Damaskus nach Medina, gebaut 1901 bis 1908, die den Pilgerverkehr nach Mekka erleichtern sollte.
27. Schanstaat – halbautonomer Staat im Osten Birmas, von Großbritannien Ende des 19. Jahrhunderts unterworfen.
28. 'Abd ul Kadir – arabischer Emir, der Führer mehrerer algerischer Berberstämme gegen die Franzosen. Nach seiner Internierung in Frankreich (1847–1852) lebte er im Orient; 1860 trat er für die von den Drusen bedrängten maronitischen Christen ein.
29. Brigant – früher Bezeichnung für: Straßenräuber, Bandit.
30. Rekognoszieren – veraltet für: erkunden, aufklären.
31. Mietling – veraltet für: gedungener Knecht, Dienstbote.
32. Nosairijjeh oder Nusairier, eigener Name Alawiten – islamische Geheimsekte, die sich im 9. Jahrhundert von den Ismailiten im Irak abspaltete, bald darauf erfolgte die Auswanderung nach Syrien. Ihr Hauptsiedlungsgebiet ist seit dem 12. Jahrhundert das nach ihnen benannte Gebirge, die nördliche Fortsetzung des Libanon.
33. Seleukiden – von Seleukos I. gegründete Dynastie, die 312 bis 64 vor Christus in Vorderasien herrschte.
34. Bei Kadesch fand 1285 vor Christus die Entscheidungsschlacht zwischen Hethitern und Ägyptern im Kampf um Nordsyrien statt.

35. 1 Achtelmeile – rund 200 m.
36. Assassinen – ein im 11. Jahrhundert von den schiitischen Ismailiten abgespaltener Geheimbund, der von seinen Mitgliedern blinden Gehorsam forderte. Ihrer Macht wurde 1270 von den Mamelucken ein Ende gesetzt, kleine Gruppen leben jedoch noch heute in Syrien.
37. Sappeure – veraltete Bezeichnung für Soldaten, die mit dem Bau von Sappen – Laufgräben in Richtung feindlicher Stellungen – beauftragt waren.
38. Fellachen, Fellachim – die ackerbautreibende Landbevölkerung im Gegensatz zu den nomadischen, Viehzucht treibenden Beduinen und den Städtern.
39. Muteserrif oder Mutesarrif – ehemaliger türkischer Titel für den Gouverneur eines Regierungsbezirkes, war dem Vali unterstellt und Vorgesetzter des Kaimakam.
40. Akanthus – Ornament in der Baukunst nach dem Vorbild der Blätter des Akanthus oder Bärenklau. Dieses am Mittelmeer heimische stachelige Staudengewächs besitzt große, gezackte, an den Rändern leicht eingerollte Blätter.
41. Ahab – israelitischer König im 9. Jahrhundert vor Christus, unter dessen Regentschaft Israel zu einer Großmacht wurde.
42. Der englische Politiker George Nathaniel Curzon of Kedleston schuf und sicherte als Vizekönig von Indien (1899 bis 1905) die Nordwest-Grenzprovinz und brachte Tibet in Abhängigkeit. Er trat auch den russischen Expansionsbestrebungen in Afghanistan und Persien entgegen und stärkte den britischen Einfluß am Persischen Golf.
43. Astarte – altsemitische Fruchtbarkeits- und Kriegsgöttin; sie war in Palästina neben Baal die wichtigste Gottheit.
44. Apamea am Orontes war einer der Hauptstützpunkte der Seleukiden. Seit der Zeit von Antiochus I. wurde es nach dessen Gemahlin Apamea benannt; im 12. Jahrhundert wurde die Stadt durch ein Erdbeben zerstört.
45. 1 englische Meile = 1,6093 km.
46. Farceur – veraltet für: Possenreißer, Spaßmacher.
47. Dyspeptiker – jemand, der an Verdauungsstörungen leidet.
48. Pillaf oder Pilaw – verbreitetes orientalisches Reisgericht mit gedünstetem und gewürfeltem Hammel- oder Geflügelfleisch.
49. Styliten oder Säulenheilige – frühchristliche Asketen, die ihr Leben in Absonderung auf der Plattform einer Säule zubrachten, um Gott näher

zu sein. Ausgangspunkt dieser extremen Form der Askese war im 4. Jahrhundert Syrien. Die Styliten waren oft das Ziel von Wallfahrten und hatten mit ihren Predigten großen Einfluß. Um die Säule des Simeon Stylites des Älteren bildete sich in Kal'at Sim'an ein ausgedehntes, noch heute in Ruinen erhaltenes Wallfahrtsheiligtum.

50. Antiochia – das heutige Antakya (Türkei). Die von Seleukos I. Nikator 300 vor Christus gegründete Hauptstadt des Seleukidenreiches war eine der bedeutendsten Städte des Altertums.
51. Jezidis oder Jesiden – Angehörige einer unter den Kurden verbreiteten synkretistischen Religionsgemeinschaft, bei der sich ältere Glaubensvorstellungen in islamischer und christlicher Umdeutung erhalten haben. Den Inhalt ihrer Lehren verbergen sie nach Möglichkeit. Von ihren muslimischen Nachbarn werden die Jezidis auch Teufelsanbeter genannt, weil im Mittelpunkt ihrer Religion der aus dem Himmel verstoßene und dann wieder in Gnaden aufgenommene Engel steht.
52. Licht- oder Obergaden – Fensterzone im oberen Teil des Mittelschiffs einer Basilika, die über die Dächer der Seitenschiffe hinausragt.
53. Baptisterium – Taufbecken.
54. Prothesis – Teil des Altarraumes, in dem der Abendmahltisch steht. Diakonikon – Sakristeiraum der frühchristlichen und orthodoxen Kirchen.
55. Choregische Monumente – im alten Griechenland die auf Sockeln aufgestellten Dreifüße, die den Choregen als Siegespreis bei dramatischen Aufführungen verliehen wurden. Choregen waren Bürger, die die Aufwendungen für den Chor bestritten und bei einem Sieg des Stückes gemeinsam mit dem Dichter geehrt wurden.
56. Narthex – Vorhalle der frühchristlichen und byzantinischen Kirchen.
57. Antiochus – König des Seleukidenreiches.

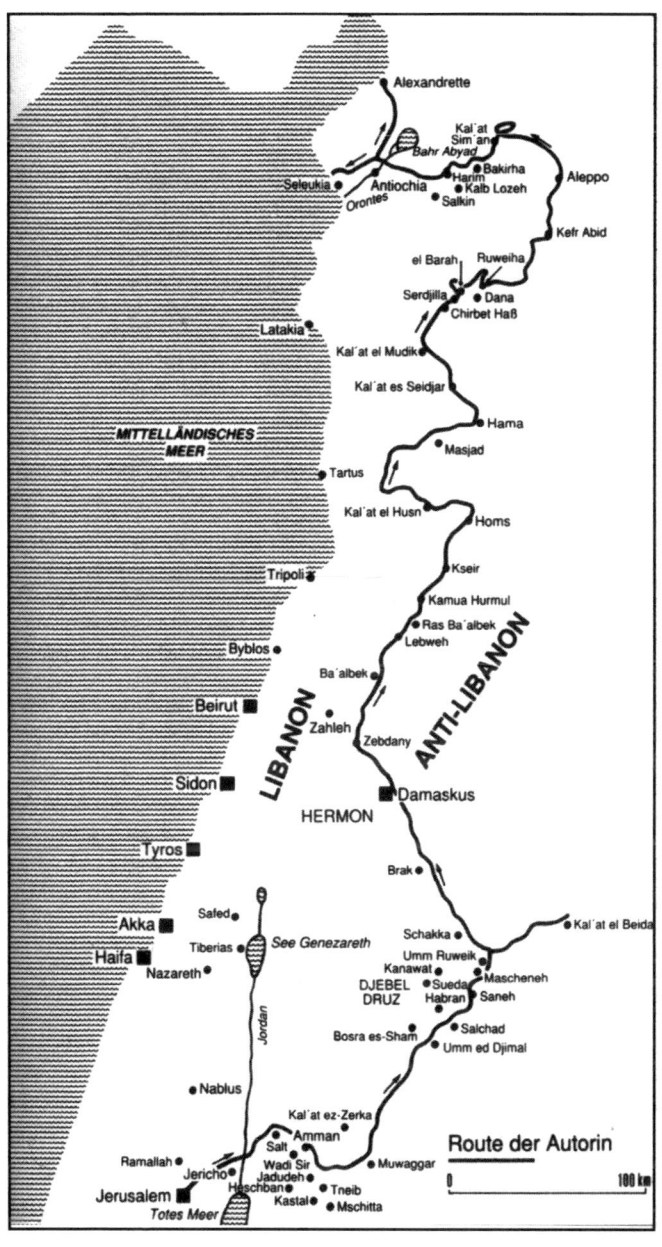

„EDITION FRAUENFAHRTEN"

Gertrude Bell
MINIATUREN AUS DEM MORGENLAND
Reiseerinnerungen aus Persien und dem Osmanischen Reich 1892

Isabella Bird
UNBETRETENE PFADE IN JAPAN
Reise in das alte Japan 1878 über die Malayische Halbinsel,
Cairo und Sinai

Mary Edith Durham
DURCH DAS LAND DER HELDEN UND HIRTEN
Balkan-Reisen zwischen 1898 und 1920

Irmela Körner (Hg.)
FRAUENREISEN NACH ITALIEN
Schriftstellerinnen des 19. Jahrhunderts beschreiben
das Land ihrer Sehnsucht

Maria Leitner
REPORTAGEN AUS AMERIKA
Eine Frauenreise durch die Welt der Arbeit in den 1920er Jahren

Mary Wortley Montagu
BRIEFE AUS DEM ORIENT
Frauenleben im 18. Jahrhundert

Freya Stark
DURCH DAS TAL DER MÖRDER
Reisen im Persien der 1930er Jahre

Clärenore Stinnes
IM AUTO DURCH ZWEI WELTEN
Die erste Autofahrt einer Frau um die Welt 1927 bis 1929

Ida Pfeiffer
ABENTEUER INSELWELT
Die Reise 1851 durch Borneo, Sumatra und Java